JN444358

옛이야기의 의미와 해석

이 인 경 지음

학 과 :

학 번 :

이 름 :

제출일 :

인제대학교 출판부

목 차

제1부 옛이야기의 개념과 해석학 이론

제2부 옛이야기의 의미와 해석에 대한 연구

제3부 옛이야기 속의 지혜 찾기

제4부 옛이야기 보따리

제1부

옛이야기의 개념과 해석학 이론

1장 옛이야기에 대한 이해

1. 옛이야기의 개념과 특징

옛이야기는 예로부터 전해오는 일정한 구조를 가진 꾸며낸 이야기이다. 이 문학갈래의 학술적 명칭은 설화說話인데, 옛이야기의 전승현장에서는 학술적 명칭인 '구비설화'口碑說話'나 '설화'보다는 '옛날이야기'나 '고담'이라는 용어가 보편적으로 사용되고 있다.

개인이 문자로 창작해낸 기록문학과는 달리, 일정한 시간이 걸려서 사람들의 입에서 입으로 전승해온 공동작의 문학을 구비문학口碑文學이라고 하는데, 구비설화는 이 구비문학의 대표적인 갈래로서 서사문학敍事文學 갈래에 속한다.[1)]

전승되어온 구비설화가 어느 역사적 시점에 개인에 의해 문자로 기록되면, 그 기록문학을 문헌설화文獻說話라는 학술용어로 부른다. '옛이야기', '옛날이야기', '설화'라는 용어는 일차적으로 구비설화를 지칭하는 것이며 넓은 의미에서는 문헌설화까지 포함한다. 구비설화가 문헌에 정착된 문헌설화집(야담집)이 활발히 간행되기도 하였는데, 『계서야담』, 『청구야담』, 『동야휘집』 등이 그런 예이다. 양반계층 남성이었던 채록자의 개성에 따라서 자료의 취사선택이 이루어지고 채록자의 서술시각이 설화작품에 반영되기 마련이었다. 이렇게 구비설화가 문

1) "인간의 삶을 가장 완벽하게 언어로 담아낼 수 있는 양식이 서사라 할 수 있다. 그 서사의 기본이 되는 것이 바로 이야기이다. 이 이야기는 대체로 화자가 전지적 시점에서 설명과 묘사를 곁들여 주체의 움직임을 진술한다. 이야기를 다른 말로 설화라고 하는데 이는 설명을 곁들인 서사라고 하는 의미가 있다." 서대석, 『이야기의 의미와 해석』, 세창출판사, 2011, 21면.

헌으로 정착되는 과정에서 기록문학적 성격이 강화됨으로써 설화가 고전소설로 발전되기도 하였다.

설화는 문학적 재미와 아름다움, 삶의 경험과 교훈을 담아서 꾸며낸 언어적 구조물이다. 설화에는 인간의 보편적인 삶이 담겨 있는데, 유사한 설화유형이 전 세계적으로 전승되고 있다는 사실에서도 이를 확인할 수 있다. 설화에는 인간이 일생 동안 겪어가는 삶의 경험과 인간의 본능적 욕망이 반영되어 있다. 특히 민담의 경우처럼 "아주 옛날 호랑이 담배 먹던 시절에"라는 현실적 맥락을 초월하는 허구적 시공간을 배경으로 삼는 이야기는 특정한 종족이나 지역, 역사적 맥락을 벗어나서 세계적 보편성을 띤다. 민담은 누구에게나 감동과 재미를 줄 수 있는 형식적 요소와 미학적 요소를 지니고 있다. 서사구조에 나타나는 대립과 반복, 금기의 설정과 파기, 원조자와 주술적 도구 같은 것이 그런 예이다. 뿐만 아니라 민담의 모티프는 <콩쥐팥쥐>와 <신데렐라> 이야기에 등장하는 '악한 계모' 이야기처럼 동서양을 막론하고 전 지역에서 공통적으로 발견되기도 한다.[2)]

옛이야기는 인간이 일상생활에서 만나는 모든 종류의 경험을 소재로 삼는다. 그러나 그것은 무언가 신기하고 특별하고 강렬한 정서적 체험을 포함한 허구虛構로 형상화 되어야만 한다. 전승자들은 이런 허구의 세계에 몰입하면서 일상적 삶의 규범과 고정관념에서 해방되는 정서적 쾌감을 맛보기도 하고, 지금껏 간과해 오던 보편적 삶의 진리를 발견하거나, 일상적 삶에 대한 반추를 통해서 새로운 자아를 발견하는 도덕적 성찰과 심미적 체험을 하게 된다.

또한 설화는 개인 창작이 아니라 이야기전승 공동체의 공동작이며, 지역공동체의 문화의식을 반영하고 있다. 설화의 전승현장은 설화를 구연口演하는 사람과 이를 듣는 사람으로 구성된다. 설화의 구연상황은 화자話者가 청자聽者와 마주보고 앉아서 화자가 자신의 이야기에 대한 청자의 반응을 실시간으로 살피며 이야기의 주제, 서사의 완급, 수사적 장치를 조절하는 역동적이며 가변적인 상황이다. 이처럼 청자의 반응이 화자가 구연하는 이야기의 주제와 구조에 영향을

2) 조규익, 『한국문학개론』, 새문사, 2015, 9면 참조.

주므로, 청자들이 공감하기 어렵거나 흥미를 느끼지 못하는 설화는 전승되기 어렵다.

이처럼 문화적 공유를 통한 지역공동체의 역사적 삶 속에서 개인은 설화의 구연과 청취라는 상호작용을 통해 자기객관화와 도덕적 성찰의 기회를 얻는다. 설화라는 허구적 세계 안에서 현실의 고단한 일상을 극복하는 위로를 받거나, 자신의 일상을 낯설게 바라보는 새로운 시각을 얻기도 하고, 설화 주인공의 정서에 몰입하고 공감함으로써 자신의 심리적 문제를 해소하거나 대리 만족을 느끼기도 한다.

구비문학은 문자가 발명되기 이전부터 형성되어 전승되어 온 것이라는 점에서 그 역사적 근원이 깊다. 또한 다양한 계층을 아우르는 보편적인 문학이라는 점에서도 중요한 의미가 있다. 특히 문자를 해독하기 어려워서 기록문학을 접하기 어려웠던 평범한 사람들에게 설화의 전승은 매우 중요한 기능을 수행했다.[3] 민중문학인 구비설화는 기록문학과 달리 민중의 생생한 체험과 다양한 사고를 진솔하게 보여 준다는 점에서 매우 소중한 자료이다.

특히 기록문학에서는 좀처럼 만나기 어려운 전통시대 여성들의 목소리를 설화를 통해서 생생하게 들을 수 있다는 점을 주목할 만하다. 이야기판의 구성방식을 볼 때 전통적으로 여성은 여성들끼리 이야기판을 형성해왔다. 여성화자의 이야기는 그의 어머니나 할머니로부터 전승되어온 자료라는 점에서 여성의식을 잘 담아낸 역사적 사료로 활용할 여지가 있다.

한편 현재 제보자가 조사자 앞에서 구연하고 있는 설화는 과거로부터 온 생명이 다한 골동품이 아니다. 제보자가 굳이 지금 여기서 그 설화를 기억에서 끌어올려 들려주는 것은, 그 설화가 어떤 식으로든 제보자의 '현재적' 관심사와 맞물려 있기 때문이다.[4] 또한 제보자는 자신이 들은 이야기를 그대로 남에게 전하는

---

3) "무문자無文字 사회에서 설화가 오락적 측면과 집단성원으로서 알아야 할 지식체계를 전수하는 교육적인 기능을 아울러 지녔던 것이다. 오늘날 연구자들이 설화를 통해서 정신세계의 깊숙한 층위를 구명할 수 있는 것도 설화가 갖는 문화적 의의에 대한 인식의 일단을 보여주고 있다." 강등학 외 8인, 『한국구비문학의 이해』, 도서출판 월인, 2002, 51면.

4) 『한국구비문학대계』에 수록된 설화자료들은 대부분 1980년대에 채록된 것이다. 이때 제보자들의 평균 연령이 대개 65세가 넘었던 것을 볼 때, 이 설화 자료에는 19세기 초반에 우리 사회를 살

것이 아니라, 자신의 취향에 맞게 이야기를 재구성하여서 새롭게 구연한다.

이런 점에서 구비설화는 과거의 문화유산이면서 현재의 문학이며, 공동작인 동시에 개인작일 수 있다. 즉, 전승 현장에서 만나게 되는 구비설화 자료는 단순히 과거를 담고 있는 화석化石이 아니라 시공時空의 변화 속에 끊임없이 이어진 전승자들의 논쟁과 재해석의 결과물이라고 할 수 있는바, 중세적 가치의 현재적 의미를 조명하는 데에 있어서 매우 유용한 자료인 것이다.[5)]

독창적인 개인 창작서사와는 다르게, 설화는 구성원 간의 원활한 의사소통과 공유된 문화적 가치가 전제되어야만 전승될 수 있다. 설화는 문화공동체의 가치관을 반영하는 동시에 연행과정을 통해 그것을 재생산한다. 따라서 우리에게 전승되어온 설화의 의미를 현대 독자가 어떻게 재해석하는가의 문제는, 해당 설화의 생명력 문제로 직결된다. 현대인의 공감을 얻기 어렵고 현재적 삶에 유의미한 가치를 전달하지 못하는 설화라면 지속적인 전승이 불가능할 것이다.

아간 사람들의 역사적 경험을 담고 있다고 짐작할 수 있다. 그러나 설화는 제보자의 과거로부터 전승되어오는 것임을 상기할 때, 이는 훨씬 더 오랜 과거의 역사적 경험에서 출발한 것일 수 있다. 이렇게 오래 전에 형성된 설화자료가 21세기 현대인에게 여전히 유용한 메시지를 담고 있는 것은 설화가 인간의 보편적 인식을 담고 있기 때문일 것이다.

5) 이인경, 「구비 '열설화' 연구」, 서울대학교 인문대학원 박사학위논문, 2000, 3면.

* 아래의 질문을 함께 생각해 봅시다!

1) 우리가 어릴 적에 동화를 들어본 적이 없다면 어떤 일이 일어날까요?

2) 옛이야기(동화)에는 왜 왕국의 왕자나 공주가 자주 등장할까요?

3) 옛이야기(특히 동화)에서 계모는 왜 '사악한' 인물로 묘사될까요?

2. 신화, 전설, 민담[6)]

설화를 신화神話myth · 전설傳說legend · 민담民譚folktale의 세 가지로 분류하는 그림Grimm의 설화 3분법이 국제적으로 학계에서 통용되고 있다. 이 세 가지는 서로 넘나들거나 하나가 다른 하나로 전환되기도 하면서 확연히 구분되지는 않지만, 전승자 태도, 작중 시공간의 성격, 증거물의 특징, 주인공의 행위, 미적 범위, 전승 범위 등에서 대체로 다음과 같은 변별점을 지닌다.

1) 전승자의 태도에서

신화의 전승자는 신화를 진실眞實되고 신성神聖하다고 인식하고 있다. 그 진실성과 신성성을 의심하지 않을 때 신화는 신화로서의 생명을 갖는다. 이야기가 신성성을 상실하면 그것은 이미 신화가 아니다. 현재 개천절開天節이 국경일로 지켜지는 것은 단군신화檀君神話의 신성성을 인정하고 있기 때문이다. 단군신화는 오늘날까지 신화로 전승되고 있는 것이다. 신화의 주인공인 신神을 숭배하는 제의가 행해지고 있다면, 이는 전승자들이 그 신화의 신성성을 인정하고 있음을 증명하는 것이다.

전설은 전승자가 사실로 믿고 진지한 태도로 전승하는 이야기이다. 전설은 사실과 지식에 대한 전승자의 관심을 보여주는 이야기이다. 전설은 이야기의 사실적 근거를 마련하기 위해서 구체적이고 지역적인 증거물證據物을 제시한다. 초월성의 범주 안에서 형상화 되는 신화와 달리 전설은 합리적 관점을 견지하면서 인간적인 사고방식 안에서 문제를 이해하고 해결하려는 전승자 태도를 보인다.

민담의 전승자는 그 이야기가 신성하거나 진실하다고 여기지 않는다. “옛날 옛날 옛적에”로 시작되는 이야기의 출발은 이것이 꾸며낸 것임을 강조한다. 민담은 신성한 무엇을 나타내기 위함도 아니고, 사실전달을 위함도 아니며 오로지

6) 장덕순 외 3인, 『구비문학개설』, (주)일조각, 2006 39~41면 : 서대석, 『이야기의 의미와 해석』, 세창출판사, 2011, 25~26면 : 조규익, 『한국문학개론』, 새문사, 2015, 7~9면 참조.

흥미를 주기 위한 것이다.

요약하면, 신화의 전승력은 신성성을 인정하며 제향祭享(의례)를 행하는 숭배집단에 달려 있고, 전설의 전승력은 증거물의 사실성에 대한 전승자의 믿음에 달려 있으며, 민담의 전승력은 전승자가 느끼는 이야기의 흥미성에 달려 있는 것이다.

중요한 사실은, 이 세 가지는 서로 넘나들거나 다른 것으로 전환되기도 한다는 것이다. 사실 전승현장을 떠나 이야기 내용만을 본다면 신화와 전설의 구별이 쉽지 않다. 전설과 민담의 구분도 쉽지 않을 때가 많은데, 신화가 신성성을 잃고 제의와 숭배집단을 상실하면 전설이나 민담이 된다. 전설이 증거물을 잃어서 더 이상 사실성을 주장할 수 없게 되면 민담이 된다. 반면에, 민담이 구체적 증거물을 갖게 되면 전설이 되고 신성성을 얻게 되면 신화가 되는 것이다.

2) 시간과 장소에서

신화는 아득한 옛날, 태초처럼 역사적 시간과는 다른 신화적 시간에 일어난 일이며, 단군신화의 태백산太白山·아사달阿斯達이나 그리스 신화의 올림포스 olympos 처럼 현실적이거나 지리적인 공간이 아닌 특별한 신성한 장소를 무대로 삼는다.

전설은 역사적이며 구체적으로 제한된 시간과 장소를 갖는다. “조선조朝鮮朝 숙종대왕肅宗大王 시절 전라도 남원 땅에……”로 시작되는 것이 그런 예다. 이런 현실적인 시간과 지리적 공간은 전설의 진실성을 뒷받침해 준다.

민담은 뚜렷한 장소와 시간이 설정되지 않는 것이 보통이다. “옛날 호랑이 담배 피우던 시절에”라는 서두는, 이야기의 시간적 배경이 실재하지 않는 서사적 과거이며 여기가 아닌 다른 곳을 공간적 배경으로 삼는다는 뜻이다. 이런 관습적인 수사적 장치는, 화자나 청자가 실제경험과 현실규칙을 벗어나 허구적 작품세계로 진입하기 위한 도구이다.

3) 증거물에서

신화의 증거물은 매우 포괄적이다. 천지창조 신화에서는 천지가 증거물이고, 국가창건 신화라면 국가가 증거물이다. 단군신화의 증거물은 '우리는 단군 할아버지의 자손이다'라는 전승자의 의식이다.

전설은 구체적이고 특정한 증거물을 갖는다. 전설의 증거물은 자연물이거나 인공물, 역사적 인물일 수도 있는데 이 전설과 무관하게 이미 알려진 것이어야 한다. 전설은 이미 알려진 증거물을 기초로 그 유래나 특징을 이야기로 만든 것이다. 증거물이 실재하므로 이 이야기도 사실이라는 것이다. 한편 증거물을 상실한 전설은 전승이 중지되거나, 민담으로 전환된다.

민담은 사실성을 주장하는 것이 아니므로, 증거물에 호소할 필요가 없다. 그저 수숫대가 빨갛다든지 수탉이 하늘을 보고 운다든지 하는 것처럼 보편적 현상이 이야기의 흥미를 돋우기 위해 이야기 말미에 첨가되는 것이다.

4) 주인공 및 그 행위에서

신화의 주인공은 신이다. 그는 뛰어난 능력을 발휘하여 성공함으로써 신으로 좌정하여 공동체로부터 제향을 받는 존재이다.

전설의 주인공은 대개 탁월한 능력을 지녔음에도 불구하고 뜻을 못 이루고 실패하는 비극적 인물이다. 그의 행위는 인간과 인간 또는 인간과 사물 사이에서 일어나는 예기치 않던 것들이 대부분이다. 전설의 주인공은 신화나 민담의 경우보다 왜소하며, 예기치 않던 관계를 성공적으로 극복하지 못하는 경향이 있다. 인간보다 사물이 중심이 된 전설도 있다.

민담의 주인공은 보통사람이거나 능력이 떨어지는 인물들이다. 초인적 능력을 가진 인물이라도 그의 심리상태는 일상적인 차원에 머문다. 민담의 주인공은 난관에 부딪혀도 결국은 극복하고 운명을 개척해간다.

5) 전승의 범위에서

신화는 민족적 범위에서 진실성과 신성성이 인정되고 있다. 한 민족의 신화가 다른 민족의 것과 많은 유사성을 가지고 있다 하더라도 다른 민족에게는 신화로서 인정되지 않을 수 있다.

전설의 증거물은 대체로 지역적 범위를 갖는다. 특정 지역의 전설은 그 지역에 거주민에게만 알려져 있고, 지역적 유대감을 갖게 하는 기능을 한다.

민담은 지역적 유형이나 민족적 유형은 있어도, 특정 지역이나 민족으로 전승 지역이 한정되지는 않는다. 특정 민족에게 흥미로운 민담이 약간만 수정되면 다른 민족에게도 흥미로운 민담으로 전승될 수 있다. 민담은 보편성을 지니기 때문이다.

〈신화 · 전설 · 민담의 특징〉

	신화	전설	민담
전승자의 태도	진실하고 신성하게 여김	신성하진 않으나 진실하다고 믿음	신성하지도 진실하지도 않다고 여김
시간과 장소	태초 신성한 장소	구체적으로 제한된 시간과 장소	뚜렷한 장소와 시간이 없음
증거물	매우 포괄적 (천지, 국가 등)	특정한 개별적 증거물	없거나 보편적 현상 (수숫대가 빨갛다 등)
주인공 및 그 행위	주인공은 신. 신이 지닌 능력을 발휘하는 행위	비범한 능력 지녔지만 실패하는 비극적 인물. 예기치 않은 행위	일상적 인간. 운명을 개척해 나가는 행위
전승의 범위	민족적 범위	지역적 범위	한정되지 않음

통과의례通過儀禮 (통과제의通過祭儀)

통과의례(또는 통과제의)란 사람이 일생을 살아가는 과정에서 출생, 성년, 결혼, 사망처럼 새로운 상황, 지위, 신분, 연령 등을 거면서 치르는 갖가지 의례나 의식을 총칭한다.

프랑스의 인류학자 방 주네프(Arnold van Gennep, 반 게넵)는 개인의 출생 · 성년 · 혼인 · 사망 같은 삶의 계기들을 통과할 때 치르는 의식과, 생일 · 새해 등 역년歷年의 계절과 관련하여 삶의 중요한 사건을 확인할 때 치르는 의식儀式을 통과의례라고 부르고 있다. 새로운 지위로 옮겨갈 때에 겪게 되는 생활의 혼란이나 갈등을 완화시켜 새로운 지위집단에 통합하게 하기 위한 방도로서 통과의례가 발전한 것이라는 뜻이다. 이런 관점에서 반 게넵은 통과의례의 절차를 아래와 같이 세 가지로 보고 있다.

첫째, 이전에 속하였던 집단에서 분리되기 위한 절차
둘째, 이전의 집단에서 새로운 집단으로 옮겨가기 위한 전이 절차
셋째, 새로운 집단에 통합하기 위한 절차

통과의례는 개인적으로는, '분리–전이–통합'이라는 세 가지 의식절차를 거치게 함으로써 변화된 상황, 즉 새로운 지위집단에 빠르고 순조롭게 적응하도록 촉진하고 회복시키키기 위해서 발전된 것이며, 사회적으로는 개인을 그 집단의 규범과 동질화시킴으로서 집단의 규범을 유지하기 위한 것이다.

참조 : 『한국민족문화대백과사전』
http://encykorea.aks.ac.kr/Contents/Item/E0000342

금기禁忌, 금기 파기禁忌 破棄

금기란 일상생활이나 종교의례에서 어떤 대상에 대한 접촉이나 언행을 제한하는 관습을 가리키는 종교 용어이다.

금지되는 것에는 행동과 말 양쪽이 모두 포함된다. 금기는 터부(taboo, tabu)와 같은 뜻으로 쓰이고 있다. 우리나라의 민속 현장에서는 '가리는 일', '금하는 일' 등으로 불리고 있으며, 더러는 '지키는 일', '삼가는 일' 등으로 불리기도 한다.

옛이야기에서 금기는 반드시 파기된다. 인간의 내면에는 금기된 것을 추구하는 욕망이 있기 때문이다. 현실에서 금기시 되는 일을 인간은 이야기나 꿈과 같은 환상과 허구 속에서 행하고 그 이후에 찾아오는 "금기파기"에 따른 징벌을 받으며 자신의 욕망을 안전하게 해소할 수 있는 것이다.

참조 : 『한국민족문화대백과사전』
http://encykorea.aks.ac.kr/Contents/Item/E0007629

2장 해석학에 대한 이해

1. 해석학解釋學의 개념

해석학(Hermeneutics)이란 '모든 인간정신의 소산을 정확하게 이해하는 기술론'을 말한다. 이는 본래 문헌을 해석하는 기술을 뜻하지만 독일의 철학자 딜타이가 정신과학의 방법론으로 새로 제창한 것이다. 그는 문헌이나 예술작품, 넓게는 모든 인간정신의 소산을 인간의 체험이 표현된 것으로 보고, 그것을 산출한 인간의 체험을 이해하려고 하였다. 해석학(Hermeneutik)이라는 단어는 그리스 신화의 헤르메스Hermes에서 유래한 것이다. 헤르메스는 신과 인간 사이에서 신의 뜻을 전달하는 심부름꾼으로서, 신의 메시지를 인간에게 전달하면서 그 의미를 해석해 주는 역할을 하였다.

해석학은 단어, 문장, 문서의 정확한 내용을 확인하는 것과 그 상징 속에 숨겨진 의미를 발견하는 것을 목적으로 한다. 해석의 중요성은 주로 글로 적힌 문서를 읽는 데서 제기되는데, 우리에게 어떤 텍스트(text: 주석, 번역, 서문 및 부록 따위에 대한 본문이나 원문)가 존재함으로써 해석의 문제가 발생한다. 해석학은 이처럼 텍스트의 이해를 위한 조직적 연구라고 할 수 있다. 인류는 오래 전부터 종교 경전을 해석하는 일에 지속적인 관심과 노력을 기울여 왔는데, 근대 해석학은 서구의 기독교인들 사이에서 성경 해석의 문제를 합리적으로 고찰하는 일에서 비롯되었다.[1)]

1) 양유성, 『이야기 치료』, 학지사, 2008, 119~120면 참조.

2. '프리드리히 슐라이어마허'의 해석학

슐라이어마허(Friedrich Ernst Daniel Schleiermacher, 1768~1834)는 독일의 프로테스탄트 신학자, 목사, 철학자이다. 당시에 성경 해석을 두고 문자적 이해, 비유적 해석, 역사적 해석에 대한 이론이 있었지만 슐라이어마허는 성경 해석에 국한되지 않고, 모든 해석에 적용될 수 있는 보편적 원리를 찾으려고 노력했다. 그는 해석학을 "성경과 같은 고전을 가장 올바르게 이해하기 위한 방법"이라고 정의하였다. 그에게 이해란 "원래의 생산품을 재생산하는 것"이며, 텍스트의 이해란 "작가가 원래 의도한 의미구성을 독자의 입장에 일치시키는 일련의 재구성 작업"이다.

슐라이어마허는 이전까지 성서 해석학의 방법으로 널리 활용되던 비유적 해석 방식을 거부했다. 비유적 해석은 텍스트의 본래적 의미가 아닌 것까지 받아들이는 한계가 있다는 것이다. 성경을 문법적이며 심리적으로 해석할 필요성을 절감한 슐라이어마허는 보편적인 해석학의 체계를 수립하게 된다. 그는 해석학을 "오해를 피할 수 있는 기술"이라고 정의하면서, 해석학은 "이해의 기술"이며 "듣기의 기술"이라고 한다. 그는 이해란 "다른 사람의 사고를 재구성하는 기술"이라고 주장하면서, "저자의 의도를 정확하게 파악하는 것"이 텍스트를 올바르게 이해하는 지름길이라고 보았다. 즉, 해석학은 저자가 말한 것을 통해 저자를 이해하는 기술이며, 언어를 통해 그 존재와 만나는 것이다.[2)]

해석의 기초는 문법적 해석이다. 이는 저자의 언어영역권 안에서 텍스트를 이해해야 함과 단어의 의미는 전체적 문맥으로부터 이해되어야 함을 전제로 한다. 그는 해석학적인 순환이 모든 이해의 행위에서 작용한다고 보았다. 해석은 "전체로부터 부분으로 그리고 부분으로부터 전체로의 반복적 순환"을 포함하는데, 이를 이해의 운동이라고 한다. 이런 해석학적 순환의 원리에 따라 전체는 부분으로부터 자신의 규정을 획득하고, 부분은 전체와 관련하여서만 이해될 수 있다. 의미란 이처럼 전체와 부분의 본질적인 상호작용 속에서 파악된다는 것이다.[3)]

---

2) 양유성, 『이야기 치료』, 학지사, 2008, 120~121면 참조.

슐라이어마허는 문서의 언어를 그 시대의 언어로 파악해야만 이해할 수 있다고 보고, 저자의 삶 전체에서 어떻게 그런 생각이 나왔는가를 추적해야 한다고 주장한다. 그는 해석의 전제로서, 해석자는 언어지식과 역사적 지식을 습득함으로써 저자와 대등하게 될 것을 요구한다.[4]

그에 따르면 해석은 하나의 구성 과정이다. 구성은 규칙을 잘 적용하는 것일 뿐만 아니라 해석자의 재능에도 의존한다. 그는 저자가 스스로를 이해하는 것보다도 해석자가 저자를 더 잘 이해해야 한다고 주장한다.[5] 저자의 의도를 파악하는 일이 가장 중요하며, 심리적 해석은 저자의 생각과 본래의 의도에 비추어서 텍스트를 이해해야 하는 것이다. 저자의 심리적 근원을 추적하기 위해 해석자는 저자의 심리상태를 파악함은 물론이고 저자의 '전체적 저술'에 비추어서 대상 작품을 통찰해야 한다.

3) 양유성, 『이야기 치료』, 학지사, 2008, 120~121면 참조.
4) Schleiermacher(1977), S. 94, 한스 인아이헨, 문성화 역, 『철학적 해석학』, 문예출판사, 1998, 128면에서 재인용.
5) 한스 인아이헨, 문성화 역, 『철학적 해석학』, 문예출판사, 1998, 127~128면 참조.

〈'슐라이어마허'의 해석학〉

저자의사유방식중심

문법적해석

이해의기술 듣기의기술

단어구절문맥을살펴야

저자의의도파악

언어배경

오해를피하는기술

시대배경

부분과전체의순환

〈'슐라이어마허'의 해석학〉

☆ 해석학은 오해를 피할 수 있는 기술이며, 듣기의 기술이다.

☆ 이해란 다른 사람의 사고를 재구성하는 기술이며, 저자의 의도를 정확하게 파악하는 것이다.

☆ 저자의 삶에서 어떻게 그런 생각이 나왔는지 추적해야 한다.

☆ 해석의 기초는 문법적 해석이다.

☆ 문서의 언어를 당시의 언어로 파악해야 하며, 저자의 언어영역권 안에서 텍스트를 이해해야 한다.

☆ 해석자는 언어지식과 역사적 지식을 습득함으로써, 저자와 대등하게 되어야 한다.

☆ 단어의 의미는 전체적 문맥으로부터 이해되어야 한다.

☆ 의미란 전체와 부분의 본질적인 상호작용 속에서 파악된다.

☆ 해석은 전체로부터 부분으로, 부분으로부터 전체로 반복적 순환을 포함한다.

◎ '슐라이어마허'의 해석학에 대해 알게 된 것을 정리해 봅시다.

오해를 피하는 기술, 듣기의 기술

저자의 의도를 파악해야, 저자의 삶을 파악해야

저자의 언어영역권에서 해석

부분과 전체의 반복적 순환

전체적 저술에 비추어 해석

3. '한스 게오르그 가다머'의 해석학

한스 게오르그 가다머(Hans-Georg Gadamer, 1900~2002)는 독일의 철학자로서 현대의 철학적 해석학을 대표하는 중심인물이다. 예술 작품과 독자와의 관계는 개성적이고, 작품은 자연과 달리 우리를 당황하게 하고 우리의 낡은 관점과 입장을 "동요"시키는 일이 많다. 이런 경험을 가다머는 해석학적 "경험"이라고 한다. 가다머는 인간은 절대적으로 완성된 객관적 지식을 소유할 수 없으므로, 인간의 모든 이해는 편견 혹은 전이해前理解(선이해先理解)를 기초로 시작된다고 주장한다. 단, 그 대상도 자체의 의미 지평 혹은 맥락을 가지므로 주체의 지평과 대상의 지평이 만나는 과정에서 상호수정이 가해져 두 지평이 하나로 융합되어, "출발시의 편견에 대한 반성과 비판"이 이루어질 수 있다고 한다. 여기서 지평이란 인간의 마음속에 형성되어 있는 이해의 영역으로서 어떤 관점에서 모든 것을 포괄할 수 있는 시각 같은 것이다. 해석의 주체와 해석되는 대상 사이에 계속되는 대화의 과정에서 새로운 생각이 나타날 수 있는데, 이런 해석의 과정은 단순히 원저자의 생각을 재생해 내는 것이 아닌 제 삼의 "새로운 것"을 만들어내는 과정이 된다. 다른 문화적·사회적 맥락으로 작품이 넘어가면 그 작가와 동시대 독자들이 결코 예견하지 못했던 새로운 의미들이 채집될 수 있다. 한편, 이해의 궁극적 목적은 대상에 대한 객관적 지식을 얻는 것이 아니라, 그 과정을 통해서 이해자의 시각이 넓어지고 자신과 다른 인간의 위치와 의미를 더 포괄적으로 인식하게 되는 데 있다고 본다. 가다머는 텍스트의 세계로 몰입해 들어가면 텍스트가 말하는 바를 알아들을 수 있다고 하면서, 이해란 독자의 태도라기보다는 과거와 현재가 만나는 전승사건 속으로 들어가는 것이라고 하였다.[6)]

가다머에게 이해란 경험에 의한 것이며 경험이 일어나는 장은 대화이다. 모든 참다운 대화를 위해서는, 우리가 타자의 생각을 이해하고 그런 생각을 가져온 관점과 입장을 받아들이고 그런 생각을 낳게 한 지평과 선입견 속으로 들어갈 필요가 있다. 그의 해석학에서는 인간의 생각과 입장과 관점을 좌우하는 "사회

6) 양유성, 『이야기 치료』, 학지사, 2008, 121~123면 참조.

적 역사적 지평"의 개념, "선입견", "전통"의 개념이 중요하다. 우리가 무엇을 이해하려면 이런 지평의 제한성을 극복하고 대화 속에서 타자와의 공통성을 발견할 수 있어야 한다. 대화를 통해 타자와의 상호주관적 공통성에 도달하려면 이런 지평의 융합이 필요하며, 가다머는 이런 지평 융합도 해석학적 경험이라고 정의한다. 해석학의 과제는 "독자와 텍스트와의 대화"에 있다는 것이다.[7]

한편 가다머는 해석자가 자신의 선입견을 수정할 수 있는 개방적인 태도를 지녀야 한다고 주장하였다. 그는 해석의 대상과 해석자 사이의 시간적 거리나 비판적 거리로 인해서 해석자의 선입견이 수정될 가능성이 생긴다고 보았다. 또한 이해의 지평은 고정된 것이 아니며 계속적으로 변화한다. 동일한 작품이라도 읽는 사람에 따라서 그리고 읽을 때마다 매번 다르게 이해되고 해석된다. 가다머는 "우리가 이해한다고 할 때, 우리는 항상 다르게 이해하는 것이다"라고 하였다.[8] 모든 해석은 상황에 따라야 하며, 역사적으로 특정한 문화의 상대적 기준에 의하여 형성되고 제약되기 때문에 텍스트를 '있는 그대로' 알 수는 없다.

가다머의 해석학은 삶의 이해 또는 존재의 이해를 위해서 역사와 전통을 너무 소중히 여김으로써 비판받기도 하였다. 가다머에 의하면 전통이 없으면 타자를 이해하는 데 필요한 공통성이 없어진다는 것이다. 이제 해석학은 정신과학의 영역을 넘어서 매우 넓은 영역에서 논의의 대상이 되고 있다.[9]

---

7) 한국해석학회, 『해석학의 역사와 전망』, 철학과 현실사, 1999, 41~44면 참조.
8) 「解釋學, Hermeneutics, Hermeneutik」, 『문학비평용어사전』, 한국문학평론가협회, 2006, 참조
9) 한국해석학회, 『해석학의 역사와 전망』, 철학과 현실사, 1999, 43~46면 참조.

〈'한스 가다머'의 해석학〉

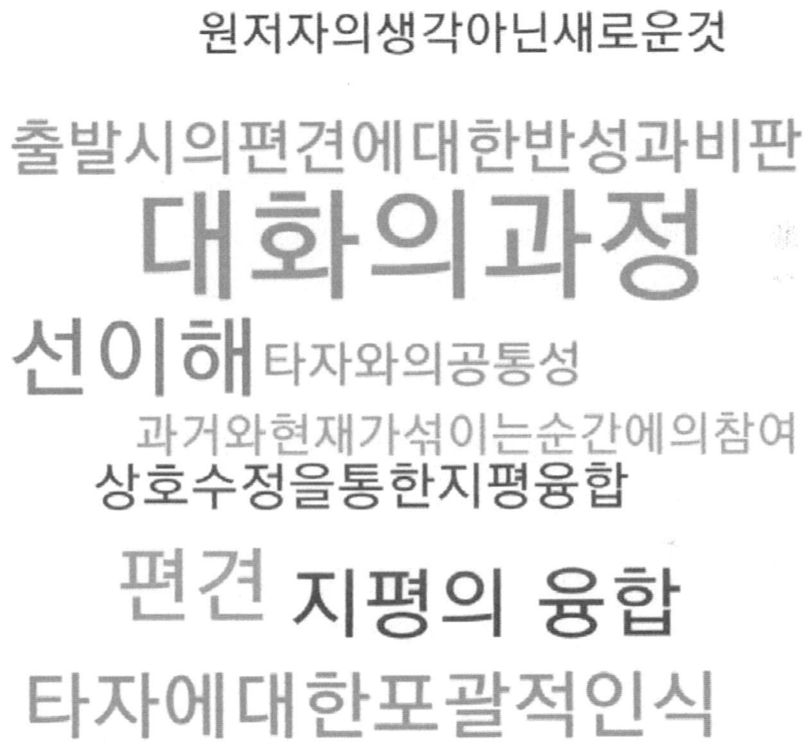
원저자의생각아닌새로운것
출발시의편견에대한반성과비판
대화의과정
선이해
타자와의공통성
과거와현재가섞이는순간에의참여
상호수정을통한지평융합
편견
지평의 융합
타자에대한포괄적인식

〈'한스 가다머'의 해석학〉

☆ 인간의 이해는 편견(선이해, 전이해)를 기초로 시작된다.

☆ 해석의 과정은 원저자의 생각을 재생해내는 것이 아니라, 제 삼의 새로운 것을 만들어내는 과정이다.

☆ 이해는 과거와 현재가 뒤섞이는 순간에의 참여이다.

☆ 해석은 일종의 대화의 과정이며, 그 안에서 '의미와 이해'의 지평 융합이 일어난다.

☆ 주체의 지평과 대상의 지평이 만나, 상호수정이 가해져서 두 지평이 융합되며, 출발시의 편견에 반성과 비판이 이루어진다.

☆ 이해의 궁극적 목적은 대상에 대한 객관적 지식을 얻는 것이 아니라, 그 과정을 통해 이해자의 시각이 넓어지고 자신과 다른 인간의 위치와 의미를 포괄적으로 인식하는 데 있다.

◎ '한스 가다머'의 해석학에 대해 알게 된 것을 정리해 봅시다.

편견(선이해)을 기초로

과거와 현재가 뒤섞이는 순간에의 참여

대화의 과정에서 지평의 융합

원저자 생각의 재생산이 아닌 새로운 것의 생산

출발시의 편견에 대한 반성과 비판

4. '폴 리쾨르'의 해석학

폴 리쾨르(Paul Ricoeur, 1913~2005)는 프랑스의 철학자이다. 그는 독자는 텍스트에 드러난 새로운 존재양식을 통해 새로운 세계를 만나고 그 세계를 자기의 것으로 만드는 과정을 겪는다고 하면서, 이를 친숙화라고 불렀다. 그는 독자가 텍스트 세계와의 은유적 만남을 통해서 친숙화가 가능해진다고 주장한다. 리쾨르는 프로이트의 정신분석 텍스트가 무한한 의미를 담는 상징적 텍스트임을 밝히면서, 심리적 욕구가 언어를 입고 나타날 때 분석의 대상이 된다고 보았다.[10)]

'말을 할 때'는 구체적인 시공간 속에서 화자와 청자의 대화가 이루어지므로 이 과정에서 발생하는 오해는 그리 심각한 문제가 되지 않는다. 대화 상황에는 언어적 기호 말고도 표정, 음성의 톤, 몸짓과 같은 다양한 요소들이 공존하므로 청자는 화자의 의도를 쉽게 이해할 수 있다. 혹시 오해가 생기더라도 대화를 통해서 즉시 교정할 수 있다. 그러나 글을 쓰거나 읽는 상황은 문제가 다르다. 우선 구체적 상황이 전제되지 않는다. 저자가 지금 글로 쓰고 있는 것은 이미 지나간 과거의 어떤 장소에서 일어난 일이다. 이처럼 저자가 체험한 구체적 경험을 기록하려고 할 때 불가피하게 원초적인 '소격화'(distanciation)가 일어나는 것이다.

'읽기'란 낯선 텍스트를 자신의 것으로 만드는 일이다. 다시 말해서 전유(appropriation, 자신의 것으로 삼다.) 또는 친숙화 하는 작업이다. 이런 전유과정은 어떻게 이루어지는가? 누구도 저자의 의도를 직접적으로 읽어낼 수는 없다. 해석의 일차적 자료는 텍스트에 나타난 통사론적 구조와 그것의 일반 용법이다. 여기에서 이른바 텍스트의 "의미론적 자율성"이 발생한다. 이러한 텍스트의 의미론적 자율성 개념은 구조론적 의미론을 정당화한다. 그러나 해석학적 의미론이 구조론적 의미론에 종속되는 것은 아니다. 왜냐하면 구조적 분석, 즉 통사론적 의미 분석을 통해 그 텍스트의 의미가 완전히 드러나는 것이 아니기 때문이다. 이런 통사론적 관계 속에서 실제로 의미가 살아나게 하려면 독자의 개인적 체험을 이입하는 추측의 과정이 반드시 필요하다. 이것을 리쾨르는 '이해의 과

---

10) 양유성, 『이야기 치료』, 학지사, 2008, 123~128면 참조.

정'이라고 한다. 그리고 그 문장의 통사론적 구조분석과 일반적인 명제적 의미를 포착하는 것을 '설명 과정'이라고 한다. 이렇게 리쾨르는 텍스트의 개념을 수립함으로써 의미론으로부터 해석학으로 이행한다.

텍스트는 담화작품이다. 텍스트가 작품이라는 것은 그것을 구성하고 있는 문장으로 환원될 수 없는 구조화된 전체성을 갖는다는 것이다. 이러한 전체성은 작품의 문학적 장르를 규정하고 담화를 시, 소설, 연극으로 변형시키는 일련의 규칙에 따라서 산출된다. 이와 동시에, 작품이 장르에 속하듯이, 작품은 자체의 개별적 스타일을 규정하는 독특한 전체적 형태를 갖는다. 따라서 작품으로서의 담화의 생산은 담화의 구성, 장르, 그리고 스타일 안에 이루어진다.[11)]

리쾨르는 텍스트가 단지 이전의 말을 그대로 새겨 기록한 것이 아니라고 강조한다. 말과 글은 동등하고 정당하게 실현된 담화의 형태임에도 불구하고, 글 안에서의 담화의 실현은 말해진 조건으로부터 텍스트를 분리시키는 특성이 있다. 리쾨르는 이런 특성을 '소격화'(distanciation)라는 핵심개념으로 요약한다. 소격화의 첫번째 형태는 말해진 바의 의미가 말함의 사건을 능가하는 것이다. 말하기 행위의 구성적 특성들은 다양한 문법적, 통사론적 장치에 의해 글 안에서 실현될 수 있다. 소격화의 두 번째 형태는 기록된 표현과 화자 사이의 관계에 대한 것이다. 말로 하는 담화에서는 발화주체의 의도와 발화된 것의 의미가 종종 중복되는 반면, 글에서는 그런 경우가 없다. 텍스트가 의미하는 바는 더 이상 저자가 의미한 바와 일치하지 않는다. 따라서 이제 텍스트의 의미와 심리적 의미는 상이한 운명을 지닌다. 소격화의 세 번째 형태는 기록된 표현과 본래 청중 사이의 불일치이다. 글로 된 담화는 미지未知의 청자 그리고 잠재적 독자에게 전달된다. 따라서 텍스트는 텍스트가 생산된 사회적, 역사적 상황에서 벗어나 무제한적인 읽기에로 개방된다. 소격화의 마지막 형태는 텍스트가 실제적 지시물의 한계로부터 벗어나는 것이다. 말로 된 담화의 지시물은 발화상황에서 공유된 현실에 의해 결정되는 반면, 글에서는 공유된 현실이 존재하지 않는다. 따라서 텍스트는 말의 질서와는 다른 해석의 과정에서 펼쳐지는 지시적 차원을 지닌다.[12)]

---

11) Paul Ricoeur, "소격화의 해석학적 기능", 240면, 폴 리쾨르, 윤철호 역, 『해석학과 인문사회과학』, 도서출판 서광사, 2003, 41-45면에서 재인용.

리쾨르는 '올바른 이해의 문제는 단순히 저자의 의도로 돌아가는 것으로는 해결될 수 없다'고 결론짓는다. 텍스트의 의미는 전체적으로 추측 또는 해석되어야 한다. 실로, 의미의 해석은 텍스트에 대한 하나 이상의 해석을 낳을 수 있다. 그리고 이런 과정은 저자의 의도가 아무런 특권적 역할을 못하는 과정이라고 그는 주장한다."13)

12) 폴 리쾨르, 윤철호 역, 『해석학과 인문사회과학』, 도서출판 서광사, 2003, 41~45면 참조.
13) 폴 리쾨르, 윤철호 역, 『해석학과 인문사회과학』, 도서출판 서광사, 2003, 41~45면 참조

〈'폴 리쾨르'의 해석학〉

의미론적자율성

소통의해석학

상징해석

씌어진담화의탈상황화

소격화와친숙화

반성적해석

은유적 만남

은유의해석

신탁의암시

심층적의미탐색

〈'폴 리쾨르'의 해석학〉

☆ "소통의 해석학"

☆ 텍스트는 기록된 담화이며, 저자로부터 분리되면서 '의미론적 자율성'을 갖는다.

☆ 텍스트를 이해하기 위해서는, '해석'이라는 특수한 과정을 거쳐야 한다.

☆ "소격화"와 "친숙화"

저자가 자신의 구체적 경험을 기록하려고 하면 원초적인 소격화가 이루어지며, 독자는 텍스트 속 새로운 존재양식을 통해 새로운 세계를 만나고 그 세계를 자기의 것으로 만드는 과정을 거친다. 텍스트 세계와 독자의 은유적 만남을 통해 친숙화가 가능해진다.

☆ "은유와의 만남"

욕망은 억압되면 말하고 싶어 하지만, 현실에 가로막혀서 다른 모양으로 표현된다. 정신분석은 표상을 해석함으로써 가능해진다. 정신분석의 해석학적 특성은 표층적 의미를 의심하면서, 숨겨진 심층적 의미를 탐색하는 데에 있다.

◎ '폴 리쾨르'의 해석학에서 알게 된 것을 정리해 봅시다.

소격화와 친숙화

의미론적 자율성

은유와의 만남

숨겨진 심층의미의 탐색

◎ 각 해석학자와 관련되는 키워드를 A에서 찾아서, B의 빈칸에 작성하세요.

A		
오해를 피하는 기술	편견에 대한 반성과 비판	숨겨진 심층의미 탐색
은유와의 만남	소격화와 친숙화	새로운 것을 만들어내는 과정
저자의 삶 파악	편견(선이해)를 기초	저자의 언어영역권 파악
소통의 해석학	의미론적 자율성	지평의 융합
부분과 전체의 반복적 순환	문법적 해석	그 시대 언어로 파악

B	
해석학자	핵심어
프리드리히 슐라이어마허	
한스 가다머	
폴 리쾨르	

제2부

옛이야기의 의미와 해석에 대한 연구

1장 〈호랑이가 준 보자기〉 설화 속의 '소통 · 공감 · 보살핌 윤리'

1. 머리말

본 연구의 문제의식은 설화를 통한 문학교육이 인간의 도덕적 상상력을 어떻게 함양할 수 있을까를 고민해 보는 과정에서 촉발된 것이다. 설화는 독창적인 개인 창작서사와는 다르게, 참여자의 감정이입을 통한 문화적 공유를 매개로 전승된다는 점이 중요하다. 설화는 그것을 전승하는 문화공동체의 가치관을 반영하는 동시에 연행과정을 통해서 재생산된다.

따라서 오늘날 우리에게 전승되어온 설화의 의미를 현대의 독자가 어떻게 재해석하는가의 문제는, 문화공동체 안에서의 해당 설화의 생명력 문제로 귀결된다. 현대인의 공감을 얻기 어렵고 현재적 삶에 유의미한 가치를 전달하지 못하는 설화라면 지속적인 전승이 불가능할 것이기 때문이다.

전승자(독자)들이 구비설화에 대해서 누리는 해석의 무한한 자유는 그 편폭이 깊고 넓어질수록 다양하고 풍부한 설화의 의미를 발견해내는 성과를 가능하게 하는[1] 반면에, 주관성에 현저히 매몰된 해석자의 왜곡된 시선에 의해 해당설화의 주제에 대한 오해를 양산하기도 한다.[2] 이는 모든 해석자의 설화 해석이 동등하게 존중받아야 하는지를 학문적으로 고민하게 되는 지점이다. 학교 현장에서

1) 이인경, 「수용자의 해석과 설화의 다층적 의미-<박장군과 이무기> 설화의 해석을 중심으로-」, 『국문학연구』 25, 국문학회, 2012에서 이에 대해 논의한 바 있다.

2) 이인경, 「<구복여행> 설화의 문학치료학적 해석과 교육적 활용」, 『고전문학연구』 32, 한국고전문학회, 2007 ; 이인경, 「'제사설화'에 대한 신세대의 해석과 구비전승의 향방」, 『국문학연구』 20, 국문학회, 2010 등에서 그러한 양상을 구체적으로 검토한 바 있다.

설화를 함께 감상해 보는 해석공동체가 제기하는 다양한 견해들이 실제로 모두 서사적 진실에 정확히 부합하는지, 그들이 내리는 윤리적 판단이 진실로 공정한 것인지에 대한 의문이 빈번히 제기되곤 한다.

학생들의 설화감상문을 분석해 보는 것은 현대 한국인들의 멘탈리티가 어떻게 역동하고 있는가를 엿볼 수 있다는 점에서는 매우 가치 있고 흥미로운 작업이 될 것이다.[3] 그러나 수용자 중심의 문학교육은, 문학 텍스트에 대한 학습자들의 주관적이고 자의적인 해석을 지나치게 허용함으로써 작품 텍스트의 실상을 왜곡하여 해석할 우려가 있다는 점에서 난점을 지닌다. 따라서 수용자의 자유로운 설화해석을 전적으로 허용하고 인정하는 것은 심리치료를 위한 목적에서는 충분히 용인될 수 있겠으나, 문학작품의 수용을 통해 바람직한 인간형을 길러내려는 인문학적인 교육목표에는 걸림돌이 될 수 있다.

그렇다고 해서 교사의 일방적인 통제와 간섭을 통해 설화에 대한 수용자의 해석시각을 강제로 교정하려는 시도 역시 그리 바람직해 보이지 않는다. 학생이 교육자의 해석을 수용하였다고 해서 그것이 곧 학생 자신의 가치관을 교정하여 태도를 변화시키는 것은 아니기 때문이다.[4]

이 문제를 해결하기 위해서는 무엇보다 설화작품에 대한 치밀한 문학적 분석이 다각도로 시도되고 그 과정에서 축적된 학문적 성과가 질과 양의 면에서 충분히 마련되어야 할 것으로 본다. 그리고 이를 바탕으로 전승자(독자, 학생)들의 활발한 토론이 이루어질 때에 비로소 해당 설화가 갖는 의미와 가치에 대한 정당한 평가가 이루어질 수 있다고 본다.

본고는 이런 문제의식에서 출발하여, 일견 서사전개와 주제가 매우 단순해 보이는 까닭에 해석자가 각자의 주관성에 따라 넓은 편폭의 해석을 자유롭게 제시하는 <호랑이가 준 보자기> 설화의 의미를 분석해 보기로 한다.

---

3) 그렇지만 설화감상자의 심리상태를 진단하기 위한 자료로서 작성된 '설화감상문'에 담긴 작품해석은 심리진단 도구로서의 의미와 효용을 지닐 뿐, 그 속에 담긴 작품해석의 정확성이나 논리적 타당성에 대하여 학술적 점검을 하는 것은 무의미하거나 일정한 한계가 있다고 본다.

4) "수용은 믿음과는 그다지 탄탄하게 연결된 것이 아니다. 문학은 주로 수용의 세계에 가깝다. 더구나 수용한다고 해서 태도가 쉽게 변하는 것도 아니다." 정재찬, 「문학교육과 도덕적 상상력」, 『문학교육학』 14, 문학교육학회, 2004, 73면.

호랑이는 우리나라에서 전승되는 설화 가운데 가장 빈번하게 등장하는 동물이다. 이처럼 풍부하게 전승되어온 탓에 호랑이설화는 일찍부터 장덕순, 최인학, 손동인, 장병호 등 선학先學들의 학문적 주목을 받아왔으며 주로 유형분류의 차원에서 거시적으로 조명되어 왔다.[5] 근래에는 김기호가 호랑이설화를 대상으로 다수의 논의를 펼친 바 있는데 역시 유형론 차원의 논의에 치중하고 있다.[6]

한편 이지영은 호랑이 신격의 양성적兩性的 측면을 집중적으로 조명하였으며,[7] 김수현은 문헌에 등장하는 호랑이담에 나타난 여성의 욕망을 추적하였다.[8] 그리고 최근에 서대석은 <호랑이형님>, <포수와 호랑이>, <호랑이와 곶감> 설화를 대상으로 그 속에 담긴 민중의식을 치밀하게 분석해낸 바 있다.[9]

그러나 본고에서 고찰할 <호랑이가 준 보자기> 설화에 대한 연구 성과는 찾기 어려웠는데, 박혜숙의 연구에서 유사한 구비설화가 거론된 것을 발견할 수 있었다.[10] 그 구체적인 내용은 장을 바꾸어 논의를 진행하는 과정에서 살펴보기로 한다.

본고에서는 호랑이설화유형에 대한 일반론적 고찰을 시도하지 않고 설화작품을 '유형'이 아닌 '각편'의 차원에서 미시적으로 해석해 보기로 한다. 즉, 설화각편을 완성된 주제의식을 구현한 '한 편의 독립된 문학작품'으로 간주하고 해석학에 입각하여 거기에 담긴 의미를 분석하는 데에 집중하고자 한다.[11] 유형론 차원의 논의에서는 설화유형이 공유하는 요소에 주목하여 논의를 하게 됨으로써, 개별 각편 차원의 의미를 세밀하게 분석하는 작업이 소홀해지곤 한다. 각편

---

5) 이렇게 이루어진 한국 호랑이설화의 성격과 주제적 특징에 대한 유형분류 연구사가 김기호의 논의에 정리되어 있다. 김기호, 「한국 호랑이 설화의 주제별 유형-발달론적 관점을 중심으로-」, 『인문과학연구』 5, 대구가톨릭대 인문과학연구소, 2004.

6) 김기호, 「성숙의 매개자인 설화 내 동물형상-호랑이를 중심으로-」, 『한국고전연구』 18, 한국고전연구학회, 2008을 비롯하여 호랑이설화를 대상으로 다수의 논의를 한 바 있다. 그러나 본고에서 다루는 <호랑이가 준 보자기> 설화에 대한 김기호의 논의는 찾지 못하였다.

7) 이지영, 「여·남 산신과 호랑이 신격의 상관성 연구-호랑이의 양성적 측면에 주목하여-」, 『한국고전여성문학연구』 15, 한국고전여성문학회, 2007, 237~282면.

8) 김수현, 「호랑이담에 나타난 여성의 욕망」, 『한국어문학연구』 53, 한국어문학연구학회, 2009, 197~227면.

9) 서대석, 「호랑이이야기」, 『이야기의 의미와 해석』, 세창출판사, 2011, 192~209면.

10) 박혜숙, 「호랑이 이야기의 아이러니」, 『동화와 번역』 12, 동화와번역연구소, 2006, 107~128면.

11) 본 연구는 해석학 이론 가운데 한스 가다머의 해석학이론을 주로 적용하기로 한다.

들의 분석이 충분히 축적된 이후에 유형론 차원의 논의가 순차적으로 이루어지는 것도 효과적이라고 본다.

요컨대 본 연구를 통해 <호랑이가 준 보자기> 설화에서 발견된 "소통과 공감"이라는 공동체적 가치가, 문학교육의 과정을 통해 후속세대에게 선명하게 전달되고 자연스럽게 내면화됨으로써 그들의 삶을 풍요롭게 가꿀 수 있기를 기대한다.[12)]

2. 〈호랑이가 준 보자기〉 설화의 의미 해석

본고에서 고찰할 <호랑이가 준 보자기> 설화는 일반인을 위한 대중서로 출간된『우리 옛이야기 백가지』라는 책에 수록된 것이다.[13)] 이 자료를 연구대상으로 선택한 이유는 교육용 자료로 적합한 텍스트를 선정하기 위해서이다. <호랑이가 준 보자기> 설화와 유사한 갈등구조를 지닌 구비설화 각편을『한국구비문학대계』에서도 두세 편 가량 찾을 수 있다.[14)]

그러나 서사전개를 통해 구현된 주제의식의 차이와 갈등구조의 형상화에서 나타난 문학적 완성도를 고려해볼 때에, 이 <호랑이가 준 보자기> 설화가 가장 우수하다고 판단되었다. 뿐만 아니라, 표준어로 정제되어 있는 텍스트가 교육매체로 사용하기에 적합하다고 보았다. 이 설화의 내용은 아래와 같다.

---

12) "스토리텔링은 공동체 안에서 이루어지는 상호작용이기 때문에 자신의 내면적인 문제를 객관화시키고 타인들과의 교류와 교감을 통해 극복할 수 있다는 장점이 있다. 한편 앞에서 밝힌 대로 이야기에는 보편성이 있다. 이야기에는 고대에서 현재까지, 동서양을 막론하고 인간이 있는 곳이면 언제, 어디에서나 비슷하다고 여겨질 수 있는 인간의 어떤 심리적 원형(Archetype)들이 있다. 이야기가 인간의 본성에 맞닿아 있는 것이다." 이민용, 「이야기와 스토리텔링의 치유적 기능」,『독일언어문학』43, 한국독일언어문학회, 2009, 229면.

13) 서정오,『우리 옛이야기 백가지』2, 현암사, 2004. 47~51면.

14)『구비대계』5-2, 549면, <산신을 위해서 복 받은 과부>, 김현녀 구연과『구비대계』4-1, 552면, <깔끔한 부자>, 맹언순 구연. 두 편은 주인공이 총각이 아닌 여성으로 되어있고 조왕에게 소변을 보는 등의 서사전개에서 다양한 차이가 존재하지만 기본적인 갈등구조가 본 연구대상 설화와 유사하다. 이에 비해『구비대계』7-4, 196면, <탁물부인의 걱정>, 백을분 구연본은 서사가 매우 압축되어 있어서 갈등구조가 분명하지 않아 본 연구대상 설화와의 유사성 여부를 판단하기가 상당히 애매하다.

〈호랑이가 준 보자기〉

옛날에 어떤 총각이 부모도 없이 혼자서 살았어. 살림이 가난해서 장가도 못 가고 혼자서 산밭이나 일궈 먹으면서 살았지. 집이라고 있는 게 다 쓰러져 가는 오막살이 한 칸인데, 어찌나 허술한지 뒷간도 없어. 뒷간이 없으니깐 어떻게 해? 오줌, 똥이 마려우면 그냥 한데 나와서 찍찍 갈긴단 말이야. 텃밭이고 거름더미고 마당이고, 그게 다 뒷간인 셈이지. 혼자 사는 총각이니까 뭐 거리낄 것도 없으니 그냥 그렇게 살았어.

그런데 추운 겨울밤이 되면 마당까지 나오는 것도 귀찮을 것 아니야? 매운바람이 쌩쌩 부르는 날 밤에 자다가 말고 일어나 신을 신고 나오는 게 좀 귀찮은 일이야? 그래서 추운 겨울밤에는 이 총각이 그냥 뒷문을 열고 뒷산 쪽에다 대고 오줌을 눴어. 하도 추우니까.

그랬더니 뒷산 산신령님이 그만 노하셨어. 신령님 계신 산에다 대고 버릇없는 짓을 해 놨으니 그럴 만도 하지. 저 게으르고 버릇없는 놈을 혼내 줘야겠다고 작정을 하신 산신령님이 뒷산에 사는 호랑이한테 명을 내리기를.

"네가 가서 저 놈을 혼내 줘라. 버릇을 단단히 고쳐 줘." 라고 했겠다.

그래서 호랑이가 밤중에 총각 사는 집으로 내려왔어. 뒷산 덤불 속에 숨어서, 또 버릇없는 짓을 하면 단단히 혼내 줘야지 하고 벼르고 있는데 마침 총각이 뒷문을 스스로 열고 나오거든. 그러고는 전에처럼 오줌을 눈단 말이야. 그걸 보고 호랑이가 덤불 속에서 막 뛰쳐나오려는데, 총각이 추워 벌벌 떨면서 혼잣말로 뭐라고 하는 고 하니,

"아이 추워, 아이 추워. 나는 집이라도 있어서 바람이나 막아 줘도 이렇게 추운데, 산에 사는 호랑이님은 얼마나 추우실까?"

이러거든. 아, 아무리 인정머리 없는 호랑이라도 그런 말을 듣고서는 차마 못 덤벼들지. 저 걱정해 주는 사람을 어찌 해코지 하겠어? 막 덤벼들려다가 마음을 딱 고쳐먹고 그냥 돌아갔어. 먼데서도 누가 뭘 하는지 뻔히 다 아는 산신령님은 호랑이가 아무 짓도 안 하고 그냥 돌아온 것도 환히 알았지.

"버릇없는 놈을 혼내 주랬더니 왜 그냥 왔느냐?"

"총각이 추워 벌벌 떨면서도 절 걱정해 주는데, 어찌 그런 사람을 해치겠습니까?"

"그렇더냐? 그러면 그냥 두길 잘 했느니라."

그런데 며칠 지나서 호랑이가 그 집 앞을 지나다 보니 또 총각이 오줌을 누러 나와서는,

"에 추워, 에 추워, 난 집이라도 있어서 바람이나 막아 줘도 이렇게 추운데, 집도 없이 산에 사는 호랑이님은 얼마나 추우실까?"

이렇게 혼잣말을 한단 말이야. 그 다음에도 그러고 또 다음에도 그러고, 지날 때마다 그러니 이 호랑이가 그만 감동을 했어.

'날 이렇게 걱정해 주는 사람도 다 있구나. 이렇게 고마운 사람을 나 몰라라 하면 호랑이 도리가 아니지.'

이렇게 생각하고 산신령님께 고하기를,

"신령님, 그 총각이 오줌을 아무 데나 눠서 그렇지 마음은 비단결 같습니다. 살림이 무척이나 어려운듯하니 좀 도와줬으면 좋겠습니다."

하니까 산신령님이 요술보자기를 하나 줬어. 총각한테 가져다주라고 말이야. 그런데 호랑이가 사람 앞에 불쑥 나타나면 놀랄 테니 총각이 나무하러 다니는 길목에 그 요술보자기를 슬며시 갖다 놨지.

그 이튿날 총각이 나무하러 가다 보니까 길에 하얀 보자기가 하나 떨어져 있거든. 주웠지. 주워 가지고 이걸 어디에 쓸까 하다가 날씨가 워낙 추우니까 머리에 둘러썼어. 머리에 보자기를 둘러쓰면 얼추 바람은 막아 주니까 쓸 만하지. 그러고 나무를 하러 산을 올라가는데, 하 이것 참 이상한 일이 다 있네. 그 보자기를 둘러쓰니까 옆에서 말소리가 막 들려. 어쩌고저쩌고 수다스럽게 떠드는 소리가 들리더란 말이지.

어디서 사람들이 이렇게 말을 하나 하고, 가만히 살펴보니 사람은 없고 참새가 몇 마리 나뭇가지에 앉았는데, 들리는 말소리가 바로 그 참새들 소리더래. 호랑이가 갖다 놓은 보자기는 바로 새의 말을 알아듣는 보자기였지. 그것만 둘러쓰면 새가 지저귀는 말이 다 사람 소리처럼 들리는 거야. 가만히 들어보니 참새들이,

"얘들아! 사람들이란 참 미련하지. 저 건넛마을 김첨지네는 외동딸이 다 죽어 가는데도 손을 못 쓰고 죽기만을 기다리더라."

"그러게나 말이야. 그 집 대들보 밑에 있는 천 년 묵은 지네 때문에 그런 줄도 모르고 속수무책이라니, 원."

"그 지네를 쇠젓가락으로 잡아다 끓는 기름에 튀겨죽이면 병도 나을 텐

데, 쯧쯧." 하고 짹째글 짹째글 하거든.

총각이 그 말을 듣고 당장 건넌마을 김첨지네 집을 찾아갔어. 찾아가 보니 아닌 게 아니라 외동딸은 앓아누워 사경을 헤매고, 다른 식구는 근심에 싸여 한숨만 쉬고 있더래. 총각이 그 집에 썩 들어가서,

"내가 이 댁 따님을 살릴 방도를 가지고 왔으니, 아무 말 말고 시키는 대로만 하십시오."

하니까 그 집 식구들이 뭐 어쩌겠어? 여태 좋다는 약은 다 써 보고 용하다는 의원은 다 불러서 보여도 낫지 않아 죽기만을 기다리고 있던 참인데, 그런 말을 듣고 시키는 대로 안 할 수가 있나?

"어떻게 하든지 우리 딸 목숨만 살려 주게나."

목을 빼고 총각의 분부만 기다리는 판이지.

"쇠젓가락 한 짝과 사다리를 갖다 주시고, 이 집에서 제일 큰 가마솥을 마당에 걸고 기름을 가득 부어서 끓이시오."

시키는 대로 다 갖다 주니깐 총각이 쇠젓가락을 들고 사다리를 타고 지붕에 올라갔어. 용마루를 턱 걷어 내니까 거기에 홍두깨만한 지네 한 마리가 꿈틀꿈틀하고 있더래. 그놈을 쇠젓가락으로 집어다 기름에 던져 넣었지. 그렇게 해서 지네가 죽으니까, 금방 숨이 넘어갈 것 같던 딸이 부스스 털고 일어나 앉더란다.

그렇게 외동딸 목숨을 살려 놓으니 어떻게 되겠나. 경사 났다고 당장 잔치판이 벌어지고 총각은 귀인 대접을 받는 거지. 그 집에서 총각을 사위 삼으려고 한 건 정한 이치 아니겠어? 그래서 총각은 참한 색시 얻어 장가들고, 처가에서 논마지기나 뚝 떼어 주니 가난도 면하게 됐어. 집에 뒷간도 짓고 요강도 장만해서, 이제는 겨울밤에 뒷산에다 대고 오줌 누는 일도 없어지고, 가끔 새소리 듣고 남 좋은 일도 많이 해서 오래오래 잘살았지. 이게 끝이야.

1) '산신령 또는 그의 사자'로서 호랑이의 형상

우리나라에는 호랑이가 등장하는 설화가 아주 풍부하게 전승되고 있는데, 특히 호랑이를 산신, 산주山主, 산군山君, 산주인으로 부르며 무섭고 두려운 호랑이를 신격화하여 인간의 친근한 조력자로 변환시키고자 한 민중의 신앙의식을 볼 수 있다.[15]

박혜숙은 다음과 같은 설화를 소개하면서, 이 이야기는 "호랑이 산신령을 숭배하는 가난한 여자가 호랑이로부터 도움을 받는다는 산신숭배의 공감주술적 행위가 결과적으로 자신을 돕게 되었다는 내용으로, 무섭고 두려운 존재인 호랑이라는 자연물을 초극하는 방식의 하나가 호랑이 숭배라는 우회적인 방법을 통해서 적대자를 조력자로 환치한 것"이라고 논술한 바 있다.16)

> 아주 가난하게 사는 한 여자가 오줌이 마려워도 너무 춥기 때문에 바깥에 나가지 못하고 부엌 한 구석에 오줌을 누었다.
>
> "아이구! 추워라. 안에 있어도 이렇게 추운데 산신님은 얼마나 추울까?"
>
> 오줌을 누고 이렇게 군담을 하지만 부엌신인 조왕은 냄새가 나서 죽을 지경이어서 호랑이 산신한테 쫓아가 이 여자를 잡아가시라고 간청을 했다.
>
> 어느 날 호랑이가 와서 부엌문을 열고 가만히 보니 여자가 검불더기 속에서 부시럭 거리다 샛문을 열고 나와 또 오줌을 누면서,
>
> "아이고 추워라. 이렇게 추운데 산신님은 얼마나 추우실까?"
>
> 라고 군말을 하는 것이다. 기특하다고 생각한 호랑이가 그 후로 산짐승을 자주 잡아다 주자 여자의 집은 살림살이가 차차 좋아졌다.17) 그러자 여자는 끼니도 잘 잇고 나무도 해다 때고 옷도 잘 마련해서 깨끗이 빨아 입고 부엌도 깨끗이 쓸면서 잘살았다.

본고의 연구대상인 <호랑이가 준 보자기> 설화와 위의 설화는 유사한 서사구조를 지니고 있지만 등장인물과 서사적 요소에서 차이가 있다.

---

15) 이지영, 「여·남 산신과 호랑이 신격의 상관성 연구-호랑이의 양성적 측면에 주목하여-」, 『한국고전여성문학연구』 15, 한국고전여성문학회, 2007, 237~282면 ; 박혜숙, 「호랑이 이야기의 아이러니」, 『동화와 번역』 12, 동화와번역연구소, 2006, 117~118면.

16) 박혜숙, 「호랑이 이야기의 아이러니」, 『동화와 번역』 12, 동화와번역연구소, 2006, 117~118면.

17) 여기까지는 박혜숙, 「호랑이 이야기의 아이러니」, 『동화와 번역』 12, 동화와번역연구소, 2006, 117면에서 『구비대계』 5-2, 549~550면, <산신山神을 위해서 복 받은 과부>, 김현녀 구연의 내용을 축약하여 표준어로 제시한 것을 옮겨온 것이다. 그 뒤의 내용은 필자가 이 <산신山神을 위해서 복 받은 과부> 각편에서 뒤에 이어지는 내용을 찾아 덧붙인 것이다.

	〈호랑이가 준 보자기〉	〈산신을 위해서 복 받은 과부〉
주인공	홀로 사는 가난한 총각	가난한 여자
문제행동	가난해서 뒷간이 없음 너무 추워서 뒷산에 배설함	가난해서 헐벗어 추위 때문에 샛문을 열고 부엌에 배설함
피해자	산신령	조왕신
심판자	산신령	호랑이 산신
징벌수행자	뒷산 호랑이	호랑이 산신
지원물품	요술보자기	산짐승
결과	결혼한 후에 뒷간 마련함. 새소리 듣고 남 좋은 일하며 잘살게 됨	살림이 나아져서 청결히 하며 잘살게 됨

<산신을 위해서 복 받은 과부> 설화에서 과부의 배설행위는 부엌이라는 개인의 사적私的 공간에서 이루어졌지만, <호랑이가 준 보자기> 설화에서 총각의 배설행위는 산속이라는 공공장소에서 이루어졌다. 또한 과부의 행위는 부엌을 관장하는 조왕신을, 총각의 행위는 산신을 노엽게 하였다. <산신을 위해서 복 받은 과부>에서 부엌에서의 여인의 배설행위는 단지 가난만이 아니라 게으름에서도 기인한 것으로 판단된다. 이 각편에서는 <호랑이가 준 보자기> 설화에서처럼 뒷간이 없다는 내용이 서술되어 있지 않기 때문이다.

한편, 사람이 먹는 음식을 마련하는 공간인 부엌은 주부가 청결함을 최우선으로 해야 하는 공간이다. 그런데도 여인은 옷이 얇아서 추위에 떨며 밖으로 나갈 수 없다는 이유로 샛문을 열고 부엌에다 소변을 본다. 따라서 부엌에서의 여인의 방뇨행위는 추위에 떨며 뒷간까지 가는 고생스러움을 피하기 위한 행위로도 이해될 만하다. 그런데 이 가난하고 게으른 여인이 호랑이산신님을 걱정한 덕분에 공짜로 산짐승을 얻어서 살림이 나아지자 옷을 잘 입고 부엌 청소를 잘하게 되었다는 서사전개는 서사전개의 논리적 유기성에 있어서 다소 논란의 여지가 있어 보인다. 이에 반해 <호랑이가 준 보자기> 설화에서는 문제적 상황(뒷산에

마구 배설하기)이 근본적으로 해결되면서(뒷간 마련) 서사가 종결되는 서사적 완결성을 보여준다.

이 두 편의 설화를 박혜숙의 논의에서처럼 "동물숭배"나 "공감주술적 행위"의 측면에서 해석하고 만족한다면, 이 설화의 인문학적 가치와 현재적 의미는 상당히 약화될 것이다. 두려운 대상을 일방적으로 "숭배"함으로써 그의 가호加護를 기대할 수 있다는 설화적 주제의식은, 현대인의 과학적이고 합리적인 사고와 가치관에는 잘 들어맞지 않는다. 그리고 이런 신화적 주제의식은 인간의 주체적 자아의 형성과 발달에 기여할 도덕적 상상력을 촉발하기도 어려울 것으로 보인다. 이 설화가 전달하는 메시지를 새롭게 그리고 제대로 탐색하려면 서사적 완결성을 잘 갖추고 있는 <호랑이가 준 보자기> 설화를 대상으로 보다 섬세하고 치밀하게 해석해야 할 필요를 느낀다.

이 설화에서는 가난해서 뒷간도 없는 총각이 산속에서 홀로 살고 있었는데, 산속에서 아무 데나 용변을 보는 총각을 보고 노여워한 산신령이 호랑이를 시켜 총각을 혼내 주려는 데에서 서사적 갈등이 시작되고 있다. 이 설화에 등장하는 총각, 산신령, 호랑이의 성격을 어떻게 해석할 수 있을까? 이런 호랑이 신격과 산신의 상관성에 대해 다각도로 심도 있게 고찰한 바 있는 이지영은 다음과 같이 논증한 바 있다.

> 호랑이 신격은 원래 여성과 남성의 양성적兩性的 측면을 공유하고 있었을 것으로 보인다. 그리고 원형적 표상으로서 대모신大母神(The Great Mother)이 창조신의 형상으로 나타났다가 산신山神으로 나아갔을 것이며, 여산신女山神의 전통이 선행한 뒤에 이후로 여·남·동물신격의 공존형태가 실존實在했을 것으로 보인다.
>
> 또한 문헌에 나타나는 여산신과 동물신격의 관련성을 볼 때, 우리의 여산신도 새나 호랑이와 같은 동물을 사자使者로 부릴 수 있음을 현전하는 산신도나 무신도巫神圖 등을 통해서 짐작할 수 있다. 또한 여산신과 호랑이 신격의 상관성을 문헌을 통해 살펴본 결과, 호랑이가 산신으로서 숭앙받았음을 알 수 있다.
>
> <김현감호>에서 보듯이 호랑이는 산신적 면모를 갖고 있으며 남녀양성을

> 구유具有하고 있었을 가능성이 크다. 남성을 보호하는 희생성, 자애, 모성성 등은 여성성으로, 살생의 욕망과 같은 포악성은 남성성으로 표상되거니와, 후자의 포악성이 문제가 되면서부터 호랑이가 퇴치되고 있다.
>
> 결론적으로 여산신이 남성산신화하면 모성성은 희박해지고 그 대신에 남성적 성격의 호랑이가 자주 등장하는데, 문헌과 구전설화에서 호랑이가 산신이거나 혹은 산신의 사자 노릇을 하는 경우에는 포악성이 없고 자애와 모성애를 발휘한다.[18]

이런 이지영의 논의를 적극적으로 수용하여 볼 때, <호랑이가 준 보자기> 설화에 등장하는 호랑이는 모성애를 실현해가는 자애로운 여성 산신의 형상에 가깝다고 하겠다. 이 설화에서 산신령은 총각이 기거하는 산을 관장하는 최고 권력자로서 상벌을 주관하는 심판자(법, 규범)이며, 호랑이는 산신령의 사자로서 산신령의 명령을 받아 집행하는 실무담당자(행정관)에 해당한다고 해석할 수 있다. 그런데 산신령의 명에 따라서 호랑이가 총각을 징벌하려는 순간, "아이 추워, 아이 추워. 나는 집이라도 있어서 바람이나 막아줘도 이렇게 추운데, 산에 사는 호랑이님은 얼마나 추우실까?"라는 총각의 말을 듣고 호랑이는 심경의 변화를 일으켜서 법 집행을 보류한 채 그냥 되돌아온다.

그리고 이후로도 계속 호랑이는 총각을 조우하게 될 때마다 그가 지속적으로 자신을 걱정해 주는 것을 목도하면서, 그에 대한 징벌을 철회하는 수준을 넘어 적극적으로 총각을 도와주려고 나선다. 요컨대, 이처럼 총각을 살생하라는 산신의 명령을 수행하기 위해 나섰던 호랑이가 결국에는 총각을 보호하고 그를 돕는 모성성母性性을 발휘하고 있다는 점에서, 이 설화에서 호랑이는 살생의 욕망과 같은 포악성으로 드러나는 남성성보다는 자애로운 여성성을 보여주는 여산신이나 사자使者의 모습을 띠고 있다.

18) 이지영, 「여·남 산신과 호랑이 신격의 상관성 연구-호랑이의 양성적 측면에 주목하여-」, 『한국고전여성문학연구』15, 한국고전여성문학회, 2007의 내용을 발췌하여 요약한 것이다.

2) '산신 – 총각 – 호랑이' 사이의 소통과 공감

본 연구의 문제의식은 다음과 같은 학생의 설화감상문에서 출발한다.

> 박규리(가명)
>
> 나는 총각이 마음에 들지 않는다. 가난한 총각은 날씨가 추워지자 문 밖에도 나오지 않고 오줌을 산 쪽으로 배설하는 것을 반복했다. 아무리 가난해도 총각의 행동은 이해하기 어렵다. 몰상식하고 게으름의 표현으로 보인다. 그러니 산신령이 화가 나서 호랑이를 보내지 않았는가? 그런데 호랑이가 나타날 줄 알기라도 한 듯 총각이 호랑이를 걱정하는 마음을 표현한다. 총각은 그냥 내뱉은 말인데 호랑이는 착각한 것이다. 총각의 진심은 없는 것이다. 그런데 호랑이는 감동을 하여 산신령에게 고하고 보자기를 총각에게 주었다. 총각은 가만히 앉아 로또를 맞은 것이나 다름없다. 총각은 좋은 일도 하지 않았고 어떤 일에 적극적으로 노력하지도 않았다. 그런데 보자기 덕분에 새들의 정보로 부잣집 김첨지네 외동딸을 구하고 아내와 부를 함께 획득했다. 여기서 웃기는 것은 총각이 가난할 때는 예의가 없고 무식한 행동을 하며 살았으면서 부를 얻고 나서는 예의 바르고 반듯하게 살아갔다고 하는 것이 우습다. 부가 곧 사람을 다르게 만드는 것인가? 세상은 불공평한 것 같다. 요즘 개천에서 용이 나지 않는다고 이야기한다. 아무리 노력해도 돈의 위용에 맞설 수 없는 이 시대엔 총각은 거지꼴을 면치 못했을 것인데, 시대를 잘 만난 총각은 복 받은 사람이다.

위의 감상문에서 보듯이, 박규리는 호랑이를 향한 총각의 진정성을 끊임없이 의심한다. 타자의 상황이나 정서를 공감하거나 신뢰하지 않고 끊임없이 경계하는 박규리의 심리적 태도가 엿보이는 대목이다. 또한 이 감상자의 시각에 따르면, 이 설화에는 긍정적 인물이 등장하지 않는다. 그저 몰상식하고 게으른 총각이 잘못을 저지르고도 징치되기는커녕 호랑이를 의도적으로 기만한 덕분에 오히려 복권에 당첨되듯이 공짜로 재물과 아내를 얻은 불합리하고 어이없는 황당한 이야기이다. 게다가 호랑이는 이런 사악한 총각에게 속아서 징벌이 아닌 부당한 행운을 가져다주는 멍청한 실수를 하는 어리석은 존재로 평가된다. 그리고 이 모든 사태는 그저 돈 때문에 생겨난 부조리한 상황으로 최종 판정되고 만다. 이 부족한 총각은 아무런 선행도 노력도 한 바가 없이 부당하게 행운을 차지한 얄미운 놈으로 평가된다.

박규리가 이 설화를 해석하면서 보여준 시각은 이처럼 시종일관 철저히 냉소적이며 비판적이어서, 이 설화에서는 어떤 긍정적인 메시지도 찾을 수 없다는 입장이 분명히 드러나고 있다. 박규리의 시각으로 바라보자면 도대체 전승자들은 이런 말도 안 되는 설화를 왜 지금까지 전승해왔을지 의문이다. 진정 이 설화는 각종 부조리한 세태로만 가득 차 있는 불량문학인 것일까? 그리고 '저급한 인격을 지녔을지라도 기만술에 능하거나 운이 따라주어서 일단 재물만 얻게 되면 만사가 형통할 것이니, 부지런히 기만술을 익히고 운을 따라다니라'는 처세술을 가르쳐주는 설화인 것일까?

물론 구비설화라는 갈래는 높은 교양을 쌓은 지식인들의 고급문학이 아니며, 심오한 철학을 전달하기 위한 계몽성 강한 윤리적 작품은 더더욱 아니다. 그저 평범한 삶을 살아가는 장삼이사張三李四들의 입을 통해 전승되어 온 그야말로 민중이 향유해온 기층문화인 것이다. 그래서 그 속엔 엄중한 자기성찰이나 도덕적 반성이 결여된 채로, 인간을 짓눌러 왔던 각종 윤리적 금기들을 가상현실에서나마 철저히 파기破棄해보려는 민중의 위험한 욕망이 발칙한 상상력을 통해 여지없이 분출되기도 한다. 그런 까닭에 설화 속에는 인간의 이기적 본성이나 다듬어지지 않은 동물적이고 추악한 공격성이 노출되기도 함을 분명히 직시해야 할 것이다.[19)]

그러나 마찬가지로 민중문학이라면 무조건 폄하貶下하고 보는 지식인층의 편견이나 고정관념 역시 동일하게 경계되어야 할 것이다. 설화 속에는 민중이 직

19) 박희병, 「'병신'에의 시선-전근대 텍스트에서의-」, 『고전문학연구』 24, 한국고전문학회, 2003, 309~361면에서, 박희병은 민중문학이 지닌 이런 문제점을 지적하면서 민중문화를 무조건 이상화하는 태도를 경계하고 민중문화에 내재된 부정적 면모를 냉정하게 직시해야 함을 강조한 바 있다. 이는 학계가 함께 성찰해야 할 적절하고도 중요한 학문적 지적이라고 본다. 이런 주장은 그간 학계가 민중문학에 보여준 무조건적 찬양과 편애의 관습적 태도에 경종을 울리고 있다는 점에서 주목할 한하다. 그럼에도 불구하고 어느 쪽이든 특정방향으로 편향된 연구시각은 공정성을 잃어버리기 쉽다는 점에서, 민중문학에 대한 무의식적이고 무조건적인 폄훼 또한 경계해야 할 것이다.

접 몸으로 부딪히며 찾아낸 건강한 삶의 소중한 진실이 진하게 녹아있는 경우가 빈번히 발견되기 때문이다.

다시 박규리의 감상문을 주목해 보자. 박규리와 이 설화 사이에는 메시지의 소통이 제대로 이루어지고 있는 것일까. 이 감상자는 이 설화가 발생하고 있는 의미를 전달받기에 다소 부적합한 심리적 상황과 기대지평을 지니고 있지 않나 하는 의문이 생긴다. 사실 박규리와 이 설화 사이에서 발생하는 메시지 불통不通의 문제는 개인적 차원에 국한되지 않고, 그가 속한 현대사회 문화공동체의 문제 상황에서 기인한 것일 가능성이 크다.[20] 편견과 증오로 가득 찬 정치적, 사회적 환경 속에 놓여있다면 개인의 문학적 상상력 역시 일정한 편향성과 한계를 지닐 수밖에 없을 것이기 때문이다.[21]

총각 그리고 호랑이라는 타자他者를 바라보는 박규리의 냉정하고 건조한 시선은, 현대 자본주의 사회의 무한경쟁체제 속에서 상호경쟁 관계망 속에서 파편화된 분자分子로 살아가는 소시민들의 생리와 불안한 심리구조를 엿보게 해준다. 총각이 겪어야 하는 추위의 고통도, 호랑이를 향한 총각의 연민 어린 독백도, 자신을 향한 타자의 관심에 감복하는 호랑이의 외로운 정서도 박규리에게는 자신의 삶과 동떨어진 낯선 타자의 것일 뿐이다. 그래서 박규리는 도저히 이해도 공감도 납득도 수용도 하기 어려운 설화적 현실을 향해 짜증스러운 냉소와 비난을 쏟아내면서, 이 모든 부조리한 서사전개의 원인을 부조리한 자본의 논리로서 설명해낸다.

설화에 대한 이런 해석 안에는 두 개체 사이에 이루어진 '소통·이해·공감'과 같은 상호작용의 매커니즘이 철저히 사상捨象된 채 오직 피상적으로 관찰되는

20) "메시지들의 유통이 인간들 간의 진정한 소통이 되기 위해서는 '의미'의 발생과 이해가 있어야만 한다. 즉, 의미의 전달이야말로 소통의 핵심이다. 의미는 단순한 언어적 과정만이 아니라 화자와 청자가 속하고 있는 특정한 상황과 기대지평, 그리고 문화공동체의 유구한 전승을 토대로 이루어진다." 황수영, 「소통의 이론과 그 철학적 기반-리쾨르의 해석학을 중심으로-」, 『개념과 소통』 3, 한림과학원, 2009, 70면.

21) "편견과 증오로 가득 찬 정치적 사회적 환경 속에서라면 문학적 상상력을 최대한 선용할 것을 호소한다 해서 도대체 무슨 소용이 있겠는가. 많은 사람들의 일상이 다양한 형태의 배제와 억압에 의해 지배당하고 있는 세계에서 자기 목소리의 이야기를 한다는 것이 무슨 소용인가." 정재찬, 「문학교육과 도덕적 상상력」, 『문학교육학』 14, 문학교육학회, 2004, 74면.

외적 변화의 결과만 덩그렇게 남아있다. 가난해서 몰염치했던 총각이 호랑이를 "속여서 부자가 되자" 갑자기 예의를 차리고 잘살게 되었다는 부조리한 천박한 자본의 논리를 꼬집고 있는 것이다.

설화는 해석자에게 닫힌 해석을 강요하거나 정답을 제시하지 않는바, 설화의 의미는 잠재적 가능성 속에 한껏 개방되어 있다. 설화전승자(감상자, 독자, 해석자)는 자신의 시각에서 설화작품을 재해석할 수 있는데, 이 때 설화에서 무엇을 핵심내용으로 볼 것인가가 해석에 있어서 중요한 변인이 될 것이다.[22] 그것의 선택은 물론 전적으로 해석자의 자유일 수 있다. 그럼에도 불구하고, 해석자가 지닌 기대지평의 수준이 편향되거나 협소하지 않고 고양되고 확대될수록, 그 설화가 담고 있는 메시지를 더 정확하고 충실하게 그리고 풍부하게 발견해낼 수 있을 것이다.

이런 맥락에서 설화문학 연구는 작품에 대한 새롭고 다양한 해석을 제시할 수 있도록 치열하게 고민하며 부단히 논쟁해야 할 의무가 있다.[23] 그리고 그 과정에서 축적된 다양한 작품해석들이 공개적인 토론의 장에서 자유롭게 경쟁함으로써, 동시대 문화공동체의 구성원들을 합리적으로 설득할 수 있는 긍정적이고 생산적인 작품해석이 널리 수용될 수 있을 것이다.

박규리의 주장대로 총각의 무단배설 행위를 게으름이라는 개인적 결함에서 기인한 것으로만 간주하여 호랑이가 즉각적으로 총각을 징벌했다면, 이것이 궁극적으로 어떤 공동체적 선을 달성할 수 있었는지 따져볼 필요가 있다. 이 설화

22) "허구적 서사물의 의미는 결정되어 있다기보다는 잠재적인 가능성 속에서 열려져 있다. 의미는 독자의 판단과 평가에 의해 비로소 현동화되는 것이다. 때문에 플롯 이해에는 독자 자신의 서사적 이해, 곧 텍스트 세계를 평가하고, 의미화 실천하는 양상이 그대로 투사된다. 그는 작품의 시대적 맥락을 고려하면서도 나름의 시각으로 텍스트의 의미 질서를 평가함으로써 자신의 시각에서 작품을 재정의하고, 다시 이야기하는 것이다. 이 재정의는 주제 서술에서 무엇을 핵심 개념을 삼아 서술할 것인지를 결정하는 주요 변인이 된다. 이는 '정신 활동으로서의 플롯 이해'라는 본질에 부합하는 것이며, 이 과정을 통해 독자는 자신의 서사적 정체성을 형성할 수 있다." 최인자, 「허구적 서사물의 플롯 이해에 기반한 서사 추론 교육」, 『국어교육』 122, 한국어교육학회, 2007, 457면.

23) "궁극적으로 국문학계가 제공해야 할 것은 새롭고도 무한히 다양하게 해석된 문학이다. 한 점을 지나는 선분의 숫자가 무한하듯, 우리는 문학을 해석하는 컨텍스트를 제한 없이 상상해 내어야 한다." 강명관, 「'문학주의'에서 벗어나 문학 외부와 소통하기」, 『고전문학연구』 25, 한국고전문학회, 2004, 95면.

가 전달해야 할 메시지가 '게으른 사람은 반드시 호랑이에게 물려 죽어야 한다.'는 것일까? 이는 이 설화에 드러난 서사적 문면을 정확히 파악한 것이 아니다. 사건전개를 잘 살펴보면, 총각은 재정능력이 생기자 스스로 뒷간을 지었고 무단배설 행위를 그만두었다고 되어 있다. 그렇다면 총각의 무단배설행위는 게으름이라는 개인의 기질적 결함보다는 가난이라는 사회경제적인 요인에서 기인한 것으로 봐야 한다. 그리고 이는 안정적인 생산수단의 부재에서 촉발된 구조적 문제였다. 말하자면 총각은 가난 때문에 호랑이에게 물려 죽어야 할 처지에 놓인 것이다. 보편적 정의에 따라서 피도 눈물도 없는 법의 집행이 총각에게 엄정하게 가해진다고 해도, 개인의 힘으로는 어찌하기 어려운 이런 사회구조적 범죄는 근본적으로 개선되기 어려울 것으로 이해된다. 물론 열악한 환경 안에서도 개인은 자신의 처지를 개선하기 위해 최대한 노력해야 할 것이다.

한편 앞에서 살펴 본 박혜숙의 논점을 수용하여 이 설화를 해석한다면, 인간을 해치는 포악한 호랑이를 숭배함으로써 그로부터 자신을 지키려는 총각의 공감주술적 행위가 성공을 거둔 사연이 될 것이다. 즉, 맹수인 호랑이를 두려워한 총각이 지극히 본능적인 배설행위의 순간에까지 긴장의 끈을 늦추지 않고 호랑이를 철저히 숭배하였던 덕분에, 호환을 면하였을 뿐 아니라 그가 베푸는 복까지 받게 되었다는 신화적 논리가 성립될 수 있다. 그리고 여기에서 총각은 호랑이 신격을 숭앙하는 사제司祭에 해당된다고 볼 수도 있다.

산신령은 왜 총각에게 <산신을 위해서 복 받은 과부> 설화에서처럼 산짐승과 같은 보다 직접적이고 물질적인 보상을 주지 않고, 요술보자기를 주려고 했을까? 이런 서사적 요소의 차이는 설화의 의미전개에서 어떤 차이를 보여줄까? 산신령이 준 보자기를 쓰면 총각은 참새들의 지저귐이 갖는 메시지를 해독할 수 있었다. 신화에서 새는 산신의 전령傳令으로도 나타난다는 점을 상기할 때에, 이 설화에서 산신은 참새를 통해서 총각에게 어떤 유용한 정보를 전달해 주려고 한 것으로 이해된다.

그런데 그 정보가 왜 하필 부잣집 딸의 발병發病 소식과 그 치료법이었을까? 질병의 치료법이란 매우 유용한 정보이기는 하다. 그러나 그건 병자에게 필요한 정보일 뿐이지 총각 자신에겐 가치중립적인 것이거나 무용한 것일 수 있다. 참새가 준 정보[24]에는 병에 걸려 죽어가는 김첨지의 딸을 살려 주면 그 집으로 장가들 수 있다거나 부자가 된다는 식의 사후보상에 대한 약속이 없었다. 참새가 알려준 정보를 어떻게 활용할 것인지는 오로지 총각의 자발적 선택에 달려있는 것이다. 사실 병의 치료법이란 병자의 고통에 주목하는 사람에게만 의미 있는 정보인 것이다. 죽어가는 사람을 살리러 달려갈 것인가, 아니면 이런 무조건적인 이타행위를 거부할 것인가는 총각의 가치관에 달린 문제이다.

박혜숙이 주목했던 <산신을 위해서 복 받은 과부> 설화에서 부엌에서 소변을 보던 여인에게 거저 주어진 산짐승은 "돈" 그 자체인 셈이었다. 그러나 <호랑이가 준 보자기> 각편에서 부잣집 딸의 병을 치료하는 방법이라는 정보는 총각의 판단에 따라 전혀 무용無用한 것일 수 있다. 그러므로 이런 기회는 총각의 인성을 시험해 보는 기능을 수행하게 된다. 산신령은 금덩이(무상복지)가 아닌 총각의 자발적 선택에 따라서 복을 받을 수 있는 "기회"-이는 또한 인성에 대한 시험이기도 하다-를 제공한 것이다. 참새들의 말을 알아들은 총각은 아무 것도 계산하지 않고 "당장" 건넌 마을 김첨지네 집을 찾아 갔던 것이다. 이는 호랑이를 걱정해주던 총각의 일관성 있는 태도를 통해서, 총각이 지닌 타인에 대한 연민과 공감의 진정성을 산신령이 통찰하였기 때문에 행한 일일 수 있다.

또한 그 보자기가 제공해준 선물이 바로 '새들의 지저귐을 알아듣는 능력'이었다는 점도 주목할 만하다. 이런 인간과 동물과의 소통은 인간과 이류異類와 소통[25], 더 나아가 인간과 자연과의 소통이 가져오는 생태주의적인 가치를 부각시키고 있기 때문이다.

총각을 혼내 주러 갔던 호랑이는 자기를 걱정해 주는 사람을 차마 해칠 수가

---

24) "얘들아! 사람들이란 참 미련하지. 저 건넌 마을 김첨지네는 외동딸이 다 죽어 가는데도 손을 못 쓰고 죽기만을 기다리더라." "그러게나 말이야. 그 집 대들보 밑에 있는 천 년 묵은 지네 때문에 그런 줄도 모르고 속수무책이라니, 원." "그 지네를 쇠젓가락으로 잡아다 끓는 기름에 튀겨 죽이면 병도 나을 텐데, 쯧쯧." 총각이 그 말을 듣고 당장 건넌 마을 김첨지네 집을 찾아갔어. 찾아가 보니 아닌 게 아니라 외동딸은 앓아누워 사경을 헤매고, 다른 식구는 근심에 싸여 한숨만 쉬고 있더래.

25) 이강옥, 「신라 설화에서의 존재 간 소통양상과 의미-삼국유사 자료를 중심으로-」, 『어문론총』 57, 한국문학언어학회, 2012.에서 이런 소통의 의미에 대한 진지한 분석이 있었다.

없어서 그냥 물러났다고 서술되고 있다. 그런데 이것을 두고 호랑이 신격을 두려워하는 총각이 누가 보든 안 보든 호랑이를 무시無時로 숭배하고 있는 태도에서 호랑이가 크게 감명을 받아서 내린 자비라고 설명하고 넘어가기에는 석연치 않은 구석이 있다.

왜냐하면 다음과 같은 의문이 꼬리를 물고 제기되기 때문이다. 산신의 명령을 수행하러 간 호랑이가 그렇게 제멋대로 일을 처리해도 되는 것일까? 산신령은 왜 이런 호랑이의 전횡을 용인한 것일까? 호랑이의 이런 행위는 정당한 것인가? 개인의 사적 이해관계나 감정적인 판단에 따라서 이렇게 자의적이고 가변적으로 법이 집행된다면 이는 공정하거나 정의로운 것인가? 이처럼 호랑이가 제멋대로 산신령의 명령을 어기면서까지 총각을 보호한 것은 실상 직무유기이거나 직권남용이 아닌가? 더 나아가 자신에게 지속적으로 연민과 공감을 표출한 총각에게 포상을 내려야 한다고 주장하는 것은 합리적이며 도덕적으로 타당한 일인가?

이런 의문에 답하기 위해서는 서사전개의 처음으로 되돌아가서 사건정황을 찬찬히 살펴볼 필요가 있다. 산신령이 총각을 징벌하려 한 것은 총각의 무도한 배설행위로 인한 피해를 심각하게 여긴 탓이었다. 멀리서도 모든 것을 다 본다는 산신령은 총각이 한 행위의 진정한 의도나 동기에 대해 전혀 주목하지 않았다. 산신령은 총각과 소통을 시도하거나 그의 처지에 공감하려 하지 않았던 것이다. 반면 산신령의 명령을 수행하러 간 호랑이는 가난하고 외로운 총각의 삶의 현장을 찾아갔다. 그리고 가난 때문에 뒷간조차 없어서 매섭게 추운 날 그런 방식으로 배설할 수밖에 없는 총각의 딱한 처지와, 그럼에도 불구하고 자신보다 호랑이(他者)를 먼저 걱정할 줄 아는 총각의 착한 심성을 목도하게 된다.

호랑이를 향한 총각의 걱정을 어떤 보상을 기대한 계산적인 행위로 규정하기보다는 자신의 주변을 돌아볼 줄 아는 타인에 대한 공감능력으로 이해하는 것이 타당해 보인다. 총각의 그런 독백이 어디에선가 호랑이가 엿들을 것을 염두에 두고 이루어진 "의도된" 발언이었다는 증거를 설화의 전체 문면에서 전혀 찾을 수 없을 뿐더러, 무엇보다 타인에 대한 공감과 연민의 정서란 흔히 약자가 강자에게 표출하는 것보다는 그 반대인 경우가 훨씬 자연스럽기 때문이다. 물론 이런 총각의 태도를 호랑이에 대한 일방적인 숭배의식의 표출로 볼 수도 있겠으나, 총각의 발화내용과 그 맥락을 살펴볼 때 이를 자신에게 무언가를 시혜해 줄 우월한 대상을 향한 "아부"로 해석하는 것은 설득력이 약해 보인다.

한편 호랑이의 이런 자의적 법집행(행정처분)은 타당한 것인가? 호랑이는 무엇을 믿고 그렇게 재량권裁量權을 남용했던 것일까? 총각의 혼잣말을 들은 호랑이는 차마 그를 해치지 못한다.[26] 총각이 호랑이를 걱정해 주어서 고마웠던 탓일까? 단지 그런 이유에서 직무수행을 포기했다면 이는 객관적이며 공정한 처사라고 보기 어렵다. 온정주의는 정의로움과는 일단 별개일 수 있기 때문이다.

총각에 대한 산신의 노여움은 무엇보다 총각의 배설행위가 산신의 신성성을 모독하였기 때문인바, 그런 이유로 산신의 신성성을 인정하지 않는 총각을 징벌하려는 것이었다. 그런데 실상 사건의 본질은 어떠한가? 호랑이는 총각의 "아이 추워!"로 시작되는 독백을 통해서 사태를 파악할 수 있었다. 총각의 배설행위는 신성한 산신을 모독하려는 의도에서가 아니라, 가난과 추위로 인해 불가피하게 저지른 무의식적인 행위였던 것이다. 현장에 나가서 살펴본 결과, 총각은 공동체에 고의로 민폐를 끼치려는 불순한 의도를 가진 불량한 사람이 아니었다. 게다가 이기적인 인물로 단정하기 어려운 것이, 그는 이전에 만나본 적도 없는 호랑이의 추위까지도 걱정할 줄 아는 인정 많은 인물이었던 것이다.

호랑이는 이런 상황맥락적 판단에 의거하여 총각에 대한 징벌을 중지하는 재량권을 발동하였다. 호랑이는 산신이 의도한 징벌의 대상은 산신에 대한 불경不敬함이지, 비록 외롭고 가난할지라도 타인에 대한 사랑을 잊지 않는 선량한 심성이 결코 아니라는 문제 상황의 본질을 정확히 헤아렸던 것이었다. 총각이 보여준 타자에 대한 자발적이며 수평적인 이해 -'나도 춥지만 바람 막을 집이 없는 호랑이는 더욱 춥겠구나. 그러니 이런 추위는 참을 만한 것이고 불평을 할 일이 아니다.'-는 타인의 고통에 대한 총각의 공감능력과 정서적 유대감을 잘 보여준다. 총각은 자신보다 더 어려운 이웃에 대한 관심과 사랑을 잊지 않았던 것이다.

---

26) "아이 추워, 아이 추워. 나는 집이라도 있어서 바람이나 막아 줘도 이렇게 추운데, 산에 사는 호랑이님은 얼마나 추우실까?" 이러거든. 아, 아무리 인정머리 없는 호랑이라도 그런 말을 듣고서는 차마 못 덤벼들지.

그리고 이런 수평적 이해는 드디어 호랑이의 마음에 닿아서 공명共鳴하기에 이르렀다. 호랑이는 총각에게 그와는 동떨어져 있는 남이 아니라, 이곳에서 자신과 함께 살아가는 '우리(공동체적 존재)'로 인식되고 있었음을 엿보게 되었다. 이를 통해 호랑이는 총각이 자신과 이질적이거나 적대적인 관계가 아닌 '공생관계'에 있다는 공동체적 유대감을 느끼게 된 것이다.

호랑이는 총각의 삶을 처음 목격했을 때에는 징벌을 철회하는 소극적 행위에 그쳤지만, 이후로도 총각의 자신에 대한 공감의 태도를 지속적으로 확인하게 되자 그를 적극적으로 돕기로 한다. 호랑이가 처음에 징벌을 철회한 것은 총각의 행위가 불가피한 환경조건에서 기인한 것이지 신성모독이라는 불경한 의도와는 무관함을 인지함으로써, 그런 정상情狀을 참작參酌한 결과라고 볼 수 있다.

이후로 몰래 총각을 관찰하는 과정에서 확인된 호랑이를 걱정하는 총각의 일관되고 지속적인 태도가, 호랑이에 대한 총각의 관심과 애정의 진정성을 담보해 줌으로써 총각에 대한 호랑이의 신뢰가 확고해질 수 있었다. 그러자 호랑이는 총각의 잘못을 용서하는 단계를 넘어서 그의 환경조건 자체를 개선해 줌으로써 총각의 문제를 근원적으로 해결해주는 단계로까지 나아간다. 그리고 그 결과 총각은 이런 호랑이의 적극적인 도움을 매개로 결혼도 하고 뒷간도 지어서 문제의 그 일탈행동을 원천적으로 벗어나게 되었다.

더욱이 혹시라도 총각이 놀랄까 봐서 길목에 조용히 요술보자기를 놓아두는 호랑이의 신중하고 섬세한 배려는 특히 흥미롭다. 이는 단순히 호랑이의 출몰이 가져올 공포심이나 놀람을 경계한 것만이 아니라, 그를 넘어서 더 본질적인 차원의 배려가 담겨 있는 것이다. 즉, 이는 무상원조無償援助를 베푸는 자가 원조를 미끼로 삼아서 상대방에게 모종의 권력을 행사하거나 비굴함을 느끼게 하는 부작용을 차단하였기 때문이다. 호랑이가 자신의 정체를 드러내면서 시혜를 베푼다면, 총각은 불가피하게 호랑이의 권력에 종속되어서 호랑이를 숭배하며 그에게 봉사해야 할 의무를 지게 될 것이다. 호랑이는 총각을 이른바 "갑과 을이라는 지배종속"의 관계망으로 강제로 끌어들이는 사태를 애써 회피하기 위해서 이렇게 신중한 배려를 했던 것이다.

3. 보살핌 윤리와 〈호랑이가 준 보자기〉 설화의 현재성

앞에서 논의한 이런 설화의 내용을 소통·공감·보살핌 윤리의 측면에서 다시 해석해 보기로 하자. 가난한 총각이 마을이 아닌 산속에서 홀로 살아가고 있다. 산신령은 이 산의 주인이다. 총각은 말하자면 산신령의 집을 빌려서 살아가는 세입자에 비유할 수 있다. 너무 추워서 아무데나 배설을 하는 몰지각하고 문화적 수준이 떨어지는 세입자가 못마땅한 집주인은 대리인(집행관)을 불러서 세입자를 강제퇴거 시키라고 요구하였다. 총각은 마을공동체에 소속되지 못한 주변인이며 이방인이기도 하다. 집주인인 산신령의 절대적인 지배 권력을 두려워하면서 아무 것도 가진 것 없이 혈혈단신 "산속에서" 외롭게 살아가고 있는 사회적 소수자인 것이다.

산신령은 문제가 발생한 현장에 찾아가 직접 총각과 소통하려 하지 않고, 그저 냉정한 타자적 시선으로 총각을 비난하고 징벌하려고만 했다. 산신령에게 총각은 자신에게 의존하여 살아가는 자신이 돌봐야 하는 보호대상이 아니라, 자신을 성가시게 하는 그래서 절대적 지배권을 사용하여 통제해야 하는 귀찮은 대상일 뿐이다. 그러나 현장조사를 다녀온 호랑이의 사건 보고를 통해 산신령은 비로소 총각에 대한 왜곡되고 냉정한 시각을 시정하여 총각에 대한 호랑이의 온정적인 행정처분을 용인해준다.

허구적 서사물은 인간에게 도덕적 상상력을 배양해 준다는 점에서 중요한 기능을 지닌다.[27] 이 설화는 우리가 실제 현실에서는 아직 당면하지 않은 도덕적 딜레마에서 어떻게 행동하는 것이 옳은가를 판단해 보는 도덕성 함양의 기회를 마련해 주고 있다. 이 설화에서 총각을 징벌하라는 산신령의 명령을 수행하기 위해서 찾아간 호랑이는 도덕적 딜레마에 처하고 있다. 호랑이는 개인이 처한 상황 맥락적 조건을 무시한 채 일률적으로 법을 집행할 것인가, 아니면 각각 그 행위의 의도와 정상을 참작하여 법을 탄력적으로 적용할 것인가의 갈림길에 놓

27) 문학과 도덕적 상상력의 관련성에 대해서는 정재찬, 「문학교육과 도덕적 상상력」, 『문학교육학』 14, 문학교육학회, 2004를 참조 바람.

이게 된다. 그리고 결국 후자를 택함으로써 이른바 보살핌 윤리를 실천하게 된다.[28] 만약 애초에 산신령이 의도했던 대로 호랑이가 총각을 가차 없이 징벌해 버렸다면 어떻게 되었을까?

보편적 정의를 앞세운 피도 눈물도 없는 법의 일률적 집행으로는 사회문제를 본질적으로 개선하기 어렵다. 뒷간을 짓지 못한 총각은 다행히 호랑이에게 물려 죽지 않고 목숨을 건진다고 해도 뒷산이 아닌 다른 곳으로 이주하여 역시 동일한 방식으로 살아갔을지도 모른다. 이 총각이 아닌 다른 사람도 역시 동일한 상황에 놓이게 된다면 마찬가지 결과에 도달했을 가능성이 있다. 이렇게 볼 때, 개인이 처한 사회경제적인 환경을 이해하고 소통함으로써 그에 공감하며 문제의 근원을 찾아서 이를 구조적 차원에서 해결해 보려는 공동체의 적극적인 노력이 요구되는 것이다.

요컨대 이 설화에서 잘못을 징계하는 지배 권력을 행사하는 산신령이 남성 산신으로서의 면모를 보인다면, 총각에게 공감하면서 그를 세심하게 배려하고 보살피는 호랑이의 모습은 여성 산신으로서의 면모를 보인다. 즉, 이 설화에서 산신령이 정의의 윤리를 지향하고 있다면 호랑이는 보살핌의 윤리를 실천하고 있다고 이해할 수 있는 것이다. 이 보살핌 윤리와 정의 윤리는 상호보완하면서 발전될 필요가 있다. 정의 윤리가 약화되면 사회의 가치질서가 무너지고 온정주의에 함몰될 수 있으며, 보살핌 윤리가 약화되면 사회의 법 집행에 있어서 인간의 삶의 진실을 외면한 채 잔혹해질 수 있기 때문이다. 이런 '정의 윤리'와 '보살핌 윤리'의 특징을 다음에 제시할 표1)에서 이해할 수 있다.

설화 속에서 등장하는 호랑이는 흔히 힘없는 민중에게 가해지는 부당한 폭력이나 심리적 공포를 상징한다. 민중은 이런 부당한 폭력에 의해서 피해를 보기도 하지만 그런 절대적 힘에 기대어 안전한 삶을 확보하기도 한다. 인간사회에서 가장 강대한 힘은 국가의 공권력이며 인간은 이런 국가 공권력의 보호 아래서 안심하고 살아가는바, 적들의 침략을 막아 생명을 보호해주고 도적의 약탈로부터 재산을 지켜주고 억울한 사정을 송사訟事를 통해서 해결해 주는 것이다.[29]

---

28) 보살핌의 윤리에 관해서는 신동희 · 이지희, 「"보살핌 윤리"를 적용한 과학교육 가능성 탐색」, 『한국과학교육학회지』 32권 5, 한국과학교육학회, 2012를 참조 바람.

표1) '정의 윤리'와 '보살핌 윤리' 비교[30]

	정의 윤리	보살핌 윤리
근본적인 도덕적 명령	의무, 당위, 정의	책임, 덕, 보살핌과 비폭력
도덕성 성향	권리와 정의윤리는 남성들 사이에서 지배적으로 나타남	보살핌과 책임감의 윤리는 주로 여성들 사이에서 나타남
도덕성의 요소	나와 타인의 권리, 독립과 개체성, 공정성, 호혜성, 규칙과 법칙성	나와 타인에 대한 책임, 관계와 상호의존(관계성 및 상호성), 보살핌과 연민, 우정, 조화, 이타심, 자기희생, 헌신
도덕적 행위의 매개 과정	보편적 원리에 근거한 규칙	맥락에 근거한 보살핌의 활동
도덕적 딜레마의 본질	갈등을 일으키는 권리, 이기고 지는 경쟁, 동일한 평등적 분배, 개별적 책임	조화와 관계성의 위협, 주고받는 협동, 요구와 맥락에 따른 형평성 분배(맥락성), 공동의 책임
딜레마 해결의 인지적 과정	형식적, 연역적, 논리적 사고, 명령에 따라 상황에 대응	구체적, 귀납적 사고, 공감을 통해 상황에 대응
도덕적 행위자	분리된 개체적 자아, 독립적 자아	연관된 동반적 자아, 타인과 반응하는 자아
정서의 역할	부차적임	보살핌과 연민의 중요한 동기
철학적 지향	합리적, 보편적인 정의 윤리 보편주의, 자유주의, 개체주의	현상학적, 상황적 덕의 윤리 상대주의, 공동체주의, 지역주의
발달관	자율성, 동일성, 독립성, 형평성	관계성, 독특성, 친밀감, 평등성
난점	원자주의, 개인주의, 이기주의, 남성적	연고주의, 지엽주의, 친애주의, 여성적

29) 서대석, 「호랑이이야기」, 『이야기의 의미와 해석』, 세창출판사, 2011, 200면을 참조하기 바람.

30) 심성보, 「'보살핌'의 윤리와 도덕교육론」, 『초등교육연구』 9, 부산교육대 초등교육연구소, 1996, 1~26면. 신동희·이지희, 「"보살핌 윤리"를 적용한 과학교육 가능성 탐색」, 『한국과학교육학회지』 32권 5, 한국과학교육학회, 2012, 960면에서 재인용.

선거철이 되면 부쩍 더 자주 눈에 띄는 장면이 있다. 정치인들이 민생의 현장을 누비며 부지런히 민중의 소리를 귀담아 듣고 그들의 거친 손을 쥐어 주고 함께 눈물을 흘리며 그들의 굽은 등을 두드려 주는 풍경이다. 이는 보살핌의 정치를 하겠다는 정치인들의 의지를 표명하는 장면인 셈이다. 이 설화에서 지배 권력을 쥔 산신령은 그 공권력을 가난한 형편 때문에 뒷간조차 갖추지 못하고 살아가는 불쌍한 백성인 총각을 징벌하는 데에 사용하기 전에, 먼저 백성의 고달픈 삶을 해결해줄 방법을 강구하는 데에 고심했어야 한다. 공권력은 군림하기 위해서가 아니라 민생을 돌보기 위하여 행사되어야 한다는 말이다.

한편 인간이 타인의 고통을 제대로 이해하고 공감하거나 그 고통을 함께 나누며 진심으로 이웃을 위로하는 일은 쉽지 않은 일로 보인다. 그럼에도 불구하고 이웃의 아픔을 타자의 시선으로 방관하지 않고 자신의 것처럼 공감하며 기꺼이 함께 나누려는 보살핌 윤리가 실현될 때, 비로소 공동체의 건강한 번영이 가능하다는 사실을 발견하게 된다. 이 설화에서 마을공동체에서 유리된 주변인이며 이방인으로 형상화 되는 총각의 모습은, 일견 다문화사회에서 이주민의 처지를 연상케 한다.[31] 사회적 약자(이방인, 소수자, 장애인 등)와의 소통을 거부하거나 공감능력이 부족한 주류사회의 몰이해는 이런 사회적 약자에 대한 무조건적인 편견과 멸시, 차별을 쉽게 정당화하곤 한다.

산신령(최고 권력자, 행정수반)은 이 설화에서 구중심처九重深處에 깊숙이 들어앉아 눈에 거슬리는 총각의 배설행위를 멀리서 보며 분노하였고 마침내 호랑이를 보내 징벌하도록 명하였다. 이는 보편적 정의를 앞세워 법집행을 강행하려는 산신령의 강한 리더십이 발휘되는 순간이다. 총각은 산신령의 권력을 떠받치

31) 문화공동체에서 이방인으로 살아가면서 부당한 편견과 소통의 부재로 곤란을 겪는 다문화가정의 어려움을 잠시 생각해볼 필요가 있다. 문화적 차이 때문에 다문화가정이 본의 아니게 공동체사회에 끼치는 불편사항을 타자의 시각에서 범죄행위로 단정하고 즉각적인 행정제재를 가한다면, 이는 이 설화의 산신령이 보여주었던 고압적인 공권력 행사와 같은 잘못을 저지를 수도 있다. 다문화사회에서는 타인에 대한 공감을 바탕으로 상대방을 존중하고 돌보는 열린 의식이 요구되는바, 이는 단지 감정적 동조만이 아닌 상대방의 처지를 이해하고자 하는 실천적이며 인지적인 노력이 수반되어야 한다. 다문화사회에 관한 이런 문제의식은 김대군, 「내러티브 도덕교육에 대한 해석학적 탐구」, 『윤리교육연구』 21, 한국윤리교육학회, 2010, 27면을 참조 바람.

는 존재가 아니라, 산신령의 보호와 행정서비스를 받아야만 하는 취약계층의 소외된 시민이었다. 이처럼 행정지원이 필요한 시민에게 오히려 징계를 명한 불통不通과 권위주의의 지배 권력을 대신해서, 행정의 일선에 나선 공무원인 호랑이는 민생 현장을 직접 돌아보고서 사태의 본질을 제대로 파악할 수 있었다. 그리고 산신령과는 달리 보살핌 윤리에 의해서 민생을 돌보는 호랑이의 부드러운 리더십이 발휘되었던 것이다.

그리고 이런 리더십은 무엇보다 "편을 가르지 않고" 호랑이를 걱정해주었던 총각의 태도로부터 촉발될 수 있었다. 그는 행정당국에 무언가를 끊임없이 요구만 하는 일방적인 시민의 태도가 아니라, 공무원의 노고를 공감하고 따뜻한 시선으로 보듬을 줄 아는 수평적 이해와 소통의 정신을 먼저 발현하였던 것이다.

요컨대 이 설화는 행정서비스의 주체와 행정력의 보호 아래 살아가는 시민 모두가 공동의 이익과 행복을 추구하며 살아가는 '우리들'이라는 사회적 인식이 공동체에 뿌리내릴 때에, 그 구성원 전체가 행복해지는 선순환의 구조를 마련할 수 있다는 현재적 의미를 잘 보여 주고 있다.

4. 마무리

"개인의 도덕적 상상력이 그 동포의 필요와 이익을 이해하려 하지 않고서는 최고의 완전한 정의도 수립될 수 없다."[32]라는 니버의 언술이 주는 긴 울림이 새삼스럽게 다가온다. 한 편의 짧은 설화를 해석할 때 발견되는 수용자들 간의 이해의 간극은 많은 것을 성찰하게 한다. 우리는 우리의 눈앞에 펼쳐지는 수많은 삶의 현장에 대해서 얼마나 정당하고 공정하며 합리적인 판단과 해석을 내놓고 있을까. 우리는 아마도 매일 내 안에 존재하는 다양한 편견과 편협한 시각과 불합리한 신념으로 인해 많은 무고한 사람들을 이유 없이 오해하고 비난하고 있을

32) 라인홀드 니버, 이한우 역, 『도덕적 인간과 비도덕적 사회』, 문예출판사, 1992 ; 정재찬, 「문학교육과 도덕적 상상력」, 『문학교육학』 14, 문학교육학회, 2004, 74면에서 재인용.

지도 모른다. 그래서 인문학의 지향점은 결국 타자를 공정하게 수용하기 위해서 우선 자기 자신부터 수양하는 윤리적 태도와 맞닿게 되는 것 같다.

그런 의미에서 설화읽기라는 문학교육이 지향하는 도달점 역시 학습자의 도덕적 감수성을 배양하는 데에 있다고 본다. 인지적 영역에서가 아니라 감수성의 수준에서, 설화에서 전개되는 불의한 사건전개에 정당하게 분노하고 선이 악을 이기는 정의로운 이야기에서 정서적 희열을 느끼며 아름답게 펼쳐지는 낭만적 미담에 공감하며 심리적 위안을 받는 건강한 정서를 기르는 데에, 설화문학이 적극적으로 기여할 수 있기를 기대한다.[33] 그리고 그런 건강하고 풍부한 정서가 현대인의 가슴속에 살아있을 때에 공동체의 사회적 정의도 제대로 세워질 수 있을 것으로 본다.

이상의 논의를 통해서 연역적이거나 일반론적인 가설이 아닌 구체적인 서사적 맥락 속에서 일어나는 사건상황을 통해서 수용자의 도덕적 상상력이 자극을 받게 된다는 점에서, 수용자에게 무한한 해석의 개방성을 허락하는 설화작품이 그런 교육적 의도를 가장 잘 살릴 수 있는 효과적인 대상임을 확인할 수 있었다.[34] 수용자가 문학작품과 제대로 소통할 수 있도록 정서적이고 인지적인 능력을 잘 길러 주는 것이 문학교육이 짊어지고 있는 현재적 과제일 것이다.

원문 출전 : 이인경, 「〈호랑이가 준 보자기〉 설화 속의 소통 · 공감 · 보살핌 윤리」, 『국문학연구』27집, 국문학회, 2013. 5.

33) "올바른 행위에서 쾌락을 느끼지 못하고 올바르지 못한 행위에서 괴로움과 수치심을 느끼지 못하는 사람이 도덕에 관한 완전한 지식을 가진다는 것은 불가능하다. 마찬가지로 도덕적 지식이 부족하더라도 뛰어난 도덕적 감수성을 가진 사람이 오히려 그 반대의 사람보다 훨씬 더 뛰어난 도덕적 판단능력을 가진 것으로 보아야 할 것이다." 정재찬, 「문학교육과 도덕적 상상력」, 『문학교육학』 14, 문학교육학회, 2004, 72면.

34) "도덕적 상상력이 목표로 삼는 것은 일반화된 법칙을 만드는 데 있는 것이 아니라, 특정 개인과 그 문화적 맥락 사이에 주고받는 상호작용에 집중하는 데 있다. 그로부터 우리는 특정한 맥락에서 어떤 사람이 어떻게 행위 했는가가 아니라 그 맥락에서 왜 그렇게 행위 했는가에 관한 설명을 얻게 된다. 하지만 행위자의 행위가 갖는 의의를 이해한다는 것은 단순한 인지적 차원의 것이 아니다. 정서적인 요소를 포함하여야 하는 것이다. 그런 점에서 도덕적 상상력을 고양하고자 하는 도덕 교육의 최적의 길 가운데 하나는 바로 문학, 특히 서사물을 통한 교육인 것이다." 정재찬, 「문학교육과 도덕적 상상력」, 『문학교육학』 14, 문학교육학회, 2004, 50~51면.

2장 옛이야기를 통해 본 노후의 삶과 가족의 의미

1. 머리말

우리는 누구나 가족의 일원으로서 태어나, 가족의 울타리 안에서 사회화 과정을 겪고, 새로운 가족을 형성하여 살다가, 죽음을 통해 가족을 영원히 떠난다. 우리들에게 '가족'이란 마치 공기나 물처럼 우리의 삶을 지탱하게 하는 본질적인 요소이며, 현재의 '나'를 존재하게 한 근본적인 힘이다. '어떤 가족 안에서 태어나는가' 그리고 '어떤 가족을 형성하여 살아가는가' 하는 문제는 개인의 정체성과 삶의 질을 결정하는 중요한 사안인 것이다. 그러나 현대사회는 급격한 물리적, 정신적 변화를 겪는 과정에서 '가족의 위기' 나아가 '가족의 해체'를 경험하게 되었다. '가족'이 빈번한 화두話頭로 떠오르는 근래의 상황은 이런 사정을 역설적으로 보여 준다. 현대인은 '가족'의 해체를 겪으면서 새삼스레 '가족'의 중요성을 발견하게 된 것이다.

근대적 사회구조와 이념은 전통사회의 가족구조를 해체하고 핵가족이라는 새로운 가족형태를 양산하게 되었다. 이런 과정에서 '가家'를 중시하는 유교적 가족주의는 '개인의 자유'를 중시하는 근대적 가치관과 충돌함으로써 다양한 문제에 봉착하게 되었다.[1] 그 가운데 하나가 바로 '효孝'관념의 약화이다. 우리가 현

---

1) "한 가족 내에서도 가족성원마다 상이한 가족 가치관이 서로 조율되지 못해서 많은 갈등이 생긴다. 사회적·개인적 필요를 충족하기 위해 가족성원이 가족에 의존할수록 이런 갈등이 증폭될 수 있다. …<중략>… 급격하고 압축적인 사회변동에 맞물려서 수명의 급속한 연장이 가족이념의 다원성을 결정적으로 촉진하고 있다." 장경섭, 「가족이념의 우발적 다원성 : 압축적 근대성과 한국가족」, 『정신문화연구』 2001 여름호(통권 83), 한국정신문화연구원, 2001, 165면.

재 직면하고 있는 '효'의 문제는 윤리적 차원에서만 논의할 성질이 아니다. 현대의 발달된 의학지식과 의료기술은 인간의 평균수명을 연장해 주는 동시에 출생률을 낮추는 데에도 일조一助하였다. 노인인구는 늘어만 가는데 이들을 부양해야 할 젊은 세대는 오히려 줄어들고 있는 것이다. 무엇보다 젊은이들은 전통적 '효'관념으로부터 나날이 멀어지고 있으며, 급격히 증가하는 노인인구는 노후복지문제에 직면하고 있다.

이런 상황에서도 늙은 부모를 부양할 책임은 일차적으로 아들(특히 장자長子)에게 있다는 전통적 인식이 여전히 유효한 듯하다.[2] 예전과는 달리 한두 명의 자녀만 두게 된 현대의 부모들은, 자신의 노후를 의탁할 '아들'을 얻기 위해서 과도한 욕망을 표출하기도 하였다. 전통적인 중남사상重男思想이 현대의 의료기술과 결합함으로써 태아의 성감별性鑑別을 통한 '여아낙태' 라는 사회병리현상까지 낳기도 하였던 것이다.

저간의 복잡한 사회적 변화 속에서 호주제戶主制의 폐지가 결정되기에 이르렀다. 전통사회에서는 상상하기 어려웠을 이런 급격한 변화를 겪고 있는 현대인들은, 이런 시대적 변화에 제대로 적응하지 못한 채 새로운 삶의 조건과 전통적 가치관 사이에서 방황하게 된다.

민중문학인 구비설화는 기록문학과는 달리 민중의 생생한 체험과 다양한 사고를 진솔하게 보여준다는 점에서 매우 소중한 자료이다.[3] 현재 제보자가 조사자의 마이크 앞에서 구연하고 있는 그 설화는 과거로부터 전해온 죽어있는 골동품이 아니다. 제보자가 굳이 그 설화를 지금 이 자리에서 기억에서 끌어올려 들려주는 것은, 그 설화가 어떤 식으로든 제보자의 '현재적' 관심사와 맞물려 있기 때문이다.[4] 또한 제보자는 자신이 들은 이야기를 그대로 남에게 전하는 것이 아

2) "나이 든 부모를 성인 자녀가 특히 장남이 모셔야 한다는 생각은 쉽게 변하지 않는다. 나이 든 부모를 자식이 부양해야 한다는 유교의 '효' 가치는 아직도 뿌리 깊게 남아 있다." 은기수, 「유교적 삶의 현대적 변용 : 효를 중심으로」, 『인문과학논총』 34, 건국대 인문과학연구소, 2000, 101면.

3) 특히 기록문학에서는 만나기 어려운 여성의 목소리를 보다 생생하게 들을 수 있다는 점에서 더욱 그러하다. 이야기판의 구성방식을 볼 때 전통적으로 여성은 여성들끼리 이야기판을 형성해 왔다는 점에서, 여성화자의 이야기는 그의 어머니나 할머니로부터 전승되어 온 자료라고 할 수 있다. 따라서 여성화자의 각편은 전통사회 여성들의 의식을 충실히 반영한 자료로 간주할 수 있을 것이다.

니라, 자신의 취향에 맞게 이야기를 재구성하여 구연한다. 그래서 구비설화는 과거의 문화유산이면서 현재의 문학이며, 공동작인 동시에 개인작일 수 있는 것이다.[5] 『한국구비문학대계』에 수록된 설화자료의 상당수는 효행설화에 해당한다. 제보자들이 대개 60세 이상의 노인들임을 고려할 때, 현실적으로 노인들이 체감하는 가장 절실한 문제가 바로 노후의 삶과 자식들과의 관계에 대한 것임을 쉽게 짐작하게 된다.

본고에서는 이런 문제의식에서 출발하여, 『한국구비문학대계』에 수록된 설화를 통해서 노후의 삶과 가족의 의미를 살펴보고자 한다. 노후의 삶이란 일반적으로 늙은 부모를 부양하는 자식과의 관계를 통해 이루어지기 마련이므로, 본고에서 고찰할 자료들 역시 자식들의 효나 불효를 문제 삼는 '효행설화'의 범주에 포함될 만한 것들이다. 그러나 본고에서는 효라는 부모를 향한 '자식들의 윤리적 의무'보다는 노후를 살아가는 '노인들' 자신의 삶의 태도와 욕망 쪽에 더 큰 비중을 두어서 논의를 전개하고자 한다.

지금까지 이루어진 효행설화 연구는 주로 효행의 주체인 자식의 태도에 초점을 맞춘 것이다.[6] 사정이 이러하다 보니 효행설화 연구는 애초부터 유교적 덕목인 효의 현대적 가치 고양이라는 전제된 의도로부터 자유롭지 못하였다. 그래서인지 그간 축적된 효행설화의 연구 성과는 그 양적 팽창에도 불구하고 내용면에 있어서는 동어반복同語反覆에 머문 감이 있다.

김대숙은 구비설화와 문헌설화에 나타난 방대한 양의 효행설화를 두루 검토

---

4) 『한국구비문학대계』에 수록된 설화자료는 주로 1980년대에 채록된 것이다. 이때 제보자들의 평균 연령이 65세가 넘었던 것을 볼 때, 이 설화자료에는 19세기 초반에 우리 사회를 살아간 사람들의 역사적 경험이 드러나 있다고 짐작할 수 있다. 그러나 설화는 개인의 과거로부터 전승되어 오는 것임을 상기할 때, 이는 훨씬 더 오랜 과거의 역사적 경험으로 형성된 것일 수 있다. 이렇게 오래 전에 형성된 설화자료가 21세기를 살고 있는 현대인에게 여전히 유용한 메시지를 담고 있는 것은 설화가 인간의 보편적인 인식을 담고 있기 때문일 것이다.

5) "전승 현장에서 만나게 되는 구비설화 자료는 단순히 과거를 담고 있는 화석化石이 아니라 시공時空의 변화 속에 끊임없이 이어진 전승자들의 논쟁과 재해석의 결과물이라고 할 수 있는바, 중세적 가치의 현재적 의미를 조명하는 데에 있어서 매우 유용한 자료인 것이다." 이인경, 「구비 '열설화' 연구」, 서울대 박사학위논문, 2000, 3면.

6) 효행설화에 대한 선행 연구 검토는 이경하, 「<바리공주>에 나타난 여성의식의 특징에 관한 비교고찰」, 서울대 석사논문, 1997. 그리고 신동흔, 「구비설화를 통해 본 민간의 삶과 효」, 『인문과학논총』 34, 건국대 인문과학연구소, 2000에서 적절히 이루어진 바 있다.

하여 그동안 간과했던 중요한 자료들을 소개하면서, 효를 실천하는 주체와 효를 받는 대상의 관계에 초점을 맞추어서 논의를 진행하였다.[7] 한편 신동흔은 그간 진행된 효행설화 연구가 평면적인 논의의 수준을 넘지 못한 것을 지적하고, 구비설화에 나타난 민간의 효 관념이 양반사대부의 그것과 어떻게 같고 다른가를 고찰하는 데에 주력하였다. 그는 효행설화 속에는 구체적인 삶의 경험이 다양하게 투영되는 가운데 효의 본질 및 실천 방법에 관한 상이한 관점이 맞물리고 있음을 분석해 내었다. 이는 효행설화의 연구사에서 의미 있는 진전을 이룬 것이다.[8] 그러나 이 연구 역시 시종 자식이 효를 실천하는 다양한 방식에만 논의의 초점을 맞추고 있다는 점에서, 자식의 효행孝行 문제에만 주목한 선행연구들과 차별되지 않는다.[9] 따라서 본고와 동일한 문제의식을 지닌 본격적인 논의는 아직까지 없었던 것으로 본다.

논의의 전개방식은, 우선 각 설화유형의 전승양상을 개별적으로 검토함으로써 구비설화 속에 나타난 전승자의 의식을 추출하기로 한다. 그리고 이를 바탕으로 근대사회에서 노후의 삶과 가족의 의미에 대한 설화전승자들의 인식을 종합적으로 검토하기로 한다. 이런 시도는 현대사회 구조의 급속한 변화 속에도 여전히 우리의 의식을 지배하는 전통적 가치관을 재조명함으로써, 노령화 사회를 맞이한 현 시점에서 노인들의 질 높은 삶을 보장하기 위해서는 어떤 노력이 필요한가를 점검하는 소중한 기회가 될 것으로 기대한다. 더불어 '가족'의 해체와 위기를 겪고 있는 현대사회에서 바람직한 '가족'의 개념에 대해서도 진지하게 고민할 수 있는 기회가 될 것으로 본다.

---

7) 김대숙, 「구비효행설화의 거시적 조망」, 『한국설화문학과 여성』, 월인, 2002 ; 김대숙, 「문헌소재 효행설화의 역사적 전개」, 『한국설화문학과 여성』, 월인, 2002.

8) 신동흔, 「구비설화를 통해 본 민간의 삶과 효」, 『인문과학논총』 34, 건국대 인문과학연구소, 2000.

9) 선행연구 가운데 본고에서 분석하는 설화와 관련된 사항은 논의전개 과정에서 거론하기로 한다.

2. 자식들의 봉양과 노후의 삶

본 연구의 대상은 『한국구비문학대계』 소재 구비설화 156편이며, 이는 『한국구비문학대계』 별책부록 <한국설화유형분류집>에 따르면 모두 4. '바르고 그르기' 항목에 속하는 것이다.[10] 본고에서 검토할 설화유형들은 다음과 같다.

1) 친자식은 불효하고 양자는 효도하기
㉮ 친딸보다 효도한 양자(31편)
㉯ 친아들보다 효도한 양자(5편)

2) 재혼하여 새로운 가족 꾸미기
㉮ 불효하는 양자 내쫓고 만득자 낳기(8편)
㉯ 딸들이 불효하자 만득자 낳기(1편)
㉰ 아들이 불효하자 재혼하기(5편)

3) 화목한 가족 꾸려가기
㉮ 며느리가 시부모를 공경하게 만들기(67편)
㉯ 며느리의 입장을 이해하기(29)
㉰ 가족의 잘못을 자기 탓으로 돌리기(10편)

1) 친자식은 불효하고 양자는 효도하기

각 설화유형에 대한 구체적 정보는 표로 제시하기로 한다. 또한 이후로 각편을 인용하는 경우에는 표에 제시된 번호를 사용하기로 한다.[11]

---

10) 본고는 『한국구비문학대계』「한국설화유형분류집」의 분류 내용을 적극적으로 수용하였으나, 동일한 서사전개를 보이는 각편이 여러 유형으로 분산되어 있는 경우 이를 독립된 설화유형으로 새로 설정하여 분류하였다. 또한 논의전개의 통일성을 위해 <한국설화유형분류집>에서 제시한 설화유형의 명칭을 수정하여 다시 부여하였다.
11) 17번 각편은 세 딸이 불효를 하자 아버지가 양아들을 맞아들여서 효도를 받는다는 내용이다. 따라서 이 제목은 잘못 붙여진 것이다.

㉮ 친딸보다 효도한 양자 (1-31번)

이 설화유형의 줄거리를 간추리면 다음과 같다.

> 아들이 없이 딸만 둔 부잣집 영감이 양자를 두고 살았다. 재산이 양자에게 상속될 것을 두려워 한 세 딸이 양자를 핍박하는 한편, 아버지에게 강권하여 양자를 파양罷養하여 내보내고 전 재산을 자신들에게 분배하게 하였다. 시간이 흐를수록 세 딸이 아버지 봉양을 서로 미루며 박대하자, 영감이 집을 나와서 유랑하게 되었다. 영감은 우연히 재회한 양자 부부에게서 후한 대접을 받았는데, 실수로 그 집의 갓난아이를 밟아 죽이고 말았다. 양자 부부가 그 사실을 덮어둔 채 여전히 자신을 정성스럽게 대하는 것에 감동한 영감은, 딸들에게 분배한 재산을 다시 거두어서 양자에게 주고 함께 살았다. (양자부부가 생금장을 발견하거나, 죽은 아이가 살아서 돌아오기도 한다.)

혈손인 딸은 친아버지를 박대하는 반면, 구박을 받고 떠나간 양자는 자신의 아들을 죽인 옛 양부에게 극진한 효도를 다한다. 양부가 양자의 어린 자식을 실수로 죽이지만 양자부부가 이를 몰래 덮어 버린다는 내용은, 양자 부부의 지극한 효심을 강조하기 위해 동원된 과장된 수사임은 물론이다. 양부는 딸들의 편을 들어서 양자관계를 파함으로써 혈연을 택하고 의리를 저버렸지만, 양자는 자신의 핏줄까지 죽인 양부를 끝까지 섬김으로써 효도를 다한 것이다. 선량한 양자를 내쫓고 친정부모의 재산을 차지하고는 정작 부모가 연로年老하고 무력해졌을 때에는 봉양의 의무를 다하지 않은 딸들의 행위는 명백한 악행인 것이다.

이 설화에는 딸이 하나도 아니고 세 명(또는 다섯 명)이나 등장하지만 결국 이들은 모두 다 불효자식일 뿐이다. 불효하는 딸이 이 설화에 셋이나 한꺼번에 등장하는 것은, 딸이 아무리 많다 하더라도 딸이란 존재는 일단 출가하고 나면 친정부모의 노후봉양에 무익無益한 존재임을 강조하려는 것이다.[12)]

12) 즉, 여성의 삶은 출생과 함께 맺어진 친정의 혈연집단이 아니라 혼인을 통해 맺어진 새로운 가족관계 속에서 이루어진다는 사실을 보여주는 것이다. 이는 '출가외인'이라는 가부장제적 이데올로기에 의해서 여성들에게 친정부모가 아닌 시부모에 대한 효를 강요했던 사실과 관련된다.

번호	제보자			각편 제목	대계 번호	채록 지역
	성명	성별	나이			
1	최연희	여	68	양자의 효행	1-2	경기 여주
2	박광철	남	46	수양아들의 효성	2-2	강원 춘성
3	양덕성	남	71	양자의 효행	2-6	강원 횡성
4	고만성	남	80	딸 셋이 수양아들만 못하다	2-8	강원 영월
5	조선귀	남	67	딸 열이 양아들 하나만 못하다	3-2	충북 청주
6	전재명	남	51	친딸보다 나은 수양아들의 효심	3-2	충북 청주
7	남형우	남	75	친딸보다 나은 양아들의 효심	3-2	충북 청주
8	이화옥	여	69	양아들의 효심	3-2	충북 청주
9	윤만복	남	69	딸 삼형제보다 나은 양자	3-3	충북 단양
10	오세옥	남	76	하늘이 표창한 양아들의 효심	3-4	충북 영동
11	유광연	남	73	양부를 잘 모신 효자 매한손	3-4	충북 영동
12	김재식	남	76	세 딸보다 나은 양아들	4-4	충남 보령
13	천준기	남	66	양자보다 못한 친딸	4-5	충남 부여
14	김기조	남	68	양아들이 딸보다 낫다	4-5	충남 부여
15	최경호	남	65	딸보다 더 효도한 당질	5-3	전북 부안
16	오진택	남	62	조카자식이 딸보다 낫다	5-5	전북 정읍
17	이호열	남	88	남의 부모 모셔서 부자 된 세 딸	5-7	전북 정읍
18	최동일	남	78	딸보다 잘하는 양아들	6-8	전남 장성
19	유영두	남	75	양아들의 효성	6-12	전남 보성
20	이원희	남	62	생금장 얻은 양아들 내외	7-5	경북 성주
21	임치락	남	64	딸들의 불효와 양아들의 효성	7-9	경북 안동
22	박기옥	남	69	친딸보다 양아들이 더 낫다	7-16	경북 영동
23	곽종상	남	63	친딸보다 효성 극진한 양아들내외	7-16	경북 선산
24	임동선	여	70	딸보다 나은 양며느리의 효성	7-17	경북 예천
25	이서운	여	64	양자 효부	8-2	경남 거제
26	이옥인	여	68	양자 효자	8-3	경남 진양
27	임기복	남	72	마고자 이야기	8-6	경남 거창
28	고대석	남	55	딸보다 아들이 좋은 이야기	8-6	경남 거창
29	민영만	남	47	소용없는 딸들	8-8	경남 밀양
30	오두한	여	52	딸자식은 도둑	8-9	경남 김해
31	박봉하	여	76	딸보다 나은 효자 양아들	8-13	경남 울산
32	박치조	남	74	수양 효자	1-2	경기 여주
33	김정필	남	72	양자의 효도	3-1	충북 중원
34	오효임	여	67	자식 잃고도 효도한 양아들 부부	5-1	전북 남원
35	박기문	남	70	친아들보다 수양아들이 더 효자	5-7	전북 정읍
36	이돈규	남	65	낳은 불효자와 얻은 효자	7-3	경북 월성

그리고 이런 딸들의 불효와 양자 부부의 효행이 대비됨으로써, 양자는 양부와 실제로는 생물학적 혈연관계가 전혀 없는 사이임에도 불구하고 역시 '아들'은 아들이기에 딸과는 달리 자식의 도리를 다하였다는 논리가 자연스럽게 도출되는 것이다. 화자들은 딸들이 친정아버지의 옷도 잘 빨아주지 않고 음식대접도 소홀히 하는 등, 친정아버지를 홀대한 사연을 긴 호흡으로 그리고 아주 구체적으로 지적하곤 한다. 노후의 삶을 더욱 초라하게 만드는 것은 바로 이런 실제적인 의식주 문제가 해결되지 않을 때일 것이다.[13] 친정아버지는 딸이 자신의 그런 일상을 충실히 챙겨줄 것으로 기대하였지만 허사였다. 딸은 남편과 자신의 아이들을 보살피는 데에게만 골몰할 뿐 친정아버지에게는 따뜻한 시선을 보이지 않은 것이다. 이에 반해, 따뜻한 밥상을 마련해 주고 옷을 빨아주고 방안에 따뜻한 불까지 지펴 주는 양며느리의 효성은, 친딸의 불효와 선명한 대조를 이루고 있다.[14]

여성화자보다는 남성화자들이, 딸은 친정부모에게 아무 소용이 없으니 비록 양자일지언정 역시 '아들'이 딸보다 낫다는 의식을 보인다. 불효하는 딸을 바라보는 친정아버지의 시선을 남성화자의 각편에서 찾아보면 다음과 같다.[15]

> 5번) 재산을 다 주고 나니 딸네사위들이 괘씸하다. 아들이 없으면 양자라도 해야지, 딸 열이라도 양아들 하나만 못하다.
>
> 10번) 내 속으로 낳은 자식이 자식인 줄 알았더니 잘못이었다. 출가외인이라더니, 딸자식은 출가하면 남이다.
>
> 27번) 딸들 집에 눈치가 보인다. 사돈도 친절한 기미가 없고 사위도 그렇고 딸자식도 삐것하다.

---

13) 주로 홀로 된 노인이 주인공으로 설정되지만 늙은 부부가 등장하는 각편도 있다. 단, 양자를 만나 봉양을 받게 되는 순간만은 어떤 이유에서든 언제나 노인이 혼자 몸이 된 상태이다.

14) 이경하는 이에 대해서, 친딸보다 양아들이 낫다고 하여 양아들의 존재를 문제 삼고 있지만 실상 효행의 주체가 되는 것은 양아들의 아내인 며느리라고 지적하였다. 이경하, 「<바리공주>에 나타난 여성의식의 특징에 관한 비교고찰」, 서울대 석사논문, 1997, 67면.

15) 지면을 아끼기 위해 직접인용을 하지 않고 화자의 구연 내용을 요약하여 정리하기로 한다. 아래 인용문들 앞에 붙은 번호는 이 내용을 인용해온 설화 각편들의 출전을 밝힌 것으로, 위의 표에 제시된 설화 각편의 번호이다.

위에 제시된 내용을 통해서 알 수 있듯이, 남성화자들은 딸이 아들보다 못한 이유를 기혼旣婚여성이 친정에 대해 출가외인出嫁外人이 될 수밖에 없는 가부장제적 가족질서에서 찾고 있다. 특히 딸의 시부모인 사돈의 눈치가 보인다는 서술은 이런 사정을 분명히 보여 준다. 즉, 여기서 딸들의 불효는 개인의 인성人性 차원이 아니라 사회구조적인 문제로 일반화되는 것이다.[16] 특히 딸에 대한 비난이 사위에 대한 비난과 항상 연결되어 있음도 이를 증명한다. 실상 친정부모는 딸이 아니라 사위가 미워지는 것이다.

친정부모에게 딸이 소용없는 이유는, 아래의 인용에서 볼 수 있듯이 가계家系의 계승 특히 제사권祭祀權의 계승이 남성 중심으로 이루어지기 때문이다.

> 14번) "지금은 아들 딸 구별 말고 둘만 낳아서 잘 기르자는 얘기가 있지마는, 딸이라는 게 당대여. 딸 죽으면 그걸루 끝나는 것이지. 외손봉사한다손 쳐도, 외증손 봉사는 없거든. 그러니까 딸보다는 양아들이 낫다는 걸 주장하는 거여."

제사권의 계승은 반드시 재산권의 계승으로 이어진다는 점에서, 이는 매우 현실적이며 경제적인 사안이 된다. 딸이 친정부모에게 소원疏遠해지는 것은, 조선 후기에 이르러 재산상속권과 제사권이 남성에게만 부여된 사실과도 관련된다고 하겠다. 시집간 딸이 친정에서 받은 재산은 모두 딸의 시집 가문의 재산으로 편입됨으로써, 딸에게 상속된 친정의 재산은 이미 딸이 아닌 사위에게로 귀속되었던 것이다. 이는 딸이 친정부모를 봉양하는 데에 현실적으로 한계를 느끼게 된 사정을 짐작하게 한다.[17]

---

16) "남성 중심의 가부장제 사회구조 밑에서 딸은 자라서 출가하면 친정식구들과는 아주 남이 되고 시가의 일원이 되어 여필종부 해야만 하는 삼종지도에 기인하는 것일 터이다. 실제로 딸이 부모를 생각하는 마음은 며느리에 비할 바가 아닐 터인데 이야기의 세계에는 그런 측면은 전혀 반영되지 않고 있다. …<중략>… 이것은 남성중심의 가족제도에서 오는 윤리관과, 대가족제도 안에서 여성이 가지는 기능과 역할이라는 본질과 함수관계를 가지고 있을 것이다." 김대숙, 「구비효행설화의 거시적 조망」, 『한국설화문학과 여성』, 월인, 2002, 234~235면.

17) 이 설화유형에서 친정부모가 딸에게 재산을 상속했던 것은 조선 전기에 두루 행해지던 자녀균분상속제나 외손봉사제의 관습에 잇닿아 있는 듯하다.

한편 흥미로운 사실은, 아버지보다는 대개 어머니 쪽에서 양자가 아닌 친딸에게 재산을 상속하고픈 욕망을 강하게 갖고 있다고 화자들이 생각한다는 점이다. 이는 여성들이 남성들에 비해 딸에 대한 애착이 실제로 강하다는 사실을 반영한 결과이기도 할 것이다.[18] 아래에서 이런 사실을 확인하게 된다.

> 13번) 어머니는 재산을 딸들에게 물려주고 싶어 하고, 아버지는 딸이 출가해서 잘살기 때문에 줄 필요가 없다고 한다. 아버지는 양자가 장가가서 자식을 낳으면 두 사람의 제사를 지내줄 테니, 양자에게 재산을 물려주어야 한다고 주장한다.

> 16번) 어머니는 조카자식을 키워본들 무슨 소용이 있느냐고 하며, '내 속으로 낳은 딸이 더 잘 한다'고 주장한다. 아버지는 어머니를 나무라며, 조카를 데려다가 양자를 삼아서 조카며느리랑 데리고 밥을 얻어먹는 것이 낫다고 한다.

> 22번) 양자를 들인 일로 부부가 다툰다. 할머니는 딸에게만 재산을 주고 싶어 하고 양아들에게는 전혀 주지 않으려고 한다. 영감은 그래도 딸보다는 양아들이 더 나을 것이라고 생각하며 부인의 태도에 불만을 표한다.

재산을 모두 물려준 친딸들이 불효하여 상처를 받게 된 노인은 양자 부부의 효심에 감동하여, 친딸에게 주었던 재산을 되찾아 와서 양자에게 주고 자신의 노후를 의탁하였다. 노인이 자신의 여생을 함께 하기로 선택한 가족은 핏줄을 매개로 한 혈연가족이 아니라, 자기희생과 관용을 보여준 정서적 가족이었던 것이다.

화자가 이야기를 마치며 청중들에게 "양자 아들이 나았지, 딸이 나았소?"라고

---

18) "어머니와 딸의 관계는 아들과의 관계보다 더욱 내심적이다. 어머니와 딸은 부계가족에서 다 같이 주변인이라는 구조상의 지위를 공유하기에 서로 동정한다. 또한 어머니와 딸은 여자로서 생활영역이 같고 관심이 같기 때문에 가족원 중에서도 누구보다 가까운 관계에 있을 수밖에 없다. 특히 딸은 부계가족에서 천대를 받지만, 어머니의 입장에서는 아들과 똑같이 귀여운 자녀이다. 귀여운 자기의 피조물인 딸이 천대를 받을 때 어머니는 더욱 동정이 되고 더욱 아껴주고 싶은 것이다." 이광규, 『한국가족의 구조분석』, 일지사, 1975, 165면.

하니, 청중들이 "사람 나름이유. 사람 나름……." 이라고 한다(8번). 그런가 하면 화자들은 양자가 양부모를 잘 공경한 덕분에 잘살게 되었다는 점에 초점을 맞춤으로써(23번, 26번), 딸이 소용없다는 해석 대신 효행孝行(또는 善行)을 베푼 자에게는 반드시 보답이 뒤따르기 마련이라는 교훈을 설화의 최종 결론으로 제시한다. 이들은 양자와 딸의 효행문제는 사실상 개인의 인성人性에서 기인하는 것으로 설명하고 있는 것이다.

그런가 하면 어떤 남성화자는 "딸이 필요 없다 카는 걸 내 얘기하지만 지금은 안 그렇거든. 딸 놓는 사람은 비행기 타고 아들 놓는 사람은 차밖에 못 탄다 칸께, 내 요런 세월을 바까 돌라카는 걸 내가 얘기해요."(22번)라고 하여, 현대의 가족구조에 있어서 딸의 위상이 변화하는 현실을 강조하기도 한다. 화자들은 현대사회에서는 오히려 출가한 딸이 노후의 삶에 큰 힘이 될 수 있다는 새로운 인식을 보여 주는 것이다.

㉯ 친아들보다 효도한 양자 (32–36번)

이 설화유형의 줄거리는 다음과 같다.

35번) 외아들과 함께 노인영감이 살고 있었다. 아들이 봉양을 게을리 하자, 노인영감이 친아들에게 재산의 일부만 주고 나머지는 자신이 팔아서 길을 나섰다. 우연히 만난 생면부지生面不知의 부부가 노인을 극진히 대접하며 양아버지가 되어 주기를 원하였다. 양자가 노인에게 새로 배우자까지 얻어 주어서 잘살았다.

36번) 노인부부가 외아들과 함께 살고 있었는데 외아들이 불효하였다. 영감이 재산을 처분해서 집을 나가려고 하였지만, 부인은 친자식을 떠나지 않으려 하였다. 부인을 남겨둔 채 혼자서 집을 나온 영감은 우연히 착한 부부를 만나자 재산을 주고 양자로 삼은 후에 함께 살았다. 영감은, 친자식을 떠나 남편을 찾아온 부인과 재회하였다.

이 설화유형은 앞의 유형에서 등장하는 '세 딸'이 '외아들'로 변이된 것이다. 이런 변이는 설화의 주제를 상당히 수정하게 만드는데, '비록 양자일지라도 아들이 딸보다는 낫다'가 아니라 '친아들일지라도 불효하는 자식은 소용이 없다'는 것으로 주제가 바뀌는 것이다. 화자들은 '제 부모를 박대하면 못 사는 것이다'라든가 '내 부모를 생각하면 남 부모도 생각하는 것이다. 양아자養我者도 부모요 생아자生我者도 부모이다.'라는 말로 주제를 요약한다. 이는 물론 일반적으로 친생자보다 양자가 낫다는 것이 아니라, 누구든지 효를 실천하는 자는 흥하고 불효한 자는 망한다는 교훈을 전하는 것이다. 화자들은 낳은 정과 기른 정 모두가 소중한 것이라는 점도 아울러 강조하면서, 양부모와 양자 사이의 의리義理도 친부모와 친생자의 정리情理에 못지않게 중한 것임을 역설하고 있다.

한편 화자는 다음과 같은 말로 이 설화를 마무리한다.

> 그래 (부부가) 만내가 사더란다. 그래 자식이 암만 효자고 암만 좋다 캐도 영감카머 몬하고, 또 남자는 암만 자식이 좋고 암만 효자라 캐도 악처 부부만큼 못한다고, 오늘날까지 그 역사가 안 내려오나. 그렇다고. '자석한테 가 사이 영감카머 하는 행동이 암만 캐도 불효고, 암만 효자 짓을 한다 캐도. 그 , 그래가 그 영감 찾아왔다.' 그래가 사더라.

요컨대, 화자는 불효하는 친자식보다는 양자일지라도 효도하는 자식과 사는 것이 낫고, 또 효자보다는 배우자와 함께 사는 삶이 더욱 행복한 삶이라고 역설하는 것이다.

2) 재혼하여 새로운 가족 꾸미기

㉮ 불효하는 양자 내쫓고 만득자 낳기(1-7번)

이 설화유형을 구연한 화자는 모두 남성화자라는 점이 흥미롭다. 설화의 내용을 정리하면 다음과 같다.

재산은 풍부하지만 아들이 없었던 노인이 상처한 후 양자를 의지하고 살았다. 양자는 양부養父의 환갑도 챙겨주지 않는가 하면, 고기를 사서 양부만 빼고 자기들끼리만 먹거나 양자의 생가生家와 처가妻家에만 보내는 등 노인을 박대하였다. 노인은 드디어 가난한 집안의 어린 처녀를 돈을 주고 데려와서 혼례를 올린 후 아들을 낳게 되자 파양罷養하였다.

번호	제보자			각편 제목	대계 번호	채록 지역
	성명	성별	나이			
1	문응석	남	72	장가든 환갑노인	2-2	강원 춘성
2	김정구	남	82	필요 없는 양자	5-2	전북 완주
3	진상훈	남	72	불효자식에 대한 복수	5-4	전북 군산
4	진성진	남	70	대 이을 자식은 따로 있다	6-5	전남 해남
5	오치면	남	65	백 한 살에 든 장가	6-10	전남 화순
6	이영복	남	57	짚더미 하나 추킬 힘만 있으면	6-10	전남 화순
7	강기중	남	87	칠십 노인의 새장가 가기	8-3	경남 진양
8	정원채	남	78	봉원 정생원 이야기	3-1	충북

양자 부부의 불효에 화가 난 양부가 젊은 처녀를 재취再娶하여 아들을 낳게 되자 파양을 한다는 내용의 이 설화는, 양자 부부가 양부를 박대하고 각자 자신의 혈연에게만 정을 쏟는다는 점을 중요한 갈등요소로 부각시키고 있다. 노후의 삶을 위해서는 혈연 중심의 가족구성이 절실히 필요하다고 역설하는 셈이다. 특히 자신의 많은 재산을 물려받은 양자가 그 돈으로 사온 고기를 정작 자기한테는 주지 않고 양자 자신의 핏줄들끼리만 나누어 먹는 것을 본 양부가 분노하게 되는 대목이 상당히 핍진하게 묘사되고 있다.

그러나 이 설화가 마치 양자보다는 친생자가 부모의 노후봉양을 더 잘할 수 있다고 주장하는 것처럼 이해해선 곤란하다. 노인이 양자보다 자신을 더 잘 봉양해 줄 친생자를 얻기 위해 재취를 한 것이라고 액면 그대로 이해하는 것은 지나치게 단순한 해석이기 때문이다. 사실 노인이 재취를 한다고 해도 자식을, 그것도 아들을 낳게 된다는 보장이 없다. 게다가 다 늙어서 얻은 자식이 어느 세월에 장성해서 아비의 재산을 이어받아 늙은 아버지를 봉양할 수 있을지 의문이다.

결국 불효하는 양자 대신에 실제로 노인을 봉양하게 된 것은, 어린 친생자가 아니라 바로 재취한 부인이었다. 요컨대 이 설화는 노인 남성의 삶에는 자식보다 아내가 더 절실히 필요함을 역설하는 것이다.

이 설화를 구연한 화자들은 모두 65세에서 87세 사이의 남성들로서, '젊은 여성과의 재혼을 통한 2세 생산'이라는 자신의 잠재적 욕망을 설화를 통해 표출한 감이 없지 않다. 노인여성의 경우 출산가능성이 희박한 데 비해 노인남성의 경우는 그렇지 않다는 점에서, 남성에게는 노후에도 2세를 얻으려는 욕망이 강하게 남아있을 수 있다. 젊은 아내를 얻어 다시 가정을 꾸밈으로써, 일상에서 필요한 의식주 문제를 비롯하여 정서적 외로움을 해결하는 것은 물론이고 더 나아가 자신의 유전자를 물려줄 많은 2세를 창출하는 것은 노인 남성들이 보편적으로 동경할 만한 사안일 듯싶다.

㊁ 딸들이 불효하자 만득자晩得子 낳기 (8번)

이 설화는 바로 앞에서 살펴본 '불효하는 양자 내쫓고 만득자 낳기' 유형과 서사전개가 유사한데, 다만 불효하는 자식이 양자가 아니라 친딸들로 설정된다는 점이 다르다. 세 딸의 불효가 나타난다는 점에서 '친딸보다 효도한 양자' 유형과 유사하고 이런 내용의 설화가 오직 한 편만 채록되었다는 점에서, 이는 화자가 이런 두 가지 유형을 결합하여 만들어낸 변이형으로 판단된다. 각편의 내용은 다음과 같다.

> 부자인 정생원이 상처喪妻한 후 딸들에게 재산을 나누어주고 자신을 봉양하게 하였다. 시간이 흐를수록 딸들의 박대가 심해지자, 정생원은 집을 나와서 유랑하다 부잣집 젊은 과부를 만나서 아들을 낳았다. 후에 다시 또 다른 부잣집 과부를 만나 아들을 낳았다. 가산을 탕진한 두 사위를 데려다가 두 부인의 집에서 각각 심부름하면서 살도록 하였다.

이 설화에서는, 시집간 딸들에게 친정아버지가 재산을 상속하였지만 정작 딸들은 늙은 아버지의 봉양을 게을리 하였다는 사실이 강조된다. 전통사회의 가족 구조 속에서, 출가한 딸에게 거는 친정부모의 기대는 어쩌면 무모한 것일 수 있었던 셈이다. 친정아버지는 자신을 박대한 딸에게 섭섭한 마음을 감출 수 없지만, 그보다 더 밉게 느껴지는 것은 바로 사위이다. 정생원은 자신을 박대한 딸에게 직접 복수하는 대신 그 사위를 데려다가 집안의 심부름꾼으로 부린다. 처가의 재산을 탕진해버린 사위에 대한 장인의 복수가 행해지는 것이다. 사실 사위를 심부름꾼으로 삼아서 자기 집에 둔 것은 반드시 복수라는 차원에서 한 일은 아닐지 모른다. 가산을 탕진하고 경제적으로 어려운 딸네 부부를 친정아버지가 차마 외면하지 못하였을 수 있기 때문이다. 정생원은 딸네 부부와 절연絕緣하는 대신 사위를 자신의 울타리 안에 들여놓고 있다.

이 설화 역시 재혼을 통해 많은 후손을 생산하고 싶은 남성화자의 잠재적 욕망이 투사된 감이 짙다. 이 설화는 딸만 둔 정씨 가문이 드디어 친생자親生子의 생산을 통해 가계를 '계승'하게 되었다는 가문 차원의 사건보다는, 여러 부잣집 과부를 만나 새로운 가정을 꾸밈으로써 많은 아들을 낳고 행복한 노후를 지내게 된 정생원 자신의 현실적인 행운담에 초점이 맞추어져 있는 것이다. 뿐만 아니라, 정생원이 재혼한 과부들의 많은 재산을 공유하게 됨으로써 정생원이 덩달아 노후의 삶을 풍족하게 지내게 되는 사연에 화자의 관심이 집중되고 있다. 이는 노인남성이라면 누구나 한번쯤 동경해 볼 만한 행운일 것이다.

㉰ 불효하는 아들을 떠나 재혼하기

번호	제보자			각편 제목	대계 번호	채록 지역
	성명	성별	나이			
1	서보익	남	76	팔자를 고친 어머니	5-6	전북 정읍
2	김형섭	남	81	여자는 두레박 팔자	5-7	전북 정읍
3	신순경	여	84	할머니의 개가	7-6	경북 영덕
4	임동선	여	70	남의 아들 덕에 영화를 본 할머니	7-17	경북 예천
5	박남주	여	66	자식에게 구박받다 재혼한 과부	8-12	경남 울주

이 설화유형은 평생을 과부로 살아온 늙은 여인이 아들 부부로부터 소외당하자 새로운 배우자를 만나 다시 가정을 꾸리게 되었다는 내용을 담고 있다. 구체적인 줄거리는 다음과 같다.

> 3번) 일찍 과부가 된 여인이 어렵게 돈을 벌어서 아들을 공부시켜 출세시킨 후 결혼을 시켰다. 여인은 구경을 다니다가 친구에게 차비를 꾸게 되었다. 여인이 아들에게 빚에 대한 걱정을 털어놓았지만 아들 부부는 아무 대꾸가 없었다. 여인은 궁리 끝에 의복을 싸들고 나가 팔기로 마음먹었다. 혹시 며느리가 발견하면, 자신을 만류하고 돈을 마련해 주리라고 기대한 것이었다. 보따리를 들고 나가면서 시어머니는 계속 며느리의 반응을 살폈지만, 며느리는 그걸 보고도 아무 반응이 없었다. 정처 없이 걷다 보니 대구까지 가게 된 여인은, 길가에 주저앉아 날이 저물도록 울고 있었다. 어느 집 식모가 여인에게 까닭을 묻고는 집으로 데리고 들어갔다. 그 집의 주인이, '자신은 어머니를 얻는 것이 소원'이라며 여인을 융숭하게 대접하였다. 여인은 그 집 주인의 아버지(홀아비)와 결연하고 여러 곳을 유람하며 즐겁게 지냈다. 얼마 후, 어머니의 소식을 들은 아들이 찾아와 함께 돌아가자고 하자, "내 걱정은 말고 너나 잘살아라."라는 말로 아들을 돌려보냈다.

구비설화 가운데 이처럼 노인여성 스스로 집을 나가서 독립하여 새로운 삶을 찾게 되는 내용은 흔치 않다. 여성의 재혼 이야기를 담은 구비설화에서는 후손을 생산할 수 있는 젊은 과부가 주인공으로 등장하기 마련이다. 뿐만 아니라, 과부의 재혼 과정 역시 시종 과부를 얻으려는 남성들의 치밀한 계략에 의한 것으로 전개되기 십상이다. 과부의 진정한 속내야 어찌 되었든 간에, 과부의 재혼과정은 과부 자신의 욕망과 주체적 선택이 끼어 들 여지가 없이 과부와의 결연을 원하는 남성 쪽의 욕망에 의해서 전적으로 주도되거나, 과부의 친정 식구들의 노력에 힘입어서 이루어지게 되는 것이다.[19]

---

19) 예외적인 경우도 없지 않다. '과부 개가하기' 설화유형 각편 가운데 과부가 하층의 신분으로 설정된 5개 각편에서는, 과부가 자발적으로 종을 유혹하여 개가한다. 이인경, 「구비 '열설화' 연

사실 구비설화에서 남성인물은 자신의 나이와 전혀 무관하게 언제나 젊은 여인과의 결연을 꿈꾸는 것으로 나타난다. 앞에서 살펴보듯이 80세 가까운 노인이 처녀와 결합한다는 이야기는 구비설화에서 매우 흔하다.[20] 이에 반해, 과부가 자발적으로 재혼을 하게 되는 내용의 설화는 상당히 드문 편이다. 이는 전통사회에서 사회적 통념상 여성들의 재혼을 곱지 않게 보았던 것과 여성들이 재혼할 수 있는 현실적 조건을 갖추기 어려웠던 사정을 반영하는 것일 수 있다. 그러나 근본적인 이유는, 여성들이 자신의 욕망을 솔직하게 표현하는 것 자체를 사회적으로 금기시해온 데 있는 듯하다.[21]

이 설화는 청상과부가 된 여인이 외아들을 위해서 평생을 헌신했지만 정작 아들은 결혼을 하고 나자 자신의 아내에게만 관심을 보일 뿐이어서 어머니가 소외감을 느끼게 되는 데에서 갈등이 시작된다. 한 지붕 아래에 사는 시어머니와 며느리 사이의 갈등이 핍진하게 묘사되면서, 시어머니라는 존재는 가족 내에서 철저히 타자화 되고 주변화 된 인물로 그려지고 있다. 끊임없이 아들과 며느리의 관심을 얻고 싶어 하는 어머니의 기대는 번번이 무산되고 마는데, 보따리를 들고 집을 나서는 시어머니는 자꾸만 뒤돌아보면서 며느리가 자신의 외출에 관심을 표해 주기를 내심 간절히 원한다. 그러나 자신에게 돌아온 것은 늘 그렇듯이 며느리의 철저한 무관심뿐이다. 일생 동안 청상과부로 살아오면서 아들만을 위해 헌신해 왔건만 그 아들에게 전적으로 의지해야 하는 노후의 삶이 이처럼 서글프기 짝이 없다는 주인공의 자각은, 아들과 며느리에 대한 절망적인 회의로 이어지는 것이다. 가족 구성원 간에 정서적 유대감을 상실했을 때 가족은 사실상 그 의미를 상실하게 된다. 이 여인에게 더 이상 진정한 의미에서의 가족은 존재하지 않는 셈이다.

구」, 서울대학교 인문대학원 박사논문, 2000, 95~98면.

20) 쉬운 예로 『한국구비문학대계』 별책부록의 설화분류에 따르면, 435-6 <늙은이에게 배필 얻어주기> 유형을 비롯하여 "노인"남성이 젊은 여인과 재혼하는 내용을 담은 설화가 상당히 많다. 이런 내용의 설화각편이 『한국구비문학대계』에 최소 100편 이상 채록되어 있다.

21) 늙은 홀어머니를 모시고 사는 아들의 시선을 통해서 과부의 욕망을 대변해 주는 설화가 있기도 하다. 우연히 하룻밤을 함께 지내고 간 조리장수를 잊지 못하는 어머니를 바라보는 아들의 시선을 통해서 과부의 욕망을 조명하는 설화유형이 있지만, 이는 여성이 자진하여 개가를 하는 이야기와는 차원이 다른 이야기이다.

그러나 아들과 며느리의 박대로 인한 이런 소외감은, 오히려 이 여인이 한 사람의 '여성'으로서 새로운 자아를 발견하게 되는 발전적 계기가 되었다. 여인은 대도시로 가서 새로운 배우자를 만나 다시 가정을 이루게 된 것이다. 주인공은 결혼한 아들과의 동거와 새로운 배우자와의 삶 가운데 자신이 진정으로 원하는 것을 선택해야 할 상황에 놓인다. 마침내 주인공은 결혼한 아들에게 전적으로 의탁하는 삶 대신 새로운 배우자와의 결합을 택한다. 81세의 남성화자(2번)는 '여자는 두레박 팔자니 자식에게 연연할 것이 아니라'면서, '불효자식보다는 좋은 남편을 얻어서 잘사는 것이 좋다'는 말로 이 설화를 종결하고 있다. 남녀를 불문하고, 불효하는 자식보다는 마음에 맞는 배우자를 찾아 새로운 가족을 이루어 노후를 지내는 편이 좋다는 것이 화자들의 생각인 것이다.

3) 화목한 가족 꾸려가기

㉮ 며느리가 시부모를 공경하게 만들기

전통사회에서 출가出嫁한 여성은 아내의 역할보다 시부모를 봉양하는 며느리의 역할을 우선적으로 수행할 것을 요구받았다. 그리고 현재도 노부모를 봉양하는 역할을 실제로 담당하는 사람은, 의식주 등 집안의 세세한 일을 도맡아하게 되는 며느리가 되기 쉽다. 노부부 가운데 어느 한 편만 남게 될 때 이들을 봉양하는 자식의 역할이 더 중요해지고 어려워지게 되는데, 특히 홀시아버지를 며느리가 모시는 경우는 더욱 더 그러할 수밖에 없을 것이다.

홀시아버지 입장에서도 며느리의 수발을 받으며 생활하는 것이 그리 수월한 일은 아닐 것이다. 예전에 자신이 원하는 바를 아내에게 스스럼없이 요구할 수 있었던 것에 비하면 불편한 점이 한두 가지가 아닐 것이다. 설상가상으로 며느리가 노골적으로 시아버지를 달갑지 않게 여긴다면 문제는 더 심각해진다.

아래의 설화유형은 이런 상황에 놓이게 된 시아버지가 며느리의 불효 문제를 지혜롭게 해결한 사연을 담고 있다.

번호	제보자			각편 제목	대계 번호	채록 지역
	성명	성별	나이			
1	이복진	남	80	효부가 된 불효부	1-6	경기 안성
2	정천석	남	73	개과천선한 며느리	2-8	강원 영월
3	김동근	남	61	부모가 잘해야 효자 나는 법	3-2	충북 청주
4	안성녀	여	75	불효자에게 상을 주어 효자로 만든 진사	3-3	충북 단양
5	이영신	남	79	부모님께 불효한 며느리	6-6	전남 신안
6	허길남	여	62	때리는 효도	6-12	전남 보성
7	이석춘	남	76	며느리를 효부로 만드는 방법	7-1	경북 월성
8	이연이	여	62	불효 뉘우친 며느리(1)	7-4	경북 성주
9	현갑진	남	76	효부 만든 시아버지	7-4	경북 성주
10	노매월	여	47	효부 만든 시어머니	7-5	경북 성주
11	김놈이	여	58	효부를 만든 시아버지	7-7	경북 영덕
12	채갑봉	여	66	효부 만든 시아버지	7-8	경북 상주
13	황수용	여	71	효자 만든 아버지	7-8	경북 상주
14	서필금	여	74	불효자를 효자로 만든 이야기	7-15	경북 구미
15	이필녀	여	66	불효자와 그 아버지	8-3	경남 진양
16	이병현	여	56	부모 입으로 된 효부	8-4	경남 진양
17	신종건	남	76	못된 자부 버릇 고친 이야기	8-5	경남 거창
18	최병도	남	67	며느리 버릇 고치기	8-11	경남 의령
19	한명하	남	70	불효부 길들이기	8-13	경남 울주
20	김흥순	남	67	효부가 된 불효부	1-1	서울도봉구
21	김정근	남	62	효부로 된 불효부	1-4	경기남양주
22	심운택	남	60	불효 며느리 길들이기	2-6	강원 횡성
23	신승호	남	70	아내 버릇 고쳐 효부 만든 남편	2-9	강원 영월
24	김화영	여	69	효부 만든 이야기	3-1	충북 충주
25	이우영	남	53	진짜 효도라는 것은 무엇인가	4-1	충남 당진
26	임성호	남	77	고부간의 불화를 밤 서 말로 화해시키다	4-4	충남 보령
27	임충선	남	75	시아버지 살찌워서 팔아먹기	4-5	충남 부여
28	김재석	남	58	불효부를 효부로 고치다	4-6	충남 공주
29	김영두	남	75	불효 며느리가 효도하다	5-1	전북 남원
30	김금행	여	67	시아버지를 팔려다가 마음 고친 며느리	5-1	전북 남원
31	이영숙	여	71	개심한 며느리	5-2	전북 전주
32	김목묘	여	63	시부모를 팔려다가 개심한 며느리	5-2	전북 전주
33	최경호	남	65	시아버지를 팔려던 며느리의 개심	5-3	전북 부안
34	김병수	남	64	남편의 지혜로 효부 된 아내	5-5	전북 정읍
35	조찬윤	남	67	불효하는 아내를 효부로 만든 남편의 지혜	5-7	전북 정읍
36	한광주	남	76	아내를 효부로 만든 남편	5-7	전북 정읍
37	정영진	남	69	사이 나쁜 고부간과 아들	6-2	전남 함평
38	강채길	남	74	효부 된 며느리	6-4	전남 승주
39	이기성	남	65	효부가 된 며느리	6-4	전남 승주
40	이영신	남	75	불효한 며느리	6-6	전남 신안

번호	제보자			각편 제목	대계 번호	채록 지역
	성명	성별	나이			
41	유삼순	여	80	지혜로운 아들	6-9	전남 화순
42	김소화	여	82	악부와 영리한 효자	6-9	전남 화순
43	임홍순	남	48	시어머니 박대하는 며느리 버릇 고치기	6-11	전남 화순
44	양황묵	남	51	고부간의 갈등 해소 작전	6-11	전남 화순
45	최영선	남	60	효자 이야기	6-11	전남 화순
46	선기운	남	72	시아버지 공대하게 하고 부인버릇 고친 효자의 지혜	6-12	전남 보성
47	이봉재	남	61	아내를 효부로 만든 사람	7-1	경북 월성
48	임찬희	여	75	불효 마누라를 길들인 남편	7-2	경북 월성
49	이연이	여	62	불효 아내 길들이기	7-4	경북 성주
50	노매월	여	47	불효 아내 길들이기	7-5	경북 성주
51	박복출	여	60	불효 며느리 길들인 남편	7-7	경북 영덕
52	김석용	남	76	효부 만드는 방법	7-7	경북 영덕
53	황수용	여	71	효부 만든 남편의 기지	7-8	경북 상주
54	신동식	남	65	불효 아내 길들인 남편	7-9	경북 안동
55	배분령	여	75	불효 며느리 길들인 남편	7-9	경북 안동
56	배분령	여	75	시집가서 쫓겨 온 딸 길들이기(2)	7-9	경북 안동
57	임지섭	남	69	효부 만든 남편의 기지	7-9	경북 안동
58	정익원	여	60	불효 며느리 길들인 남편	7-10	경북 봉화
59	김차규	남	44	시부와 며느리를 화목하게 한 이야기	7-12	경북 군위
60	김용암	남	59	시부와 며느리를 화해시킨 아들	7-14	경북 달성
61	김영숙	여	67	아내를 효부 되게 한 효자	8-4	경남 진양
62	김맹순	여	53	불효부 버릇 고치기	8-4	경남 진양
63	이봉주	여	82	개오한 며느리	8-9	경남 김해
64	차상분	여	76	불효부 효부 되기와 불효자 효자 되기	8-11	경남 의령
65	김필련	여	77	불효부 효부 만들기	8-12	경남 울주
66	홍순이	여	65	시어머니 박대한 며느리	8-14	경남 하동
67	문영자	여	38	처 길들인 아들	8-14	경남 하동

(가) 홀시아버지를 박대하는 며느리가 있었다. 며느리는 늘 시아버지만 빼고 남편과 자식에게 음식을 잘해주었다. 어느 날, 시아버지의 친구들이 집으로 놀러오게 되었다. 며느리가 대접을 잘하지 않을 것을 걱정하던 시아버지는 방에 닭 뼈를 걸어놓았다. 시아버지는 친구들에게 닭 뼈를 보여주며 며느리가 항상 자신에게 닭고기를 대접한다고 하였다. (혹은, 시아버지가 며느리에게 밥과 떡을 많이 가져오라고 시킨 후에 친구들에게 며느리가 밤참으로 밥과 떡을 넉넉히 준비해 준다고 자랑한다). 이 말을 들은 친구들은 그 며느리가 효부라며 칭찬을 하였다. 며느리는 이를 듣고 자신의 행동을 반성하였다. 이후로 며느리는 시아버지를 잘 모시게 되었다. (1-19번)

맛있는 음식을 만들어서 번번이 시아버지만 빼놓고 자기들끼리 먹어버리는 며느리의 불효에 대해 시아버지가 곧이곧대로 맞대응을 했다면, 두 사람의 관계 개선은 요원했을지도 모른다. 그러나 엉뚱하게도 시아버지는 주위 사람들에게 자신의 며느리가 효부라고 거짓소문을 낸다. 어찌 보면 시아버지는 며느리에게 모종의 최면을 걸고 있는 셈이다. 그리고 며느리가 효부가 되어주길 원하는 시아버지의 소망은 마치 주술과도 같이 실현된다. 못된 며느리가 마침내 효부가 된 것이다.

효라는 지고한 가치의 실현을 장려한 전통사회에서 지역공동체가 개인에게 가하는 사회적 압력은 실로 대단한 것이 아닐 수 없다. 요컨대 인간은 사회적 동물인 것이다. 며느리는 자기에게 부여된 사회적 인정(평판)에 의해 조종당할 수밖에 없었고 사회적 기대에 어떤 식으로든 부응하기 위해 노력하게 되었던 것이다.

그러나 절대로 간과해서는 안 될 사실은, 며느리의 태도가 이렇게 변화하게 된 것은 단순히 이런 외부적 압력 때문만은 아니란 사실이다.

> 11번) 며느리 생각하이께네, 저녁마줌 쪄가주 지 혼자 먹어 부렀는데. 시아바이가 마 그런 말씀을 마 그 친구들인데 노누이(나누니), 이거 머 우에 할 길이 없다. 이래 가주고 '아이고 어예코?' 싶어가주, '참 부모님이 저를 저래 효도를 만들라고 저래는데. 저는 저녁마줌 쪄가주 지 혼자 먹었으이 이런 불효가 없다.' 싶어. 이 앞으로 인제 효도를 해야 될다 시워서.

며느리는 문득 타인의 시선을 통해 자신의 삶을 객관적으로 바라보게 되었고, 비로소 자신이 저지른 불효를 깨닫게 된 것이다. 며느리는 뉘우쳤고 그리고 진정한 효부가 되었다.

> 3번) 불효 막대한 사람이랜데두 잘못한 걸 잘못 했다고 죄 꺼집어내면 절대 효가 안 되어. 그래서 잘못 하는 건 묻어주고 잘 한 걸 잘 한다고 추구해야 효가 나지. 잘못 해도 그건 눈감아 줘야 해.

13번) 그래 가주고 부모가 자석을 효잘 맨드는 게라.

16번) 부모 입에, 부모 입에 효자가 난답니더.

이 설화의 화자들은 화평한 가족을 만들기 위해서는 윗사람이 먼저 넓은 아량으로 아랫사람을 품어 줄 수 있어야 한다고 주장한다. 며느리의 불효를 꾸짖기보다 그 잘못을 가려 주고 덮어 주는 방식을 택한 시아버지의 햇볕정책이 실효를 거둔 셈이다.

며느리와 시아버지가 갈등상황에 있을 때 중간에 서있는 아들(남편)의 입장은 실로 난감할 수밖에 없을 것이다. 아버지와 아내 사이의 이런 갈등 상황을 지혜롭게 해결한 아래의 설화는 더욱 흥미롭다.

(나) 홀로 된 어버이를 모시고 사는 부부가 있었다. 며느리는 시아버지(시어머니)를 싫어하여 봉양을 제대로 하지 않았다. 이를 알게 된 아들은 아내의 불효를 고치기 위해서 꾀를 내어, 아버지를 살찌워서 좋은 값에 내다 팔자고 제안했다. 이에 흔쾌히 동의한 아내는 시아버지에게 맛있는 음식을 대접하고 옷도 새로 지어주었다. 며느리의 극진한 대접을 받자 시아버지는 고맙고 미안한 마음이 들어서, 손자도 돌보고 집안일도 열심히 도와주는가 하면 자신의 며느리가 대단한 효부라며 여기저기에 소문을 내었다. 덕분에 시아버지와 며느리의 사이가 돈독해졌다. 얼마 후 드디어 시아버지가 살이 찌자, 남편이 아내에게 시아버지를 장에 내다 팔자고 하였다. 아내는 시아버지 없이는 못 살겠다면서 절대로 내다 팔 수 없다고 하였다. (20-67번)

함께 집안에 머물면서 늘 부딪칠 수밖에 없는 시아버지와 며느리 사이의 불화는 해결의 실마리를 쉽게 찾기 어렵다. 며느리로서는 늘 자신에게 뭔가를 당연히 요구하는 존재로만 느껴지는 시아버지의 존재가 날이 갈수록 더 귀찮고 부담스럽고, 시아버지 입장에서는 자신을 공대하지 않는 며느리가 점점 더 괘씸하게만 느껴지기 십상이다. 며느리의 박대와 이를 곱지 않은 시선으로 바라보는 시아버지의 반응은 결국 악순환을 반복하게 되는 것이다.

아내와 아버지 사이의 불화를 안타깝게 바라보던 아들은, 이런 악순환惡循環을 선순환善循環으로 바꾸기 위한 지혜를 짜낸다. 그건 며느리가 시아버지를 대하는 태도부터 일단 바꾸어 놓는 것이었다. 시아버지를 팔아서 없애자는 남편의 제의에 귀가 솔깃해진 며느리는 비록 불순한 의도를 깔고 있긴 하였지만 모처럼 시아버지를 지극하게 봉양한다. 며느리가 기꺼운(!) 마음으로 시아버지에게 구복지양口腹之養(養口體)을 다하자, 시아버지는 집안일을 적극적으로 거들어 주는 것으로 이에 화답하였다. 늘 기운 없는 표정으로 방구석에 우울하게 움츠리고 있던 노인이 모처럼 좋은 음식을 먹고 기운이 나자 집안일을 거들 수 있게 되었다고 화자들은 설명한다.

> 32번) 그래 자꾸 뭔가를 먹이니까 살이 쪘다 이 말여, 그 할아버지가 아니 시아버지가 못 먹을 때는 손주도 못 봐주지 일도 못해주지. 그리케 메느리가 미운데, 아 인저 살찌니께 논에도 가고 밭에도 가고 손주를 잘 봐주고 그랴.

이것저것 찾아다니면서 열심히 도와주는 시아버지 덕분에 일상이 훨씬 수월해진 며느리는, 새삼스레 가족 구성원으로서 시아버지의 위상을 재고再考하게 된다. 이제는 시부모를 자신이 늘 무언가를 해다 바쳐야만 하는 부담스러운 존재가 아니라, 가족의 삶에 긍정적인 기여를 하는 매우 소중한 존재로 인식하게 된 것이다.

> 43번) '가난하게 살았으면 살았재, 우리 어머니 못 팔것다.' 이거여. '어째서 그러냐?' 헌께, 인자 정이 딱 들어버린 것이여. 정情이 정情이. 이렇게 들어버렸는데… "아무리 가난해도 어머니 모시고 단란하게 이렇게 살면 되지 않겠소."

그리고 모처럼 며느리에게서 깨끗하고 좋은 옷까지 얻어 입게 되자 사는 맛이 나게 된 시아버지는, 이런 며느리가 하도 고마워서 며느리가 효부라는 소문을 동네방네 내게 된다. 예기치 않게(진상과 무관하게!) 효부라는 사회적 인정까지 얻게 된 며느리는 이젠 도저히 시아버지에 대한 지극한 봉양을 멈출 수 없게 되었다. 며느리와 시아버지의 관계가 호전되는 이런 일련의 과정은 고개가 절로 끄덕여지는 리얼리티를 지닌다.22)

삶의 치열한 현장에서 벗어나 황혼기를 맞이한 노인들이 견디기 힘든 것은, 자신이 사회에서 더 이상 할 수 있는 일이 없다거나 주위 사람들에게 자신이 쓸모없는 존재로 여겨지는 순간일 것이다. 이런 무력감은 노인들에게 삶에 대한 흥미를 잃게 하여 노후의 삶을 불행하게 만들 수 있는 것이다. 이 설화는 노인들이 직면하는 실제적인 문제를 매우 압축적으로 그리고 효과적으로 형상화하고 있다는 점에서 시사하는 바가 크다.23)

지금껏 며느리에게 마치 가족 내의 잉여인간剩餘人間인 양 주변인으로 취급받던 시아버지는 가족들이 삶을 영위하는 데에 중요한 역할을 담당하는 중심인물로 급부상하게 되었다. 이런 변화가 일어난 배경은 별로 대단한 것이 아니었다. 부모가 일방적으로 자식에게만 효도를 요구할 게 아니라, 부모 스스로도 자식에게 대접받을 수 있도록 적극적으로 노력해야 한다는 점이다. 가족 구성원들이 함께 노력할 때 얻어지는 상호교감이 가족 간의 유대를 다지는 필수 요소임을 이 설화는 재확인해 주고 있는 것이다.

---

22) 이 설화에 대해 김대숙은, "가족공동체라는 관점에 시각을 맞춘다면 가족 간의 역할과 기능이 관계 형성에 결정적인 요건이 되고 있음을 적나라하게 노정하는 것이다."라고 하였고 (김대숙, 「구비효행설화의 거시적 조망」, 『한국설화문학과 여성』, 월인, 2002, 242면), 신동흔은 "하루하루 상대방이 필요로 하는 일을 꾸준히 실천하는 삶, 그 속에서 정이 생겨나 미움이 사랑이 되고 불효가 효가 되었던 것이다."라고 하였다 (신동흔, 「구비설화를 통해 본 민간의 삶과 효」, 『인문과학논총』 34, 건국대 인문과학연구소, 2000, 81면).

23) "노부모는 성인 자녀로부터 경제적, 정서적 도움을 받고 있는 것이 일반적인 경향이다. 이때 부모 자신이 자식에게 짐이 되지 않을까 하는 우려와 얹혀사는 부담감과 무용감無用感을 느끼게 될 때, 정신적 신체적 갈등과 불화가 생겨날 수 있다. 그러나 노년기의 부모 자녀 관계를 교환론적 입장에서 이해한다면, 자녀로부터의 일방적인 경제적, 정서적 도움만이 아니고, 부모 자신들 역시 자녀를 위해서 가사일 보조라든가 손자녀 돌보기, 혹은 지혜를 더해주는 정신적인 상담자의 역할을 해줌으로써 자녀에게 유용한 존재가 되어주고 있다는 긍정적인 자세를 가질 필요가 있다." 홍숙자, 「노년기 가족의 발달」, 『가족발달학』, 교문사, 1990, 304면.

㉯ 며느리의 입장을 이해하기

장성한 자녀와 부모가 함께 사는 일이 어렵게 느껴지는 것은, 무엇보다 세대 간의 입장 차이에서 기인하는 갈등 때문일 것이다. 부모는 자녀를 자신의 분신分身으로 여기고 자신과 동일시同一視하는 반면, 자식들은 독립적이고 개별적인 존재임을 부모에게 주장하는 경향이 있기 때문이다. 또한 이런 입장 차이로 인해서 부모와 자식 간에는 서로의 공통점보다 차이점을 더 문제 삼을 가능성이 높다는 것이다.24)

게다가 노인부부가 결혼한 아들부부와 동거할 경우에 문제는 더욱 복잡해지기 마련이다. 전혀 다른 문화적 배경에서 성장하여 혼입婚入한 '며느리'라는 새로운 가족 구성원과의 관계가 더해지기 때문이다.

아래 설화유형에는 이런 시부모와 며느리의 갈등상황이 잘 드러나 있다.

(가) 아들을 가진 어머니가 있었는데, 며느리에게 시집살이를 너무 심하게 시키고 내쫓는 바람에 몇 번이나 며느리를 다시 들이게 되었다. 드디어 그런 소문이 널리 퍼져서 그 집으로 시집오겠다는 색시가 없게 되었다. 부모의 반대에도 불구하고 그 집으로 시집을 가겠다고 자청하는 색시가 있었다. 드디어 그 집으로 시집간 색시는, 시아버지와 남편 앞에서는 시어머니를 공손히 대접하였지만 시어머니와 단 둘이 있을 때는 시어머니를 폭행하였다(시어머니의 머리채를 잡고 둘러 매치거나, 쥐어박는다). 시어머니는 이런 며느리의 행실을 사람들에게 푸념하였지만, 가족들과 동네 사람들이 모두 시어머니가 며느리를 또 쫓아내기 위해 거짓말을 한다고 여겼다. 시어머니는 결국 며느리를 괴롭히는 것을 그만두고 살림을 모두 며느리에게 맡겼다. 며느리는 시어머니보다 살림을 더 잘하여 가세家勢를 일으키고 드디어 집안이 번성하게 되었다. (1-21번)

---

24) "사회와 일터로부터의 은둔과정은 노인으로 하여금 가족내부에 깊이 참여하도록 하고 그 가족에게 의존하게 만든다. 대부분의 노인들은 그들의 장성한 자녀들과 자주 접촉하고 이를 통해 지속적인 정서적, 사회적 지지와 위기상황에서의 도움을 받는다. 부모는 자녀를 자기들의 분신으로 취급하고 동일시하는 반면, 자식들은 자신들이 독립적이고 고유한 실체임을 주장하려는 경향이 있는데, 이로 인하여 서로 간에 공통점보다 상이점을 확대하여 파악할 가능성이 높다." 홍숙자, 「노년기 가족의 발달」, 『가족발달학』, 교문사, 1990, 303면.

번호	제보자			각편 제목	대계 번호	채록 지역
	성명	성별	나이			
1	고사성	남	73	며느리의 시어머니 교육	1-1	서울 도봉
2	이원식	남	70	극성스러운 시어머니를 잡은 며느리	3-3	충북 단양
3	김봉한	남	67	악질 시어머니	4-1	충남 당진
4	오현섭	남	62	못된 시어머니 버릇 고치기	4-3	충남 아산
5	김자갑	남	72	억센 시어머니 길들인 셋째 딸	4-5	충남 부여
6	박철래	남	73	억센 시어머니 길들이기	4-5	충남 부여
7	백옥련화	여	68	사나운 시어머니 모시기	5-2	전북 완주
8	서보익	남	76	사나운 시어머니를 이긴 효부	5-6	전북 정읍
9	김대종	여	72	며느리 쫓아낼 시어머니의 계략	6-3	전남 고흥
10	진성진	남	70	시어머니 버릇 고친 며느리	6-5	전남 해남
11	김용백	남	82	시어머니 가르친 며느리	6-9	전남 화순
12	정기조	남	75	시어머니 길들인 거센 며느리	7-13	대구시
13	김덕선	여	86	거센 시어머니 길들인 며느리	7-15	경북 구미
14	지세해	남	80	시어머니 버릇 고친 며느리	7-15	경북 선산
15	임동선	여	70	억센 시어머니 기들여 산 며느리	7-17	경북 예천
16	배상오	남	78	시어미니를 길들인 며느리	7-4	경북 성주
17	채정석	남	64	거센 시어머니 길들인 며느리(1)	7-8	경북 상주
18	유우임	여	66	거센 시어머니 길들인 며느리(2)	7-8	경북 상주
19	김채란	여	63	시어머니 길들인 며느리	8-10	경남 의령
20	김필명	여	64	시어머니 버릇 고친 며느리	8-14	경남 하동
21	김석환	남	61	시어머니 버릇 고친 며느리	8-9	경남 진해
22	나도성	남	70	며느리의 기지	1-5	경기 황성
23	고근록	남	71	예절바른 며느리와 시아버지	2-8	강원 영월
24	이우악	남	66	시아버지 버릇 고친 며느리	5-1	전북 남원
25	진성진	남	70	시아버지 버릇 고친 며느리	6-5	전남 해남
26	이현욱	남	64	시부 버릇 고친 며느리	7-12	경북 군위
27	배상오	남	78	시아버지를 길들인 며느리	7-4	경북 성주
28	이광희	남	71	조병사 어머님	7-6	경북 영덕
29	조유란	여	72	시집살이를 이겨낸 며느리의 지혜	7-9	경북 안동

시어머니와 며느리는 가족의 일상을 챙기는 과정에서 빈번하게 접촉하기 마련이다. 따라서 갓 시집온 며느리와 가장 심각한 갈등을 일으키게 되는 존재는 바로 시어머니이다. 시어머니와 며느리는 가정 내에서 불가피하게 주부권主婦權을 두고 경합을 벌이는 사이이기 때문이다.[25] 게다가 시어머니와 며느리는 한

25) 남자는 가정에 대한 지배관리권인 '가장권家長權'을 행사할 수 있는 반면, 주부는 이에 대한 견제의 역할을 하는 구체적인 소비운영권인 '주부권主婦權'을 갖는다. 이광규, 『한국의 가족과 종

남자를 두고 서로 경쟁을 벌이는 상황에 놓이는데, 이런 의미에서 이들은 원천적源泉的 부정관계否定關係에 있게 된다. 며느리는 한편으로 시어머니에게 아들을 빼앗아 간 사람이 되고 다른 한편으로는 성취지위의 경쟁자가 되기 때문이다.[26)]이 설화에서 며느리가 들어오는 족족 내쫓긴 것은 사실, 며느리 자신의 잘못보다는 며느리라는 존재를 쉽게 인정하지 못하는 시어머니의 유별난 태도에 주된 원인이 있다고 할 수 있다.

고부간의 갈등이 원천적으로 가족구조에서 파생된 것이라고는 하지만, 이 설화에 등장하는 시어머니의 행동은 그 정도를 넘은 것이었다. 그 결과 그 피해는 애매하게도 어머니 덕분에 매번 아내를 잃게 되는 아들이 입게 되었다. 가족의 화목은 부모에 대한 자식의 무조건적 복종만으로 이루어질 수 없는 것임을 문득 깨닫게 되는 것이다. 나름대로의 비책을 마련한 후에 단단한 각오로 시집을 온 새댁은, 문제를 전혀 엉뚱한 방법으로 해결한다. 그것은 지위의 상하관계를 역전시키는 것이다. 갓 시집온 새댁은 시집 가문의 권력구도에서 최하위에 머물 수밖에 없지만,[27)] 늙은 시어머니에 비해 월등한 체력을 지녔다는 물리적인 힘의 우위를 적극적으로 활용하였다. 아무도 모르게 시어머니를 향해 폭력을 휘두르는 며느리의 행동은 시어머니가 까맣게 잊고 있었던 사실을 깨우쳐 주었다. 시어머니의 권력이란 사실상 시어머니 자신으로부터 발생한 것이 아니라, 남편을 비롯한 가족 구성원의 동의와 지원에 힘입은 것이란 사실이다.[28)] 가족들의 지지

족』, 민음사, 1990, 106면.

26) 이광규, 『한국의 가족과 종족』, 민음사, 1990, 127면.

27) "결혼식은 이미 존속하고 있는 부계가족 내에 여자가 편입하는 의식이었다. 비혈연자로서 시가媤家의 일원으로 새로 편입된 며느리는 시가에서 가장 낮은 지위를 점유한다. 연하의 손아래 시동생이나 시누이에게도 존칭어를 사용하여야 한다. 가족 구성원의 언어행위의 원칙인 세대 원리와 연령 원리가 며느리에게는 적용되지 않는다." 이광규, 『한국가족의 구조분석』, 일지사, 1975, 146면.

28) "자궁가족 관점에서 보면, 아들/남편의 애정이 누구에게 더 있는가에 따라서 고부 갈등의 성격과 권력이 결정된다 하겠다. 며느리와 시어머니는 정확히 남편/아들의 애정이 어디에 얼마만큼 가 있는가를 감지하는 능력이 있다. 아들의 애정이 어머니에게 더 있다는 확신이 선 시어머니는 그만큼 시집살이를 시킬 수 있는 자신이 선다. 반대로 아들의 애정이 며느리에게 더 많이 가 있음을 감지한다면 감히 시집살이를 시킬 수 없고, 또 며느리가 듣지도 않는다. 따라서 직계가족 원리에서 보면 고부간의 갈등원인은 시어머니와 며느리에 있지만, 자궁가족 원리에서 해석해 보면 아들/남편에 있다 하겠다." 임돈희, 「여성과 가족관계」, 『여성학의 이론과 실제』, 동

를 얻지 못한 시어머니의 권위는 남몰래 가해오는 며느리의 물리적 압박 아래에 무릎을 꿇고, 드디어 며느리에게 주부권을 내주기에 이른다. 그리고 마침내 가족은 평화와 번영을 누리게 되었다.

이 설화는 상당한 해학을 담고 있지만 또한 날카로운 위트를 보여준다. 노부모가 낡은 세대로부터 새로운 세대로 이어지는 세대교체를 보다 의연하고 자연스럽게 받아들여야 할 필요성을 진지하게 고민하게 되는 것이다.

시부모와 며느리의 가족 갈등은 고부관계에만 한정되지 않는다. 다음 설화에서는 혼입婚入한 며느리를 훈육하려는 시아버지와 갓 시집온 며느리 사이에 벌어지는 갈등을 보게 된다.

(나) 예절이 바르기로 소문난 사대부 집으로 며느리가 새로 시집을 왔다. 시아버지가 새 며느리에게 아침마다 인사를 올리라고 하자, 며느리는 시아버지께서 먼저 사당에 다녀오고 나서 자신의 인사를 받는 것이 이치에 합당하다고 대답하였다. 예절을 좋아하는 시아버지는 그 말이 이치에 맞다 여기고 그렇게 하였다. 그러나 몇 번을 그렇게 한 시아버지는 추운 날씨에 사당을 나가는 것이 귀찮아져서 며느리에게 아침 인사드리는 것을 그만 두게 하였다. 큰며느리와 둘째 며느리가 시집와서 몇 년 동안이나 해야 했던 아침문안인사를, 막내며느리는 이삼일 만에 그만두게 되었다. (22-29번)

가부장의 권위를 지닌 시아버지는 갓 시집온 며느리에게 가풍家風을 전수할 목적으로 아침마다 문안인사를 올릴 것을 명하였다. 그러나 이는 손아랫사람에게 무언가를 요구할 때에는 손윗사람부터 모범을 보여야 함을 잠시 잊은 처사였다. 며느리의 재치 있는 응수에 넘어간 시아버지는 사당에 문안하는 일을 직접 몇 번 해 보고는 며느리의 문안인사 받기를 곧바로 포기하게 되었다.

전통적인 가부장제 가족제도에서 가족의 의사결정은 전적으로 가부장의 권한이자 책임이었다. 이러한 가족구조에서는 여러 위치에 있는 가족원들의 생각이 고루 반영될 수 있는 장場이 마련되기 어려웠다. 따라서 가족원의 불만이 표출되

국대 출판부, 1986, 372면.

지 못한 채 축적됨으로써, 의사결정권자인 가장과 여타 가족원간의 거리가 멀어지게 되는 상명하달上命下達식의 가정운영이 될 수밖에 없었다.29)

설화에서 시아버지는 이런 일을 통해 어른답게 처신하는 것이 얼마나 어려운 일인지 새삼 깨닫게 되었을 것이다. 실상 모든 일에 있어서 내가 힘들면 남도 힘든 법이다. 재치가 뛰어난 며느리는 하늘같은 권위를 지닌 시아버지의 명령에 무조건 복종하는 대신 도리어 가부장에게 역지사지易地思之의 미덕을 깨닫게 한 셈이다. 이 설화는 시아버지가 가부장으로서 가족구성원 개개인의 입장을 헤아리고 보살펴 줄 수 있을 때 가족 모두가 화목하고 편안해질 수 있음을 보여주고 있다.

㉰ 가족의 잘못을 자기 탓으로 돌리기

번호	제보자			각편 제목	대계 번호	채록 지역
	성명	성별	나이			
1	이원복	남	51	화목한 가정	1-2	경기 여주
2	정천석	남	73	화목하고 잘 되는 집안	2-8	강원 영월
3	이영숙	여	71	가화만사성家和萬事成	5-2	전북 전주
4	최복일	남	83	신불출의 만담 세 편	5-5	전북 정주
5	채승관	남	63	화목한 가정	6-7	전남 신안
6	양효창	남	65	우애롭게 살아라	6-10	전남 화순
7	서병남	남	52	못난 여덟 식구	6-12	전남 보성
8	민삼생	여	75	꼬마 신랑과 못된 각시	7-10	경북 봉화
9	신성균	남	74	이해심 깊은 삼대	7-17	경북 예천
10	신종출	남	63	우애 있는 집안	8-5	경남 거창

화목한 가족이란 자녀가 부모에게 무조건적인 효도를 한다고 해서 만들어지는 것은 아닐 것이다.30) 그런가 하면 부모가 자녀를 무조건 감싸 안는다고 해서

29) 이여봉, 「가족내 의사결정과 역할분담」, 『가족의 사회학적 이해』, 학지사, 2002, 193~194면.

30) "근대사회의 이념의 하나는 평등이다. 평등은 사회 구성원 사이에 존중되고 실천되어야 할 이념일 뿐만 아니라, 가족 내에서도 부부간에, 부모-자식 간에 그리고 형제간에도 지켜지고 존중되어야 할 덕목이다. …<중략>… 부모가 자식에게 효를 강요하고 부모-자식 간에 일방적인 관계를 요구하면 효를 중심으로 한 유교적 덕목은 21세기에 설 자리가 없다." 은기수, 「유교적 삶의 현대적 변용 : 효를 중심으로」, 『인문과학논총』 34, 건국대 인문과학연구소, 2000, 99면.

되는 일도 아닐 것이다. 가족구성원 모두가 서로를 아껴주고 진정으로 이해해주는 마음을 지닐 때 비로소 그 가족은 화목해질 수 있을 것이다. 다음 설화는 이런 깨달음을 설득력 있게 전달한다.

(가) 떡을 먹고 싶다는 시아버지의 말을 듣고 며느리가 부엌에서 떡을 찌다가 그만 솥을 깨뜨리고 말았다. 며느리가 울고 있는 모습을 본 시어머니는, 모든 것이 불을 지켜보지 못한 자신의 잘못이라고 하였다. 시아버지는 떡을 먹고 싶어 한 자신의 탓이라고 하였고, 아들은 자신이 장에 가서 솥을 사왔기 때문이라며 자신을 탓하였다.

(나) 윗집 식구는 항상 웃음이 많았고 아랫집 식구는 싸움이 많았다. 아랫집 사람이 윗집 사람에게 가족이 화목한 비결을 묻자, 윗집 사람은 자신의 집에서 일어나는 일을 지켜보라고 하였다. 하루는 윗집 며느리가 물 한 동이를 이어다가 마루에 놓았다. 시어머니가 문을 열다가 물동이를 깨뜨렸다. 며느리는 물동이를 마루에 놓아둔 자신의 잘못이라고 하였고, 시어머니는 자신이 조심하지 못한 탓이라고 하였다.
얼마 후, 아랫집 사람의 집에서도 똑같은 상황이 벌어졌다. 며느리가 마루에 물동이를 놓았는데, 시어머니가 문을 열다가 물동이를 깨뜨렸다. 이에 며느리는 조심하지 못한 시어머니를 탓하였고, 시어머니는 물동이를 문 뒤에 놓아 둔 며느리를 탓하였다.

이 설화는 가족의 화목을 위해 가족구성원 각자가 어떤 태도를 지녀야 하는가를 군더더기 말이 필요 없을 만큼 간명하게 제시하고 있다. (나)유형에서는 모든 허물을 자신의 탓으로 돌리는 가족과 늘 남의 탓만 하는 가족의 모습이 대비됨으로써, 바람직한 가족의 모습은 어떤 것인가를 깨닫게 한다. 이미 깨어진 솥은 그 어떤 말로도 원상복구가 불가능하다. 물론 솥을 깬 책임의 소재를 명백히 밝혀낸다고 해서 깨진 솥의 손실을 보전할 수 있는 것은 더더욱 아니다. 사실 이미 일어난 금전적 손실보다는 이에 뒤따르는 심리적인 측면의 손실이 더욱 심각한 것일 수도 있다.

여기에 제시된 화목한 가족은 무엇보다 정서적 공동체라는 가족의 본래적 기능을 충실히 수행하고 있음을 보게 된다. 특히 솥을 깨뜨리고 울고 있는 며느리는 사실 이 가족 내에서 가장 낮은 위치를 점하고 있는 약자弱者이다. 솥이 깨진 것을 모두 자신을 탓으로 돌리는 가족들의 태도는 가족 내에서 가장 약자인 며느리를 위로하고 격려함으로써 보호해 주는 것이다. 한 사회의 평화와 안정은 그 사회에서 가장 낮은 위치를 점한 사람이 행복해질 때 완성되는 것임을 상기해 보자. 며느리의 난처한 입장을 적극적으로 이해하고 보호하는 가족들의 태도가 가족공동체 전체에 안정적인 평화와 번영을 가져오고 있는 것이다.

뿐만 아니라, 가족 간의 화목과 결속을 다지기 위해서는 가족구성원이 모두 각자의 책임을 다하는 동시에 다른 사람의 입장을 충분히 배려할 줄 알아야 한다는 평범한 진리를 이 설화에서 재발견하게 되는 것이다.

3. 노후의 삶과 가족

노후의 삶을 문제 삼을 때, 가장 먼저 연상되는 것은 연로한 부모에 대한 자식들의 봉양 문제이다. 그런데 삶의 조건이 빠르게 변화하고 있는 현대사회에서, 효에 대한 우리의 전통적 관념은 변화된 현실에 맞게 수정되어야 하는 상황에 이르렀다. 유교적 효孝관념은 현대인들에게 여전히 매우 숭고한 가치로 다가오는 동시에, 때로는 지나치게 무거운 부담이 되거나 구시대적인 관념으로 인식되는 경향이 짙다.[31)]

구비설화에는 전통적 가치관이 근대화 과정을 거치면서 겪게 된 변화가 투영되어 있음을 확인하게 된다. 부모의 노후를 책임지는 것은 역시 아들(특히 장자)이어야 한다는 전통적인 인식을 설화전승자들이 여전히 지니고 있는 듯하지만,

31) "효孝는 부모-자식 간의 관계를 규정하면서 노인 부모를 자식이나 가족이 담당토록 하는 중요한 규범으로 작용해왔다. 효에 대한 정의의 속성상 효나 효에 관한 교육은 일반인들에게 효를 비롯한 유교 전반에 대해 부정적인 인식을 갖게 만든 측면도 있다. 효의 비민주성, 효의 일방성, 효의 권위주의성 등은 모두 효의 부정적 측면들이다." 은기수, 「유교적 삶의 현대적 변용 : 효를 중심으로」, 『인문과학논총』 34, 건국대 인문과학연구소, 2000, 104면.

이런 생각에 이의를 제기하면서 이젠 세상이 변화하고 있음을 지적하는 화자도 적지 않다. 전통사회와는 달리 딸에게도 법적으로 아들과 동등한 재산이 분배되는 현대 가족구조에서, 딸이 아들과 동등한 수준에서 부모에 대한 부양의 의무를 지는 것은 당연한 일일 수 있다[32]. 그리고 '딸보다 나은 양자' 설화가 보여주듯이 반드시 피를 나눈 사람들끼리만 가족이 될 수 있는 것은 아니라는 사실도 주목할 만하다.

무엇보다 노부모를 봉양하는 데 실질적인 역할을 담당하는 것은 역시 며느리임을 구비설화를 통해서 재확인하게 된다.[33] 그러나 며느리가 담당하게 되는 이런 봉양의 책임과 그로 인한 심리적 육체적 부담은 자칫 간과되기 쉽다. 게다가 여성들의 사회참여가 활발해지고 있는 현대사회에서 시부모를 봉양해야 하는 며느리의 위치는 심각한 문제 상황에 봉착하고 있다. 노부모의 부양 주체인 여성이 가정 내에 머무르지 않고 사회로 나아가게 되면서 노인 부양의 실제적 주체가 사라지고 있기 때문이다.[34]

노후의 삶에서 부딪히게 되는 문제는 단순히 경제적 측면에만 한정되지 않는다. 연로한 부모가 자신의 재산을 아들 또는 딸에게 분배하고는 그들에게 노후를 의탁하고자 하지만, 실상 노부모가 자녀 세대와 끈끈한 유대감을 유지하는

32) "자녀의 노부모 부양책임을 받아들이는 사람들이 대부분이지만 장남 혹은 아들 모두에 의한 부양을 고집하는 비율은 대체로 낮아졌고, 그 대신 아들, 딸 모두 혹은 능력 있는 자녀에 의한 부양을 주장하는 비율은 빠르게 늘어나고 있다. 자녀 사이의 평등의식이 높아지고 부양에서의 남녀차별이 줄어듦에 따라 효孝규범의 수용도 이를 반영하고 있다." 장경섭, 「가족이념의 우발적 다원성 : 압축적 근대성과 한국가족」, 『정신문화연구』 2001 여름호(통권 83), 한국정신문화연구원, 2001, 184면.

33) "사람이 살아가는 나날은 집안에서 먹고 입고 자는 일상적인 일들로 짜여져 있고 이 같은 의식주를 담당하는 역할은 일차적으로 한 집안의 주부인 며느리가 맡고 있다. 남편이 밖에 나가 생업에 종사해서 벌어들이는 수입으로 아내가 전 가족을 위해 살림을 꾸린다. 이 같은 여성의 역할로 인하여 실제의 삶을 있는 그대로 꾸밈없이 담고 있는 구비설화 자료에서 부모가 자손으로부터 따뜻한 대접을 받느냐 못 받느냐하는 관건은 며느리에게 달려 있고, 효행담의 주인공으로서의 며느리의 역할이 커질 수밖에 없는 것이다." 김대숙, 「구비효행설화의 거시적 조망」, 『한국설화문학과 여성』, 월인, 2002, 238면.

34) 실제로 나이 든 부모의 시중을 드는 사람들은 딸이나 며느리가 대부분이다 …<중략>… 남성들은 부모를 모시고 산다는 생색을 낼 뿐, 하루 일과의 대부분을 바깥에서 보내기 때문에 실제로 부모를 모시는 노동에서는 거의 해방되고 있다. 은기수, 「유교적 삶의 현대적 변용 : 효를 중심으로」, 『인문과학논총』 34, 건국대 인문과학연구소, 2000, 98면.

것은 그리 쉽지 않다. 정서적 안정감이란 경제력만으로는 얻어질 수 없기 때문이다. 치열한 삶의 현장에서 물러나게 된 노인은 이전보다 훨씬 더 절실하게 가족 안에서의 행복을 찾으려 하지만, 한창 바쁘게 살아가고 있는 자식 부부는 연로한 부모에게 집중할 여유가 없기 십상이다. 연로한 부모는 자식의 이런 태도에 대해 배신감과 소외감을 느끼게 되는 것이다.

현대사회는 노인들을 산업화된 도시환경에서 할 일을 찾기 어려운 사람으로 만들어 버린 경향이 있다. 한편 시아버지가 집안일에 적극적으로 동참함으로써 며느리와의 화해를 이루어내고 이전보다 만족스러운 삶을 살게 되는 내용의 설화를 보면서, 현대사회의 노인들이 가족 내에서 실질적인 기능을 담당하면서 자아를 실현할 수 있는 방안을 적극적으로 마련해야 할 필요성을 깨닫게 된다. 노인들이 자식 세대에게 일방적으로 '요구만 하는 세대'나 '부담스러운 존재로 인식되어서는 곤란하기 때문이다.[35)]

산업화와 핵가족화는 결혼한 자식과 노부모가 동거하는 것을 어렵게 만들었고, 아파트라는 공간 역시 여러 세대가 함께 거주하는 공간으로는 부적절한 것이 사실이다. 이런 상황에서 노후의 삶을 장남에게 전적으로 의존해야 한다는 생각 역시 엷어지고 있다.[36)]

설화전승자들은 노후의 삶이 반드시 혼인한 아들과의 동거형태로 이루어져야 하는가에 대해서 의문을 제기한다. 이런 문제의식은 연로한 부모를 자녀가 반드시 모시고 살면서 부양해야 한다는 경직된 효의 관념에서 벗어나, 연로한 부모의 기본적인 생활조건과 정서적 욕구를 다양한 형태로 충족시킬 수 있는 유연한 효의 개념을 설정하고 실천할 필요성을 제기하고 있는 것이다.[37)] 구비설화는,

---

35) 자녀부부가 노부모를 위하여 행하는 부양을 의무수행의 방향에서만 일방적으로 평가하는 연구는 노부모를 의존적이며 항상 도움을 필요로 하는 연령층으로 자칫 잘못 이해하여, '요구만 하는 세대' 또는 '부담스러운 존재'로 왜곡된 정의를 내릴 소지도 있다. 손승영, 「노부부의 가족구성 및 가족관계」, 여성한국사회연구회 편, 『한국가족의 부부관계』, 사회문화연구소, 1992, 265면.

36) 노부모의 장남 부부와의 동거 감소 현상이 자녀 측의 효 사상의 약화나 노부모의 자원 상실에 의한 지위 약화에만 전적으로 기인하고 있다고는 가정하지 않는다. 손승영, 「노부부의 가족구성 및 가족관계」, 여성한국사회연구회 편, 『한국가족의 부부관계』, 사회문화연구소, 1992, 263면.

37) 은기수, 「유교적 삶의 현대적 변용 : 효를 중심으로」, 『인문과학논총』 34, 건국대 인문과학연구

배우자를 잃고 홀로 된 노인들이 세대갈등을 피하기 어려운 기혼자녀既婚子女와 불편하게 동거하기보다는 새로운 배우자와 결합함으로써 자신만의 독립된 가정을 꾸리고자 하는 욕망을 지니고 있음을 보여준다. 그리고 이는 노인남성에게만 해당되는 사안도 아닌바, 아마도 20세기말에 이 설화를 구연해준 남녀 제보자들의 의식을 반영하는 것으로 보아야 할 것이다.

가족이란 공동체는 말 그대로 여러 구성원이 조화롭게 어우러져서 만들어가야 하는 공동체이다. 이는 손 윗세대가 일방적으로 손 아랫세대를 통제하는 방식으로 굴러갈 수도 없고, 반대로 연로한 부모를 어느새 체력이나 경제력 면에서 앞서게 된 자녀세대의 독주로 굴러가서도 곤란하다.[38] 가족이란 서로를 배려하고 이해하면서 보조를 맞추어 갈 때에 그 안에 소속된 개인을 행복하게 해줄 수 있음을 구비설화는 설득력 있게 보여주고 있다.

4. 마무리

구비설화는 전통사회를 살다간 우리 선조의 삶의 이야기일 뿐 아니라 지금 여기 우리들 자신의 이야기이기도 하다. 가족 간의 대화가 단절되어 가는 현대사회에서, 구비설화의 전승현장은 바로 가족 구성원들의 의사소통을 가능케 하는 긍정적 기능을 담당할 수 있음을 주목하게 된다. 설화에 반영된 가족의 이야기를 통해서 각자 자신이 속한 가족의 삶을 진지하게 돌아볼 수 있기 때문이다.

한 개인은 성장하면서 가족 내의 다양한 역할을 경험하게 된다. 예를 들어, 여성은 딸의 입장을 경험한 후에 다시 며느리와 시어머니의 역할을 차례로 수행하

소, 2000, 101~102면.

38) 가부장은, 온 가족을 한 어깨에 떠메고 매사를 관리하며 책임져야 하는 부담을 평생 안고 살아야 했다. 가정은 완전무결한 사람이 모두를 지배하고 보호하며 모든 일을 결정하고 책임져야 하는 왕국이 아니라, 불완전한 사람들이 좌충우돌하면서 서로를 보완하고 다독거리는 공동체이다. 의사결정을 내리고 그에 대해 책임을 지는 사람이 하나인 것보다는 둘이 이상의 의견이 공정하게 조율되어 같이 책임질 때 훨씬 안정적으로 결정을 밀고 나갈 수 있다. 이여봉, 「가족 내 의사결정과 역할분담」, 『가족의 사회학적 이해』, 학지사, 2002, 193~194면.

게 되는 것이다. 구비설화는 가족구성원의 이런 다양한 역할을 미리 두루 경험해볼 수 있는 기회를 제공해 준다. 불효하는 딸(또는 며느리) 때문에 고통 받는 노부모를 깊이 동정하면서 불효를 심각한 죄악으로 느낄 수도 있고, 마음 놓고 며느리를 구박하다가 도리어 며느리에게 호되게 당한 시어머니의 때늦은 깨달음을 미리 얻을 수도 있다.

또한 잘못을 덮어주거나 칭찬을 아끼지 않는 시부모의 태도에 감화되는 며느리의 심정이 되어봄으로써, 역지사지易地思之하는 자세로 바람직한 시어머니의 상像을 정립해 볼 수도 있다. 설화전승자는 구비설화를 통해 이처럼 자신이 경험하게 될 다양한 역할을 사전에 간접 경험할 수 있는 것이다. 특히 모든 가족구성원이 두루 참여하는 이야기판의 소중함을 되새기게 되는바, 가족들이 함께 모여서 구비설화에 대한 의견을 나누며 가족의 문제를 자연스럽게 토론하는 생산적인 기회로 삼을 수 있기 때문이다. 현대사회에서 점점 사라져가고 있는 구비설화의 전승공간을 되살려야 할 필요성을 새삼 절감하게 된다.

원문 출전 : 이인경, 「구비설화를 통해 본 老後의 삶과 가족」, 『구비문학연구』 17집, 한국구비문학회, 2003. 12.

3장 〈열녀烈女설화〉의 현재적 의미

1. 머리말

본고에서는 구비 '열烈설화'에 나타난 이념과 현실의 갈등양상을 고찰하고자 한다. '열설화'란 '열烈'이념을 주제로 삼고 있는 설화 전반을 지칭하는 것으로, 열이념을 구현하는 내용부터 이를 거부하는 내용에 이르기까지 열이념이 서사 전개의 주된 동인動因이 되는 구비설화口碑說話 모두를 포괄하는 것이다.[1)]

본고에서는 이런 '열설화' 중에서도 전형적인 열녀담烈女譚이라고 할 수 있는 '수절형守節型'보다는 '훼절형毁節型'에 특히 주목하고자 한다. 이는 문헌자료와 대별되는 구비口碑 '열설화'의 특성이 '훼절형'에서 가장 잘 나타나고 있다고 판단되기 때문이다. 또한 여기서는 훼절형 '열설화'의 두 유형군인 <남편 위해 훼절하기>와 <수절하기 어려운 사연>에 속하는 설화유형 가운데 일부를 선별하

---

1) 이는 어떤 형태로든 '열烈'이념을 매개로 형성된 이야기이므로, 열이념의 고양이라는 주제의식이나 열이념에 대한 재해석, 또는 열이념으로부터의 일탈을 지향하는 내용을 담고 있는 모든 설화를 포괄한다. 한편 열이념을 일탈하는 이야기는 열녀烈女에 관한 이야기가 아니므로 '열설화'의 범주에 넣는 것이 부적절하다는 반론이 있을 수 있다. 그러나 본 연구에서 설정한 '열설화'의 범주는 열이념이 서사갈등의 핵심이 되는 설화이므로, 인물의 행적이 열이념에서 일탈하더라도 그 과정이나 결과에서 열이념과 갈등을 일으키는 설화까지를 모두 포함한다.
'열설화'는 『한국구비문학대계韓國口碑文學大系』의 별책부록인 『한국설화유형분류집』의 설화분류체계에 따르면 선악담善惡譚 유형인 '4. 바르고 그르기'에 속하는 것이다. 선악담은 수집된 전체 설화의 양으로 볼 때 구비설화에서 가장 많은 비중을 차지하고 있으며, 특히 효행담孝行譚과 열녀담烈女譚은 선악담의 대부분을 차지하고 있다. 그만큼 효성孝誠과 정절貞節은 한국인에게 매우 중요한 가치이며 관심사임을 알 수 있다. 김대숙, 「구비열녀설화의 양상과 의미」, 『고전문학연구』9집, 한국고전문학연구회,1994, 48면 참조.

여 집중적으로 고찰하고자 한다.

우리 고전문학작품의 주요한 사상적 배경이 되어 온 중세이념 가운데, 특히 열은 남녀 간의 애정을 바탕으로 한 신의信義라는 '보편적 가치'와 남존여비男尊女卑라는 '중세적 가치관'을 함께 내포하고 있다는 점에서 근대적 가치와 부합하는 동시에 충돌하는 양면성을 지닌다. 인간관계가 이해관계利害關係에 따른 계약관계로 변질되어가는 현대사회에서 신의는 더욱더 소중한 가치로 부각되는 반면, 남존여비관男尊女卑觀은 인간평등이라는 근대적 이념의 실현을 위해 시급히 청산되어야 할 중세의 유산으로 지적되기 때문이다. 따라서 열烈이념을 전통적 가치로서 계승해야 하는가라는 문제는 현재 심각한 딜레마에 처해 있다. 이런 상황에서 구비 '열설화'를 통해 열이념의 현재적 의미를 탐색하는 것은 상당히 시의적절時宜適切하다고 본다.

충忠과 효孝가 남녀 모두에게 보편적으로 부여되던 윤리적 의무인데 반해, 열은 여성에게만 부과되던 것이다. 중세이념으로서의 열은 조선시대 양반사대부계층의 남성이 창안하여 여성에게 부여한 윤리규범인바, 우리가 주로 접하게 되는 열 관련 자료는 대개 이런 남성적 사고의 결과물들이다. 이런 까닭에 열녀이야기는 흔히 남성의 시각에서 열녀의 행적을 피상적으로 서술할 뿐이라서, 정작 열이념을 실현한 여성의 내면세계는 담아내지 못한 경우가 대부분이다.[2] 이처럼 문헌기록이 대부분 문자생활을 영위하던 상층 지식인 남성들의 전유물임에 비해서 구비설화의 전승이 상층과 하층, 여성과 남성을 불문한 다양한 사람들을 통해서 이루어진다는 사실은 매우 주목할 만하다.

특히 구비설화의 전승현장에서 여성화자를 만날 수 있다는 것은 상당히 고무적인데, 여성화자의 설화자료를 통해 남성의 시각에서 바라본 객체가 아닌 여성이 주체가 되어 들려주는 여성의 이야기를 만날 수 있기 때문이다. 뿐만 아니라 구비설화는 상층의 이데올로기인 열이 민중의 삶에 적용된 구체적인 모습을 보

---

2) 강진옥, 「열녀전승의 역사적 전개를 통해 본 여성적 대응양상과 그 의미」, 『여성학논집』12, 이화여대 한국여성연구원,1995.그리고 이혜순, 「열녀상의 전통과 변모-<삼강행실도>에서 조선후기 <열녀전>까지-」, 『진단학보』85, 1998에서도 이런 점을 지적하였다. 한편 박지원의 <열녀함양박씨전>이나 문헌설화에서 열녀의 내면을 조명하는 내용이 나타나기도 하지만 이는 예외적인 것이다.

여 준다는 점에서도 중요하다.

한편 우리에게 가장 먼저 다가오는 열녀의 이미지는 대체로, 삶에 대한 욕망이나 갈등, 고통조차 느끼지 못한 채 충동적으로 죽음을 선택하는[3] 인물이거나 어린 자식을 남겨둔 채 남편의 뒤를 따라 자결하는 미성숙한 감상에 빠진 몰주체적인[4] 인물이다.

그러나 세계에 대한 이런 피상적 이해는 위험할 수 있다. 중세의 열녀烈女들 역시 분명 욕망과 감정을 지닌 인간일진대 이들에게서 인간의 보편적 정서를 느낄 수 없다는 것은 어딘지 석연치 않다. 설화 속 열녀들의 열행烈行에 나타난 엄혹함이나 무모함을 통해서, 열녀들을 모두 중세이념의 맹목적 추종자이거나 열등한 정신력의 소유자처럼 단정 짓는 것은 곤란하다. 열이념을 둘러싼 당대 여성의 내면풍경을 보다 심층적으로 그리고 치밀하게 조명하는 작업이 이루어질 때, 비로소 열녀들의 열행이 지닌 진정한 의미를 온당하게 규명할 수 있을 것이다.

일상적인 사고에서 벗어나는 충격을 문학작품 속에서 발견할 때 감동을 얻게 된다면,[5] <남편 위해 훼절하기> 유형군 설화에서 그런 충격을 발견하게 된다. 이는 문헌에서는 찾아보기 어려운 설화유형으로서 '남편의 구명救命'이라는 목적과 '아내의 훼절毁節'이라는 수단 사이에 놓인 윤리적 긴장이 서사갈등의 축이 되고 있기 때문이다. 이는 진정한 열이 무엇인가에 대한 전승자들의 진지한 논쟁이 드러나 있다는 점에서 설화전승자들의 열인식을 살피는 데에 매우 효과적이다. <수절하기 어려운 사연> 유형군 설화 역시 열이념과 현실의 갈등양상을 섬세하게 보여준다는 점에서 매우 흥미로운 자료라고 하겠다.

본 연구의 대상 자료는 한국정신문화연구원에서 발간한 『한국구비문학대계韓

3) 이혜순, 「열녀상의 전통과 변모-<삼강행실도>에서 조선후기 <열녀전>까지-」, 『진단학보』85, 1998, 163면.

4) 강진옥은 이에 대해 다음과 같이 언급하였다."이 경우 여성인물의 자결의 동기를 단순한 열烈이 아니라 사랑이라고 강변할 수 있을지 모른다. 그것을 비록 사랑이라 부른다 해도 그 사랑은 미성숙한 감상적 차원에 머물 뿐이다. 책임져야 할 육아의 의무를 간과한 여성인물들의 행동은 존재에 대한 주체적 자각이 없었기 때문에 생겨난 것이다. 남편을 따라 죽는 여성들을 지배하는 의식은 남편 없는 여자는 존재할 의의가 없다는 몰주체적인 의식이다." 강진옥, 「열녀전승의 역사적 전개를 통해 본 여성적 대응양상과 그 의미」, 『여성학논집』12, 이화여대 한국여성연구원,1995, 85면.

5) 조동일, 『문학연구방법』, 지식산업사, 1980, 55면.

國口碑文學大系』에 수록된 구비설화들이다.[6] 이는 철저한 현장조사의 방법으로 조사되었을 뿐 아니라 제보자에 대한 정보를 수록하였다는 점에서 설화각편과 화자의 관계성을 분석하는 본 연구의 의도에 잘 부합된다. 논의의 전개는 각 설화유형의 전승양상과 의미를 고찰한 후, 화자의 성별에 따른 의식의 차이를 분석하고, 이를 바탕으로 훼절형 '열설화'에 나타난 열이념과 현실의 갈등양상을 살펴보는 순서로 진행하기로 한다.

2. 훼절형 '열烈설화'의 전승유형과 의미

1) 〈남편 위해 훼절하기〉 유형군

㉮ 하룻밤을 동침한 남자로 만리성 쌓는 남편 구해오기

이 설화유형은 각편에 나타난 변이가 그리 심하지 않은데 다음과 같은 내용이다.

> 남편이 만리성을 쌓는 데 끌려가서 돌아오지 않아서 홀로 살고 있는 여인이 있었다. 우연히 만난 소금장수에게 같이 살자고 제의하였다. 소금장수가 동의하자 여인은 만리성 쌓는 데 가서 남편에게 옷을 전해주고 오면 함께 살겠다고 하였다. 소금장수는 여인과 하룻밤 동침하고 만리성 쌓는 곳에 찾아가 남편에게 옷을 전해 주었다. 남편은 아내에게 줄 기념품을 사오겠다며(또는 옷을 갈아입을 동안) 자기 대신 성을 쌓아달라고 부탁하여, 소금장수가 일하는 동안 남편은 도망을 쳐서 아내에게 돌아와 잘살았다.

이 설화유형에 해당하는 각편을 10편 찾았는데 아래 표와 같다.[7]

---

6) 이후로 『구비대계』로 약칭하기로 한다.
7) 이수자, 「만리장성 설화의 문화사적 의의」, 『한국구비문학회』 춘계 연구발표회(24차) 발표요지문, 1999. 6.5.에서 이 설화의 변이양상에 대한 검토가 이루어진 바 있다.

번호	제보자			각편 제목	대계 번호	채록 지역
	성 명	성별	나이			
1	김영태	남	68	'하룻밤을 자도 만리장성을 쌓는다'의 유래	3-3	충북 단양
2	오덕규	남	70	하룻밤을 자도 만리장성을 쌓는다	4-4	충남 보령
3	이용덕	남	76	하룻저녁에 만리장성을 쌓다	5-4	전북 군산
4	안재국	남	70	하룻밤에 만리장성을 쌓다	6-11	전남 화순
5	허수선	여	68	하룻밤을 자도 만리장성을 쌓는다	7-2	경북 월성
6	진만화	남	74	하룻밤을 자도 만리성을 쌓는다	7-3	경북 월성
7	김분선	여	76	하룻밤 자고 만리성 쌓은 소금장수	7-13	대구시
8	강수기	남	75	하룻저녁을 자도 만리장성을 쌓는다는 말의 유래	8-3	경남 진주
9	이귀조	여	71	하룻밤만 자도 만리장성을 쌓는다	8-8	경남 밀양
10	한길석	남	60	만리장성 쌓기	8-9	경남 김해

이 설화에서 여인의 유혹에 걸려드는 남자는 하나같이 소금장수와 같은 하층의 어리숙한 떠돌이로 되어 있다. 외로운 데다가 우직했던 이 남자는 여인이 함께 살자는 말에 그만 넘어가서 여인의 남편에게 편지를 전해 주러 갔다가 평생토록 만리성을 쌓게 되었다. 이 이야기는 소금장수에게는 여인의 유혹에 걸려 일생을 망친 사기담詐欺譚이요 실패담失敗談이고, 여인의 입장에서 보면 남편을 구해온 지략담智略譚이며 성공담成功譚이다. 한편 여인의 남편 입장에서 보면 열녀담일 수도 있다.[8)]

대개 열녀설화에서 여인들이 훼절할 경우 모두 죽음을 각오하는 데에 반해, 이 설화의 주인공은 훼절에 대해 아무런 자의식自意識을 보이지 않는다. 이야기는 오히려 상당히 희극적인 분위기에서 여인과 남편의 행복한 결말로 종결되는데, 이는 무엇보다 여인이 자신의 정절貞節에 대해 별다른 자의식이 없었기 때문으로 보인다. 게다가 외부의 강제에 의해서가 아니라 독자적인 판단에 따라서 일을 계획하고 실천에 옮기는 여인의 자발적 태도도 적잖은 요인이 될 것이다. 말하자면 이 여인은 자신의 '성적 자결권'을 억압받지 않았기 때문에 비극적 인물로 그려지지 않았던 것이다. 그러나 이는 소위 '성적 자결권'의 남용濫用이며 오용誤用라고 할 만하다. 여인의 행동은 최종 목표가 무엇이든 처음부터 타인의

8) 이수자도 이 점을 언급하였다.

자유를 침해하려는 의도에서 출발하였기 때문이다.

여인의 행위는 상당히 심각한 윤리적 문제를 안고 있는데, 성性을 물화物化시켜 교환가치로 전락시켰을 뿐 아니라 이를 사기詐欺의 수단으로 이용하였기 때문이다. 이는 여인과 그의 남편이 여성의 정절에 큰 가치를 두지 않은 데에서 기인한다. 자신의 성을 팔아서 남편을 구해오는 아내나 그 덕분에 돌아오게 된 남편이나, 모두 여인의 훼절을 심각하게 받아들이지 않는다.[9] 화자들은 모두 이 여인을 열녀로 인정하고 있지 않는데, 이는 아마 여인이 남편을 위해 희생한 것이 아무 것도 없다고 여기기 때문일 것이다.

그러나 문제는 그리 간단해 보이지 않는다. '성적 주체성'이란 이성異性과의 접촉에서 자신의 욕망을 존중하였는가 여부를 따지는 것이라고 할 수 있다.[10] 여인이 오직 남편을 구해 오려는 순수한 목적으로 전혀 내키지 않은 남자와 억지로 동침한 것이라면, 이는 여인이 희생을 한 것으로 보아야 할 것이다. 반대로 여인이 남편을 구한다는 명분을 내세워 사실은 자신의 욕망을 채운 것이라면 문제가 전혀 달라진다. 그러나 설화 문면에는 이런 여인의 내적 동기를 분명하게 밝혀 줄 만한 단서가 드러나지 않는다. 다만 여인이 내심 소금장수와의 연정을 원한 것이었다면, 남편이 돌아올 때까지 소금장수와 함께 잘살 수도 있는데, 굳이 소금장수를 남편과 바꿀 필요는 없었으리라고 추론할 수 있다.

이 설화는 '하룻밤을 자도 만리장성을 쌓는다'는 속담의 유래를 설명하는 이야기로 전승되고 있다.[11] 그런데 현실에서 일반적으로 통용되는 속담의 뜻과는 달리 설화에서는 남자가 여인에게 속아서 하룻밤을 지낸 후 일생 동안 만리성을 쌓게 되었다는 내용으로 되어 있어서 흥미롭다.

---

9) 사실 이런 면은 이 설화가 열이나 정절貞節 같은 중세적 열烈이념과는 무관하게 형성되어 전승되었을 가능성을 엿보게 한다. 이수자, 앞의 글에서는 실제로 중국에서 만리장성을 쌓던 사람들이 우리나라로 이주해 옴으로써 전파된 설화로 추정하였다. 그러나 현재 그 타당성 여부를 가리기는 매우 어렵다.

10) 이인경, 「구비설화에 나타난 여성의 '성적性的 주체성主體性' 문제」, 『구비문학연구』12집, 2001 참조.

11) 한편 조재삼趙在三이 1855년에 저술한 『송남잡지松南雜識』에 일야만리성一夜萬里城이라는 이야기가 있으나 이 설화와는 내용이 다르다. 실린 내용은 다음과 같다. 今桑宿生緣之語也 倭奴入我國 雖宿一夜而去 必築城 今山上往往有之實防敵也 然宿一夜 築萬里長城之說 盖借用也

그렇다면 '하룻밤을 자도 만리장성을 쌓는다.'의 의미는 어떻게 풀이될 수 있는가? 이는 '겨우 하룻밤을 동침한 일 때문에 만리성을 쌓는 고역을 치르게 될지도 모르니 여인의 유혹을 경계하라'는 뜻일 수도 있고, 속담처럼 '그를 위해 만리성이라도 쌓을 만큼 하룻밤 인연을 소중히 여기라'라는 뜻일 수도 있다. 여기서 발견되는 차이는 전자에서는 '하룻밤'의 의미가 매우 '작은 실수'라는 것이며 후자에서는 매우 '귀중한 인연'이라는 것이다. 설화의 화자들은 전자에 가까운 태도를 보이는바, 소금장수의 억울한 사정에 주목하고 있다.12)

화자들이 소금장수에 대해 연민을 느끼는 이유는 무엇보다 그가 여러 가지 면에서 사회적 약자弱者이기 때문이다. 소금장수는 가정도 갖지 못한 채 떠도는 힘없고 가난하며 외로운 사람이다. 다음에 그가 여인과 인연을 맺게 된 과정을 보면 이런 사정이 잘 드러난다.

> 1번) 그 여자가 "여보, 여보. 소금 팔러 댕길 게 뭐 있소? 당신 소금 팔지 말고, 내가 여 혼자 사오. 혼자 사니 여기서 농사를 지어먹고 나하고 같이 살면 어떻겠소?" 그래니, 아 이놈이 집도 절도 없는 놈이 아 소금 말이나 해 짊어지고 댕기면서 그 장사해 먹던 놈이, 아 그 보아 하니 여자도 반드르 하고 그러니까, 좀 좋소?13)

소금장수가 원한 것은 단지 여인과의 하룻밤 즐거움이 아니라, 한 곳에 정착하여 아내와 함께 농사를 지으며 사는 보통사람들의 안정된 삶이었던 것이다. 그러나 소금장수의 이런 소박한 꿈이 산산이 부서진 것에 대해 더욱 동정하지 않을 수 없는 것은, 이 여인과의 야합이 소금장수의 주도로 이루어진 일이 아니라 전적으로 여인의 술책에 의한 것이었다는 점이다. 이는 흔히 남성이 권력이나 물리적인 힘으로, 자신의 욕정을 위해 힘없는 부녀를 겁탈하는 것과는 전혀

12) 이에 대해 이수자는 "의도적인 속임과 배반, 그리고 이런 것을 모르고 여기에 빠져드는 한 남자의 존재론적 비극성이 있어 이 설화는 문학적으로 훌륭하게 형상화되어 있다고 볼 수 있다."고 하였다. 이수자, 「만리장성 설화의 문화사적 의의」, 『한국구비문학회』 춘계 연구발표회(24차) 발표요지문, 1999. 6.5.

13) 이후로 인용문의 앞에 붙은 ( )안의 숫자는 표에 제시된 설화각편의 번호를 의미한다.

상황이 다르다. 게다가 소금장수는 남편에게 편지(또는 옷)를 전해 달라는 여인의 부탁을 성실하게 이행하였을 뿐 아니라, 여인의 남편이 기념품을 사올 동안 그를 대신하여 만리성 쌓는 일을 해 줄 정도로 의리가 있는 사람이다. 따라서 화자들은 이렇게 인정 많고 순박한 남자가 여자와의 하룻밤 때문에 일생을 망쳤으니 상당히 어이없고 억울한 일이라는 반응을 보인다. 말하자면 이 설화는 남자들에게 낯선 여자의 성적 유혹을 경계하는 교훈담인 셈이다.

그러나 과연 소금장수의 행동은 면책될 만한 사안일까. 소금장수는 자신의 욕망을 채우려는 데에 급급한 나머지 자신을 유혹하는 여인의 신분이 유부녀임을 고려하지 않았다. 소금장수가 만리성을 쌓는 여인의 남편에게 편지를 가져간 것도 사실 남편에 대한 배려였다기보다는 어서 빨리 여인을 차지하고픈 욕심에서 한 일이었다. 멀리 떨어진 곳에서 만리성을 쌓으며 고생하고 있는 남편의 입장에서, 고향에 있는 아내의 배신은 진정 견디기 어려운 사안일 것이다. 소금장수는 여인의 남편이 겪게 될 그 뻔한 고통을 자신이 대신 고스란히 겪게 됨으로써, 자신의 헛된 욕망이 남에게 주게 될 고통을 절감하게 된 셈이다.

한편 이 설화에서 낯선 여인과의 하룻밤이 소금장수에게 있어서 작은 실수에 지나지 않는 것인가 아니면 일생을 바치는 대가代價를 치러야 할 만한 중대한 사안인가를 따지는 문제는, 사실 남녀의 성性을 바라보는 화자의 이중적 잣대와도 무관하지 않다. '열설화'들을 보면 흔히 여인이 외간남자와의 사소한 신체적 접촉만으로도 자결하게 되는 내용이 대수롭지 않게 서술되는 데 반해, 이 설화에서는 소금장수가 유부녀와의 하룻밤 때문에 일생 동안 만리성을 쌓게 된 사연을 대단히 부당하거나 어이없는 일처럼 묘사하고 있다.

이 설화는 자칫 아내는 수단과 방법을 가리지 말고 남편을 섬겨야 한다는 절대적 열(?)의 실현을 주장하는 것으로 보일 수도 있다. 그러나 열이 윤리적 가치임이 분명하다면, 여인의 행동은 분명 비윤리적인 것이기에 이는 열이라는 윤리 덕목의 범주를 넘어선 것이다. 윤리란 인간 사이의 마땅한 도리를 의미한다고 할 때, 개인의 사익私益을 위해 타인의 불행을 초래한 여인의 의도적인 행위는 결코 가치로운 열행이 될 수 없기 때문이다.

㉯ 개가하여 유복자로 대잇기

이 설화유형에 해당하는 각편을 5편 찾았는데 아래의 표와 같다.

번호	제보자			각편 제목	대계 번호	채록 지역
	성 명	성별	나이			
1	박종철	남	66	시집 두 번 가서 열녀가 된 여자	3-4	충북 영동
2	성판원	남	56	정승 부인을 꾀어 아내로 삼은 종	8-5	경남 거창
3	김환기	남	80	개가 열녀	4-4	충남 보령
4	조동윤	남	71	개가한 열녀	6-4	전남 승주
5	최임생	여	73	보쌈 당해서 낳은 유복자의 급제	7-12	경북 군위

이 설화유형은 유복자遺腹子를 임신한 채 개가한 여인이 유복자가 장성하여 과거에 급제하자 본가로 돌려보냈다는 내용이다.

(가) 후부後夫의 자식을 죽이고 여인이 자결하는 이야기 (1~2번)

> 1번) 이씨李氏 가문에는 과부들만 삼대가 살고 있었는데, 유복자遺腹子가 죽는 문질門疾이 있었다. 유복자를 가진 며느리가 자진自進하여 개가改嫁를 한 후 치가治家를 매우 잘하였다. 여인이 문질을 고치려고 개가하였음을 밝히고, 후부와 사이에 생긴 아이들을 낙태한 것을 후부에게 보여 주었다. 집안을 일으켰으니 공功을 갚았다며 아들과 함께 본가本家로 가겠다고 하였다. 후부는 정이 떨어져서 보내 주었는데 여인은 유복자를 먼저 본가로 들여보낸 후에 자결하였다.

이 각편은 주인공이 유복자가 죽는 것을 막기 위해 자진自進하여 개가하는데, 시어머니의 눈물어린 만류에도 불구하고 거리낌 없이 개가한 것은 나름대로 뜻한 바가 있기 때문일 것이다. 여인이 당면한 상황에서 선택할 수 있는 것은 두 가지이다. 하나는 수절守節이라는 보편적인 방식을 통한 열의 실천이다. 이는 여인에게 수절 이외의 다른 희생을 요구하지 않지만 가문의 혈통을 잇지 못한다는 점에서 문제가 심각하다. 다른 하나는 유복자를 낳아서 가문의 대代를 이어주는 것이다. 그러나 설화 속의 논리에 따르면 수절하고 있는 한 유복자를 살릴 수 없으므로 이 또한 곤란하다.

가부장제가 강하게 자리 잡은 조선시대에서 양반층 여성들의 육체적 정절이 중시되었던 것은 결국 가문家門의 대를 잇기 위한 혈통의 순수성 보전에 목적이 있었다고 할 수 있다. 즉 양반사대부 가문의 여성은 대를 이을 아들을 낳아 양육함으로써 가문의 지속과 번영을 꾀해야 할 의무가 있는 것이다. 따라서 남편이 이미 죽은 상태에서, 유복자를 양육하여 절손絕孫의 위기에 처한 가문을 구하는 것은 이 여인에게 수절守節보다 더 본질적인 '열'의 실현에 해당한다고 할 수 있다. 이런 까닭에 주인공은 수절함으로써 열녀로 인정받을 수 있었음에도 불구하고, 훼절했다는 비난을 감수하고 자진하여 개가하여 유복자를 낳고 길러서 벼슬길에 오르게 함으로써 가문의 지속과 번영을 꾀하였다. 여인은 유복자를 낳아 가문의 대를 이었으며 의리와 명분을 위해서 자결함으로써 자신의 훼절 때문에 손상된 가문의 도덕성을 만회한 것이다.

한편 여인은 후부後夫의 자식을 낙태함으로써 자진하여 개가한 의도를 분명히 한다. '인간 생명의 존중'이나 모성애는 보편적인 도덕적 가치임이 분명함에도 불구하고, 여인은 이에 대한 갈등이나 죄의식을 전혀 보이지 않고 있어서 열을 위해 어떠한 수단도 가리지 않는 냉혈인冷血人으로 묘사되고 있는 것이다. 이런 이야기구성은 순수한 부계 혈통의 보전을 위해서 열이념을 고양하고자 하였던 조선시대 남성들의 시각을 대변하는 것으로 보인다.

(나) 후부의 자식을 낳지만 여인이 자결하는 이야기 (3~4번)

4번) 양반인 유씨 가문의 며느리가 남편이 귀양 간 사이에 유복자遺腹子를[14] 가진 채 김참판에게 보쌈을 당하였다. 여인은 하문下門을 지지며 버티다가 유복자를 낳은 후에, 후부後夫와 사이에도 아들을 낳는다. 유씨와 김씨의 아들들이

14) 사실 아버지가 살아있으므로 이 상황에서는 유복자라는 말이 적당하지 않음에도 불구하고 화자는 줄곧 이렇게 표현하고 있다.

> 장성하여 모두 장원급제하자 유씨의 아들을 본가로 보내고 여인은 아들이 대과에 급제했으니 자신은 할 일을 다 했다며, '아버지가 귀양살이에서 돌아올 때까지 조부를 잘 모시라'고 유언하고 자결한다. 화자는 '보쌈 해간 남자도 아들을 낳아서 과거에 급제했으니 양쪽 집이 다 좋은 일'이라 한다.

이 각편에서는 비록 가문이 몰락했지만 남편이 죽은 것이 아니기에 가문이 절손의 위기에 있지 아니하며, 후부와 사이에서 낳은 아들도 과거에 급제하는 것으로 되어 있어 다른 각편과 상황이 다르다. 따라서 주인공이 유씨의 아들을 반드시 낳아야 할 명분은 절손을 막기 위함보다는 적자嫡子를 생산하여 가문의 혈통에 정통성을 확보하기 위한 것으로 이해된다. 주인공을 열녀로 인정할 만한 요소로는 아들을 낳아 과거에 급제시킨 것과 자결한 일을 들 수 있다.

그러나 여기서 여인의 자결은 앞의 각편들과 비교해 보면 상황이 조금 다르다. 앞의 각편들처럼 후부의 자식을 죽인 경우에는 유복자를 본가로 보낸 뒤 여인이 계속 후부와 동거할 만한 애정이나 명분이 없겠지만, 이 경우는 개가改嫁한 가문의 아들도 과거에 급제하여 영달했으므로 여인은 개가한 가문에서 안정적인 위치를 확보하고 편안한 삶을 살 수 있었다. 따라서 현실적으로 여인이 반드시 죽음을 선택해야 할 이유는 없다. 이유가 있다면 이는 현실적인 문제라기보다는 오로지 열이라는 이념의 문제였던 것이다.

열이란 본질적으로 오직 한 남자(최초 결연자結緣者)를 향한 윤리적 가치이기에 여인은 본부本夫에 대한 신의를 표하고자 하였고 그 방법은 오직 자결하는 것이었다. 본부가 살아 있음에도 불구하고 후부의 아이를 낳은 여인으로서는 본남편에게로 돌아갈 명분을 찾을 수 없었던 것이다. 화자는 여인의 자결이라는 비극적 결말의 이야기를 "양쪽 집이 다 좋은 일"이라며 자못 긍정적으로 보는데, 이는 무엇보다 이 여인의 몸에서 낳은 아들들이 부계를 물론勿論하고 모두 과거에 급제한 일에 비중을 두었기 때문이다. 보쌈을 당해 하문下門을 지지며 수절을 하고 종국에는 자결할 수밖에 없었던 여인의 희생은 간과한 채, 뱃속의 아이가 무사히 출생한 일이나 보쌈을 해서 낳은 아들이 과거에 급제한 일에만 주목하는 것은 중세의 가부장제적 질서에 있어서 열녀의 희생이란 그만큼 당연한 일로 여겨졌기 때문일 것이다.

이 설화유형의 의미를 종합해 보면, 주인공은 정절이라는 수단적 가치를 희생하여 보다 상위의 가치인 열을 적극적으로 구현하였다고 볼 수 있다. 열이념의 제고提高가 이루어진 것은 조선시대 양반사대부 가문의 혈통적 순수성을 보장하며 그들의 도덕적 우위를 드러내기 위한 것이었다. 이는 결국 상층계급의 기득권을 유지하거나 때로는 몰락한 가문을 일으켜 세우기 위한 것이었으므로, 열이란 본래 상층 양반사대부 가문의 여인에게 해당되는 규범이었다. 따라서 이 설화유형은, 일면 정절이데올로기의 범주를 일탈한 것처럼 보이나 실상에 있어서는 중세적 열烈규범의 목표를 충실히 달성하고 있는 열녀의 모습을 보여준다.

㉰ 후부의 자식 죽여 본남편 치료하기

이 설화유형에 해당하는 각편을 4편 찾았는데 아래 표와 같다.

번호	제보자			각편 제목	대계 번호	채록 지역
	성 명	성별	나이			
1	김정균	남	88	남편의 나병 고치고 자살한 열녀	6-2	전남 함평
2	임봉진	남	61	개가 열녀	8-1	경남 거제
3	김통순	남	57	남편의 나병 고쳐주고 목매어 죽은 열녀	6-1	전남 진도
4	김봉례	여	67	문둥이 신랑 섬긴 열녀	7-8	경북 상주

이 설화유형의 내용을 간략히 정리하면 다음과 같다.

> 유리걸식遊離乞食하며 나병에 걸린 남편을 치료하려 애쓰던 여인이 남편의 동의를 얻어, 부잣집 남자의 자식을 낳아 달라는 제의를 받아들여 함께 산다. 남편을 구완하기 위한 것이었다. 여인은 후부後夫의 자식을 낳을 때마다 죽여서(또는 다른 방법으로) 술을 담가 두었다가 본남편에게 먹여서 병을 낫게 한 후에 자결한다.

이 설화는 아무리 못난 남편일지라도 그리고 어떠한 상황에서라도 아내는 남편을 철저히 섬겨야 한다는 주장을 담고 있다. 이 설화유형은 여인이 보쌈과 같은 불가피한 요인으로 인해 훼절하는 것이 아니라 남편을 살리기 위해서 스스로 개가한다는 점에서 문제가 단순하지 않다. 3번에서는 여인이 후부의 아이를 낳아 술을 담가서 본부本夫의 병을 고친 것을 안 후부後夫가 '참 잘한 일이라'며 본가로 보내 주며, 여인은 '이부二夫를 보았으니 열녀가 못되고 죄가 있다며' 자결한다. 자신의 자식을 얻기 위해서 얻은 여인이 자기 자식을 죽여서 약을 만든 일에 대해 '참 잘한 일'이라고 하는 후부에게서 우리는 인간적인 체취를 맡기 어렵다. 이는 전승되어온 설화의 서사구조에 의한 것이기보다는 화자話者의 주관이 강하게 개입된 것으로 보이는데, 이런 부조리성은 이 이야기의 개연성마저 손상시키고 있다.

이 설화유형은 생존한 남편의 유익有益을 위해서 여인이 훼절하고 있다는 점에서 열이념이 새롭게 조명되고 있다. 여인은 동시에 두 남편을 섬긴 셈이므로 전승자들은 주인공을 이부종사二夫從事하고도 열녀가 되었다며 '이부열녀二夫烈女'라고 칭한다. 여기서 화자들은 하나같이 주인공이 남편의 강권强勸이나 동의에 의해 개가하였음을 역설하는데, 이는 여인의 훼절이 결코 자신의 정욕 때문이 아니라 남편의 생명을 구하기 위한 불가피한 선택이었음을 강조하기 위한 것이다.

이 설화유형에서 후부에게서 낳은 자식이나 학동을 죽여서 본남편의 병을 고친다는 것은 목적과 결과에서의 열녀 행실이 수단의 부당함을 합리화할 수 없는 파탄이 개재되어 있다는 점에서[15] 문제가 매우 심각하다. 남편의 생명을 위해서라면 다른 사람의 생명이 얼마든지 희생될 수 있다는 사고思考는 반인륜적이다. 화자들이 그 동기를 무엇이라고 설명하는가를 따지기 전에, 이 설화에서 주인공은 이런 윤리적 파탄을 감당하지 못해서 결국 예외 없이 자결한다.

이 설화에서 남성화자들이 인간의 생명보다 여성의 정절이나 열을 중시하는 의식을 보이는 것은 드디어 열이 교조적敎條的인 성격으로 변질되어 가고 있음을 보여준다. 게다가 인간의 자연스러운 본성인 자식에 대한 사랑을 부정하는 것

15) 조동일, 「열녀설화」, 『한국민족문화대백과사전』, 한국정신문화연구원, 1991.

은 이념을 앞세워서 인간성을 파괴하고 있는 것이다. 이제 이런 이야기는 개연성을 상실하면서 열의 윤리적 가치를 전달하는 감동이나 설득력을 얻지 못하게 되었다. 이 설화는 열이념의 고양高揚보다는 오히려 경직된 열이념에 대한 반성을 촉구하는 역설적인 이야기인 셈이다.

2) 〈수절하기 어려운 사연〉 유형군

㉮ 열녀 시험 통과하기

이 설화에 해당하는 각편을 9개 찾았는데 아래 표와 같다.

번호	제보자			각편 제목	대계 번호	채록 지역
	성 명	성별	나이			
1	엄칠용	남	67	열녀만이 뽑을 수 있는 화살	2-8	강원 영월
2	서순만	남	74	수절한 기생	2-8	강원 영월
3	김연경	여	76	중두 사내 값이 가나유?	4-2	충남 대덕
4	김기조	남	68	정조 깨끗한 여자	4-5	충남 부여
5	최경호	남	65	열녀가 화살촉을 빼다	5-3	전북 부안
6	최항령	남	64	열녀가 밀어야 움직이는 열녀탑	6-6	전남 신안
7	이삼옥	남	70	열녀가 뽑은 철못	6-8	전남 장성
8	심을순	여	66	팔십 수절 과부	8-3	경남 진양

이 설화는 열녀 시험을 계기로 평소에 열녀인 줄로 알았던 선비의 아내는 부정한 여인이었고, 술을 파는 고모는 의외로 정결貞潔한 사람이었음이 밝혀진다는 내용을 담고 있는데, 7번을 예로 들어 설화의 내용을 정리하기로 한다.

> 한 선비가 벼슬을 구하러 서울에 갔다가 돈만 날리고 있었다. 하늘에서 갑자기 못이 떨어져 궁궐 기둥에 박혔는데 열녀라야만 못을 뽑을 수 있다고 하여 선비가 자신의 아내에게 응해 보게 하려고 귀향하였다. 도중에 술장사를 하는 늙은 고모에게 들러 자신의 계획을 말하니 집에 가서 '서방님을 열둘 거느린 사람이어야만 철못을 뺄 수 있다.'고 말하라고 시킨다. 아내는 그 동안 본 남자

가 열하나 반 밖에 안 되니 안 되겠다고 하여 자신의 부정不貞함을 노출하였다. 선비는 자청하고 나선 고모를 모시고 상경하였다. 고모가 목욕재계한 후에 못을 뽑으니 반쯤 뽑히다가 멈추었다. 고모가 내려와서 하늘에 축수하기를 '손자가 오줌을 싸서 사타구니를 들여다 본 것 밖에는 없다.'고 죄를 고백하였더니 못이 빠졌다.

이 설화유형은 '열녀 시험'이라는 서사적 장치를 통해서 설화전승자들의 열인식을 진솔하게 담아내고 있다.16) 사실 '열녀 시험'은 설화에 자주 등장하는 모티프이기도 한데, 이는 세상에서 진짜 열녀를 가려내는 일이 그만큼 수월하지 않다는 것을 의미하기도 하고, 그럼에도 불구하고 진짜 열녀를 가려내고픈 욕망이 남성들의 내면에 깊게 자리 잡고 있음을 보여주는 것이기도 하다. 말하자면 모든 남성은 여성이 열녀가 되기를 원하지만, 대부분의 여성들은 열녀가 되는 것을 원하지 않거나 열녀가 아니면서도 열녀인 척 한다는 이야기도 된다.

수절형 '열설화'에서의 열녀 시험은 인간이 시험의 주체가 되고 판결자가 되지만 이 설화유형에서는 철못을 내려 보낸 하늘이 시험의 주체라는 점에서 상황이 달라지게 된다. 누구도 속일 수 없는 전지적全知的인 절대자 앞에서 인간은 가장 겸허한 자세로 자신을 드러내고 이에 대한 심판을 기다릴 뿐, 어떤 과장된 몸짓이나 의도적인 희생을 통해 자신의 결백을 애써 증명해야 할 필요가 없는 것이다. 말하자면 이는 어떤 과제를 수행하는 형태의 시험이 아니라, 지나온 삶의 전全과정에 대한 심판의 성격을 띠고 있는 것이다. 이런 설화적 구성은 가면 속에 가려져 있던 모든 경험적 삶의 진실과 허위를 낱낱이 드러나게 함으로써, 열이라는 규범의 허와 실을 직접적으로 노출하는 효과를 거두고 있다.

이 설화는 이제껏 관념적이고 피상적으로만 이해되어 온 사회적 규범으로서의 열이 개인의 윤리로서 현실 속에 적용되는 양상을 구체적으로 보여 주는데, 이는 두 여성 인물을 내세워 이들의 수절 의지를 조명하는 것에서 출발한다. 선

---

16) 황인덕이 이 유형에 해당하는 설화 4편을 대상으로 이에 나타난 열烈인식의 의미를 검토한 바 있다. 황인덕, 「'열녀시험'형 설화의 유형적 성격과 열烈인식의 의미」, 『조종업 박사 화갑기념 논총』, 1990.

비의 젊은 아내와 과부가 되어 술장사로 생계를 유지하는 늙은 고모가 대비되면서 이 설화의 주제가 선명하게 드러나는데, 이 두 여인에게 발견되는 대조적인 성격을 다음에 정리해 보기로 한다.

아내 : 젊음 / 남편 있음 / 여염집 여인 / 금욕한 기간이 짧음 / 정숙함을 기대함

고모 : 늙음 / 남편 없음 / 주막집 여인 / 금욕한 기간이 긺 / 정숙함을 기대 안 함

선비는 자신의 아내가 정숙하리라고 믿었지만 아내는 오히려 많은 남자와 놀아난 부정不貞한 여인이었다. 반면 고모는 술장사로 생계를 이어가는 여인이지만 실제로는 정숙하였기에 철못을 뽑을 수 있었다는 것이 이 설화의 큰 줄거리이다. 이 설화가 주는 충격은 선비를 남편으로 둔 여염집의 아내는 남편이 집을 비운 짧은 시간에도 열 명의 남자와 놀아났는데, 청상과부가 되어 오랜 세월을 홀로 지내며 술장사를 해온 고모는 정절을 지켰다는 사실이다. 열녀에 대한 선비의 고정관념이 이렇게 깨어지는 과정을 보여 줌으로써, 이 설화는 전승자들에게 열에 대한 피상적 이해가 위험한 것임을 역설한다.

이 설화에서 공통적으로 주장하는 바는 세상에 열녀가 좀처럼 없다는 것이다. 서울 장안의 모든 여인이 달려들어도 못은 빠지지 않았다는 사실이 바로 그것이다. 실제로 서울 장안에 정숙한 처녀가 없을 리 없는바, 팔십이 가까운 고모만이 시험을 통과하였다는 것은 오랜 삶 속에서 모진 고통을 겪으며 지켜 낸 정절만이 진실로 가치를 인정받을 만하다는 의미인 것이다.

이 설화의 깊은 의미는 단지 '처음의 예상을 뒤엎고 아내가 아닌 고모가 열녀로 인정받아 상을 받았다'는 줄거리에 있는 것이 아니다. 이 설화의 절정은 가히 철못이 빠져 나오다가 멈추자 하늘을 우러러 쏟아 놓는 고모의 내면 고백 장면인데, 여기에 이 설화가 지향하는 의미가 농축되어 있다. 내면에 은밀하게 감추어진 정욕을 여성의 목소리로 직접 토로하는 장면은 다른 '열설화'에서는 찾아볼 수 없는 내용이다. 못이 빠져 나오다가 중간에 걸림으로써, 자신의 정절을 의심받자 고모는 양심에 꺼려지는 바를 고백함으로써 역설적으로 자신의 정결함

을 증명하고 있다. 이 부분을 각편에서 인용해 보기로 한다.

2번) "제가 열아홉 살 먹어 청춘에 과부가 돼 가지고 죄라는 거는 친정에 가 가지고서는 친정조카를 배 위에다 얹아 놓고는 귀여워 가지고 둥기를 시켰는데, 내 배 위에다 오줌을 한 번 싼 일이 있을 뿐입니다. 그란 죄 뿐이 없었습니다."

3번) "아무 날 시암(샘)에 물을 이러 나가서 보닝께 워떤 청년이 새파란 모시 두루매길 입구 개화장을 직구 휘얼훨 가능 걸 보구 '아아 우리 냄편두 살였드라면 저렇게 한번 댕겨 볼 거얼' 그렇게 했다."

4번) "청춘에 과수 돼 가지구서 노상이서 술장사를 하구 있노라니, 늦은 봄 석양판에 나귀 타구 지나가는 선비 하나가 작고헌 우리 냄편 흡사해서 뒤통수 한번 곁눈질 한 죄백이 읎습니다."

5번) "내가 이십에 홀로 돼 가지고 수절하고 살다가 스물 다섯 살 먹던 해 새암에 물을 질러 갔더니, 그 때가 어느 때 냐면 칠월 달인디, 어떤 동자가 땀을 펄펄 흘리고 와서 그 옆에 와서, '나 목마르니 물 한 그릇 청합니다,' 인자 그래서 물 한 그릇 떠준 일이 있다고. 그런디, 그 동자가 물을 감사하게 먹고 돌아서서 갈 때에, 내가 다시 한 번 쳐다 본 일은 있소. 세상에 저런 남자하고 한번 하룻저녁이라도 자봤으면 원이 없겄다. 내 이런 맘을 한 번 먹은 적은 있소."

6번) "청춘과부로 지금까지 내가 살아나왔어도 남의 남자라고는 내가 봐본 역사가 없고, 또 생각조차 가져본 역사가 없는데, 내가 절러 공을 드리러 가면서 어느 남녀가 아들을 가운데 시고(세우고) 양쪽 손을 잡고 걸어오는데, 저렇게 저런 아이 '내가 나의 남편이 살았시면 나도 를 낳아가지고 오 거시기를 할 것인디, 남편이 죽어부러서 참, 한탄시럽다.' 는 그 한탄하는 생각 가졌든 그런 일은 있어도..."

7번) "우리 손자가 오줌 싸서 사탱이를 들여다 본 것 백이 없습니다."

8번) "나는 열네 살 묵고 열닷 살 묵은 내외간 정해 가이고, 뭣이 내외간이 우떤고 그거 전여히 모르고, 내가 조카로 어린 거를 양자, 양자 조카로 맞아들이 그 보듬고 있으모, 보듬어서 오줌이나 내가 만내 봤으까...."

위에서 여인이 고백한 내용은 대략 육체적인 것과 정신적인 것으로 나눌 수 있다. 즉, 다른 남자와 신체를 접촉한 일(2, 7, 8번)과 다른 남자를 생각한 일(3, 4, 5, 6번)이 그것이다. 사실 이들 각편에서 나타나는 '남자와의 신체접촉'이란 겨우 어린 조카가 자신의 배에 오줌을 싸거나, 자신이 어린 조카를 안아 준 일에 지나지 않는다. 이는 여인이 지금껏 남자와의 성적 접촉이 전혀 없었음을 강조하기 위한 과장된 표현인데, 한편으로는 어머니로서 아이를 낳고 기르는 모성애를 실현할 수 없었던 청상과부의 외로운 삶을 환기하는 기능도 하고 있다.

한편 각편에서 여인이 외간남자에 대한 생각을 품었던 일을 고백하는 내용에서, 화자가 다른 내용은 요약적으로 진술하는 반면 여인이 다른 남자를 바라보게 된 상황은 묘사를 통한 극적 제시의 방식으로 구연하고 있어서, 이 부분에 의도적으로 집중점集中點을 배열하고 있다.17) 우선 공간적 배경은 물을 길러 간 샘이나, 술장사를 하던 노상이거나, 불공을 드리러 간 절로 설정된다. 이는 가정의 울타리를 벗어난 곳으로 여성이 사회적 접촉을 하게 되는 공간이다. 게다가 샘이라는 공간은 설화나 소설에서 남녀가 우연히 만나 사랑을 싹틔우는 계기를 마련하는 관습적인 장치이다. 그리고 절이라는 공간 역시 서사문학에서 이와 유사한 기능을 하는 공간으로 자주 설정된다.18)

---

17) "중요한 문제는 작가는 어떻게 하면 그의 가장 중요한 순간들을 그 주변의 여러 가지에 의해서 흐려지지 않고 두드러지게 할 수 있는가? 이다.' 라는 집중점集中點의 배열을 강조하는 웨인 부우스의 언급을 상기할 필요가 있다. 서사문학의 서술敍述을 화자의 서사적 진술telling과 인물에 대한 극적 제시showing로 나눌 때, 화자가 각편에서 이 방식 가운데 어떤 것을 언제 사용하는가를 주목할 필요가 있다. 즉, 어떤 것을 완전히 극화하고 어떤 것을 간략히 다루며, 어떤 것은 요약하고, 어떤 것을 강화하고 있는가를 살피는 것이 중요한 것이다." Booth, W.C., 최상규 역, 『소설의 수사학』, 새문사, 1985, 83~89면.

18) 예를 들어서 『금오신화』의 <만복사저포기>를 들 수 있다. 한편 조선시대에는 여인들이 절에 가는 것이 금지되어 있었음이 『경국대전』에 나타난다. 이는 불교 탄압과도 연관이 있지만 실제로 여성들의 풍기 문란을 막으려는 의도와도 관련이 있다고 한다. 이옥경, 「조선시대 정절 이데올로기의 형성 기반과 정착방식에 관한 연구」, 이화여대 석사논문, 1985, 39면.

이런 공간에서 여인은 외간남자나 다른 부부夫婦들의 모습과 우연히 마주치게 됨으로써 남편이 없이 청상과부로 살아가는 자신의 처지를 돌아보게 되고 짙은 외로움을 느끼게 된다. 젊은 시절에 여인은 더운 여름날의 샘터나 노을이 물드는 봄날 저녁에 길가에서 어떤 남자를 우연히 보게 된다. 여름날의 샘터가 청춘에 과부가 된 여인의 혈기와 욕망을 상징한다면, 석양이 물드는 노상路上은 홀로 살아가는 여인의 외로운 정서를 절실하게 드러내고 있다. 땀을 뻘뻘 흘리고 와서 여인에게 물을 얻어먹고 가는 젊은 동자의 뒷모습을 보며 여인은 춘정春情을 느끼기도 하고(5번), 나귀를 타고 석양빛 속을 지나가는 선비의 뒷모습에서 죽은 남편의 모습을 떠올리기도 한다. 그러나 언제나 여인은 홀로 남아서 사라져 가는 남자의 옷자락을 그저 멍하니 바라볼 뿐이다. 화자는 여인의 깊은 외로움을 장면화場面化의 방식으로 형상화하고 있다.

그런가 하면 절[寺]에서 마주친, 아들의 양손을 각각 쥐고 걸어가는 부부의 모습은, 청춘에 과부가 되어 남편도 자식도 없이 살아가는 이 여인의 고독한 처지를 절절하게 드러낸다. 이 과부는 가정을 이루고 사는 여염집 여인을 보며 말할 수 없는 부러움을 느끼는 것이다. 이 장면에서 부각되고 있는 것은 여인이 낯선 남자에게 춘정을 느꼈다는 사실이 아니라 여인이 가정이라는 정서적 공간을 절실하게 원하고 있다는 사실이다. 이 고백 내용이 전달하는 핵심은 낯선 남자에 대한 여인의 성적 욕망이기보다는[19] 죽은 남편과 관련된 여인의 상실감과 그리움이다. 이 장면은 열이라는 이념과 인간으로서의 욕망 사이에서 갈등해야 했던 과부의 인고忍苦의 삶을 핍진하게 그려냄으로써 이 설화의 문학적 가치를 높이는 데에 결정적인 기여를 하고 있다.

이 설화에서 열이념에 대한 피상적이며 관념적인 이해를 깨뜨리는 또 하나의 인물은 바로 선비의 아내이다. 남편이 잠시 집을 비운 사이를 견디지 못하여 외간남자와 놀아난 여인은 남편에게 이렇게 사건의 전말을 고한다.

> 6번) "어뜬 중놈이 한나 들옵디다. 아니 중놈이 아이 사랑방으로 들오라 하더니 나를 겁탈을 해부렀소. 그래서 한 번 견디고, 당신이 출장가 가지고 아 세월

---

19) 5번을 제외하면 그렇다.

은 오래 걸리고 그런디 아 그 하인 종이 나헌테 달콤하게 해쌌고 그래서 나 그거하고 한 번 상관이 되얐소. 아 그랬더니 또 하루는 아 이 자식이 가서 절에 가서 그런 얘기를 했던가, 또 딴 중놈이 와서 이얘기를 하면서 '만일 안 들어 주먼 유포를 시키것다' 그런께 할 수 없이 들어 줬소, 아이 또 얼마큼 있다가 아이 그 집이 종놈이 이웃집 종놈한테 또 이 얘기를 했던가 그 놈이 와서....."

여인이 열 남자를 본 열녀[十女]가 된 사연을 늘어놓는 부분인데, 그럴 듯한 사연이 끝이 없이 계속 꼬리를 물고 나오면서 현실감을 더하고 있다. 설화의 구연이 대개 서사적 골격을 중심으로 단순하게 이루어지는 것을 생각하면 이런 상황 설명은 상당히 구체적이고 섬세한 것으로서, 화자가 그만큼 이 내용의 서술에 상당한 관심을 쏟고 있음을 시사한다. 여인은 자신이 열 남자를 보아서 열녀[十女]가 된 이유가 특별히 자신에게 남다른 정욕이 있어서가 아니라, 예기치 않은 중의 겁탈로부터 종의 공갈 협박에 이르기까지 외부의 압력에 의해 불가피하게 일어났다고 변명을 한다.

이는 어찌 보면 상당히 설득력 있는 항변으로 들리지만, 사실은 자신의 잘못은 전혀 인정하지 않고 외부 상황 탓만 해대는 여인의 뻔뻔함을 통해 그의 구멍 뚫린 정절의식을 비웃어 주려는 화자의 수사적修辭的 표현일 뿐이다. 남편이 출타한 동안 종과 사통하는 여인에게 사족士族의 여인다운 정숙함을 기대하기 어렵다. 이는 양반 계층의 도덕적 허위성을 폭로하는 기능을 하는 것이다.

그런데 이 여인의 이런 변명 속에는 정절을 강요하는 사회적 압력이 역설적으로 자신의 훼절을 부추겼다는 주장이 담겨 있음을 본다. 이는 여성의 정절貞節 문제가 개인의 자율성 차원을 넘어 사회의 강제규범으로 자리 잡으면서 나타나는 역리작용逆理作用을 지적한 것이다. 따라서 이는 흥미유발을 위한 수사적 장치에 머무르지 않고 현실고발적인 기능을 수행하고 있음을 주목해야 한다. 이 설화는 정절의 문제를 인간 본성의 측면에서 조명하고 있는바, 정절이 사회규범으로 고착된 당대 현실에서 여성은 인간다운 삶을 포기하거나 성적 핍박에 항거할 수조차 없는 억압 속에 놓여 있었음을 보여 준다.

㉯ 거짓 열녀 만들기

이 설화유형에 속하는 각편을 13편 찾았는데 아래의 표와 같다.

번호	제보자			각편 제목	대계 번호	채록 지역
	성 명	성별	나이			
1	이재현	남	74	부정한 형수를 열녀로 만든 곽씨	7-14	경북 달성
2	김기인	남	71	현풍 곽씨 효자 열녀각	7-15	경북 선산
3	류성만	남	72	입으로 만든 열녀	8-3	경남 진양
4	박시원	남	75	현풍 곽씨 집안 열녀	8-4	경남 진양
5	양또순	여	74	곽씨 집안의 열녀	8-1	경남 거제
6	이선재	여	61	헛 열녀비	7-1	경북 월성
7	김원연	여	65	현풍 곽씨 열녀	8-13	경남 울주
8	김환기	남	80	박문수 일화 (열녀문 내력)	4-4	충남 보령
9	신병희	남	63	현풍 곽씨는 서방질 해도 열녀	4-5	충남 부여
10	신판휴	남	71	박문수의 열녀 정탐	6-3	전남 고흥
11	이승동	남	74	박문수 어사와 열녀문	6-9	전남 화순
12	김임순	여	63	어사 박문수와 만든 열녀	8-13	경남 울주
13	조정심	남	65	엎어진 열녀비	6-12	전남 보성

이 설화유형은 암행어사가 열녀문이 많이 서있기로 유명한 현풍 곽씨 가문에 가서 그 진상을 확인한 결과, 실제로는 간부姦夫와 사통하다가 죽은 과부를 곽씨 집안에서 열녀로 둔갑시켜서 거짓 열녀문을 세웠던 것임을 알게 되었다는 내용을 담고 있다. 구체적인 설화의 내용을 정리하면 다음과 같다.

> 현풍 곽씨 집안에 열녀가 많다는 소문을 듣고 어사 박문수가 진실을 확인하러 갔다. 곽씨 집안에 가서 하룻밤을 묵는데, 밤에 몰래 염탐하니 과부인 며느리와 중이 사통하고 있었다. 어사가 몰래 두 사람을 죽이고 돌아왔다. 어사가 살펴보니 시동생이 두 사람의 시체를 수습한 후 '형수가 외로움을 못 이겨 자결하였다'며 열녀문을 세웠다. 시동생이 밤에 몰래 열녀문에 불을 질러 태운 후에 동네 거지들의 소행이라고 하였다. 어사가 시동생을 불러 사실을 확인하니, '당신이라면 어찌 하겠느냐'고 반문하였다. 어사가 기특하게 여겨 벼슬을 내리도록 하였다. 화자는 현풍 곽씨는 서방질해도 열녀라면서, 세상에 열녀가

없다고 말한다.

설화각편에 나타나는 변이양상을 보면 간부와 사통하고 있는 과부를 살해하는 인물이 시동생(1-4번), 조카(5번), 시숙(6-7번), 어사(8-12번)로 나타나는데, 이 부정不貞한 과부를 열녀로 둔갑시키는 것은 예외 없이 현풍 곽씨 집안의 사람(시숙, 시동생, 조카, 남동생)으로 설정되어 있다. 게다가 이렇게 거짓 열녀를 만들어 가문에 열녀문을 더하는 인물은 대개 나이 어린 소년이다.

그런데 설화각편에 나타난 변이양상 가운데, 나이 어린 소년이 간부奸夫와 여인을 모두 죽일 뿐 아니라 간부의 시체까지 혼자 힘으로 처리한다는 이야기 구성은 리얼리티가 희박하다고 판단된다. 이야기의 논리구조를 살펴보면 어사가 두 사람을 살해하고 뒤에 이 상황을 발견한 소년이 여인을 열녀로 둔갑시켰다고 보는 것이 더 자연스럽다. 따라서 어린 소년이 두 사람을 죽인다는 이야기 구성은 이 설화유형의 본래적인 모습에서 변이된 것으로 보인다.

이처럼 어사가 아닌 현풍 곽씨 집안의 인물이 직접 여인을 살해하는 것으로 이야기가 변이된 것은, 양반 가문에서는 과부의 수절이 개인에 국한된 것이 아니라 가문 전체와 관련된 것이므로[20] 여인의 죽음이 곧 현풍 곽씨 가문의 이익과 직결된다는 점을 강조하려는 화자의 의식에서 기인한 것으로 보인다. 게다가 어린 소년이 가문의 영달을 위해 거짓열녀 만들기에 나선다는 것은 과부의 정절 수호가 과부 개인만이 아닌 가문 전체를 좌우할 수 있는 중요한 문제로 부각되고 있음을 강조한 것이다. 어린 소년은 미래에 이 가문의 가부장이 될 인물인 것이다.

한편 모든 설화각편에서 간부를 열녀로 만들어 가문의 영달을 꾀하는 어린 소년의 영악함이 부각되는데, 소년은 이 여인을 열녀로 둔갑시켜 가문에 열녀문을 더한 후에 종국에는 그 열녀문을 태워 버려서 부정한 여인이 열녀로 칭송을 받게 되는 부조리함을 해결한다. 열녀문에 불을 질러서 태우는 것은 진짜 열녀의 열녀문은 불에 타지 않는다는 설화 속의 논리에 따른 것으로, 이 열녀문이 가짜

20) 엄기주, 「야담에 나타난 정절의식의 굴절양상」, 『성대문학』 27집, 성균관대학교 국문과, 1990, 217면.

임을 증명하기 위한 장치인 것이다. 뿐만 아니라 이것은 어린 소년이 나름대로 정의를 실현하기 위해 행한 일이기도 하다. 각편에 따라 간혹 여인이 간부와 사통하여 남편을 죽인 것으로 나타나기도 하는데 이런 경우 시동생(어린 소년)이 여인을 죽여 형의 원수를 갚는다. 어사가 이런 소년의 행동을 매우 가상히 여긴다는 내용이 아래와 같이 두루 나타난다.

5번) 그런 나쁜 짓을 해도 그 죽은 숙모도 그거 가문을 애껴서로 열녀로 비를 세웠으니 그거 보통사람이요?

6번) 아 그걸 보구서, '이거 장래 큰 사람 되겄다.'구. 어사가 그러구설랑 인저, 올라가서, '내가 너를 조정이 그 중요重用이루 쓸테닝깨시리, 그냥 뭣하걸랑 올라오게 하라.'... 그게 어사가 그 박문수가 보기를 자기보다 낫게 봤거든. 모든 그저 하는 범절을 보니까 예삿 사람이 아녀서 불러다 쓸라구.

이처럼 어사 박문수는 소년이 가문을 위해 지혜를 발휘한 것을 매우 높이 평가하여 벼슬길을 열어 준다. 어찌 되었든 결국 '음부淫婦는 징치되었고 거짓으로 세운 열녀문은 불탔으니 정의는 실현되었다'는 것이 현풍 곽씨 가문에 세워진 열두 개의 정문旌門에 담긴 진실을 밝히러 온 어사의 판단이다. 가문의 명예를 세우기 위한 어린 소년의 당돌한 지혜는 한 가문을 영달시킬 만한 것으로서 긍정적인 평가를 받고 있는 것이다.

그러나 이는 설화에 나타난 표면적 의미에 지나지 않는다. 화자는 이 설화를 통해 더 많은 것을 보여주는바, 며느리의 죽음으로 얻은 양반 가문의 열두 개나 되는 열녀문烈女門의 허망한 진실이 드러나고 있는 것이다. 곽씨 가문이나 어사의 입장은 일찍 남편을 잃고 일생을 별당에서 외롭게 살아야 하는 여인의 처지에 대해 아무런 동정의 시선도 보내지 않는다. 청상과부가 되어 수절해야 했던 여인의 욕망이 절제의 선을 넘었을 때, 그에게는 죽음만이 있을 뿐이었다. 여인의 일탈행위는 그의 억압된 욕망에서 비롯된 것인바, 양반 가문의 여인에게 부과된 개가금지법에서 기인한다. 개가금지법은 양반 가문의 정체성을 확인시켜

주는 것으로서 한 여인의 희생을 통해 결과적으로 그 가문에 속한 모든 남성들에게 유익을 가져오는 기능을 한다. 결국 여인은 가문의 이익을 위해 수절을 강요받은 희생물인 셈이고, 이는 집단의 이익을 위해 한 개인이 희생되는 현장인 것이다. 결국 정의正義를 실현하려고 온 어사 역시 집단의 이익에 손을 들어 주었다는 것이 이 설화에 내재된 의미이다. 어사 역시 지배층인 양반의 논리를 수호하는 자이기 때문이다.

그런데 13번의 경우에는 양상이 조금 다르다. 설화각편의 내용을 보면, 열일곱 살에 과부가 되어 33년간 수절한 여인에게 열녀비를 세워 주기로 하였는데, 그 열녀비를 만들어 온 남자와 여인이 첫 정을 통하게 되었다. 결국 여인은 귀양을 가게 되고 열녀비는 엎어 버렸다는 것이다. 여기서 과부가 수절을 한 33년이란 기간은 길고 긴 시간을 뜻하는 수사적 표현이다. 그렇게 긴 세월 내내 굳게 정절을 지켰던 여인이 아이러니컬하게도 그의 열녀비를 세워 주러 온 일꾼과 정을 통하게 된 것이다. 여인의 수절의지가 이렇게 마지막 순간에 허물어지고 만 것은, 지난 33년간의 수절이 여인에게는 인간적인 욕망과 사회적 이념 사이의 위태로운 힘겨루기 과정이었음을 역설하고 있다. 긴 세월에 걸친 그의 수절은 특별히 그가 냉혈인이거나 무언가 남다른 데가 있어서가 아니었다. 욕망의 절제는 이 과부에게 몹시 힘겨웠던 것이었다. 그 역시 강한 애정욕구를 지닌 평범한 인간이었기 때문이다.

이 설화유형에서는 과부에게 수절을 강요하였던 양반사회의 허와 실을 보여주는바, 열녀라는 미명으로 불리는 여인들의 실상을 고발하고 있다. 화자들은 이야기를 마무리하면서 다음과 같이 언급한다.

3번) 알고 봐서는 순 상놈이 된께네 그런기라 말이지. 그래 현풍 곽가가 순양반이라 했거든. 가보니 그렇더라는....

7번) 그래놓이 열녀가 났는기라, 열녀가. 아무 소문 없이 호냥년을 보고 열녀로 만들었는기라. 그래 현풍 곽씨가 양반이더란다. 그래 양반짓을 하더란다.

11번) 세상에는 진짜 열녀도 많지만 가짜 열녀도 있다는 것을 알아야지 돼. 그러니 형수가 집안을 망칠까봐 장래의 자기 집안을 위해 가식으로 열녀문을 만든 것이었던 거야.

현풍 곽씨의 명망은 가문의 높은 도덕성에 힘입은 것이었는데 이는 이 가문으로 시집온 며느리들이 열녀가 되었기 때문이다. 그러나 진실을 알고 보니 열녀문이 모두 가짜였던 것으로, 이 가문을 더 이상 양반으로 볼 수 없다는 것이 화자의 주장이다. 이처럼 화자들은 모두 냉소적인 태도로 현풍 곽씨 가문의 위선을 꼬집고 있는 것이다.

3. 화자의 성별에 따른 열烈인식 –〈남편 위해 훼절하기〉 유형군 –

'개가하여 유복자로 대잇기' 유형의 경우, 남성화자의 각편에서는 주인공들이 정절을 지키기 위해 자신에게 가혹한 행위를 하고, 후부와의 사이에 생긴 아이를 낙태하거나, 아이를 낳았더라도 잔인하게 죽이며, 그렇지 않으면 절연絕緣하는 것으로 되어 있다. 이는 남성화자들이 본부本夫의 혈통이 아닌 자식을 인정하지 않으려고 하기 때문으로, 부계혈통을 중시하는 남성들의 의식을 보여준다.

한편 여성화자의 각편 내용을 정리하면 다음과 같다.

5번) 과부들만 사는 대가大家집의 며느리가, 갓난아이를 낳고 산모가 죽은 상민常民의 집에 보쌈을 당해 가서 유복자를 낳았다. <하문下門을 지진다거나 허신許身을 않기 위해 애쓰는 내용이 없다.> 여인은 두 아이를 모두 정성스럽게 키웠는데 얼마 후 후부後夫도 죽자 두 아이를 잘 길러서 과거 보러 보낸다. 서울에서 우연히 어떤 집의 제사를 지내 주는데 유복자의 가슴에 위패가 달라붙는다. 유복자는 장원급제를 하고 후부의 아들은 낙방한다. 살림을 모두 정리하고 후부의 아들도 잘살게 해 주고서, 아들과 함께 본가로 돌아가 잘살았다.

이 각편에서 후부와 여인의 동침문제가 아예 제기되지 않음으로써, 주인공이 후부로부터 정절을 지키기 위한 어떤 종류의 자해행위도 하지 않는다.[21] 게다가 주인공이 보쌈을 당해 온 후 곧 후부가 죽음으로써 여인과 후부와 사이에서 아이가 태어나지 않는다는 점도 특이하다. 여인은 열이념에 대한 지향이라든가 개가改嫁한 것에 대한 자의식自意識을 지니지 않아서, 별다른 갈등이 부각되지 않는다. 여인의 자결이 나타나지 않는 것도 같은 이유로 설명될 수 있을 것이다.

여인과 후부의 결합이 남성화자의 각편에서는 전적으로 후부의 정욕을 위한 것임에 반해, 이 각편에서는 갓난아이의 양육 때문인 것으로 되어 있다. 이는 남성화자들이 남녀의 혼인을 대개 성적 결합이라는 측면에서 바라보는 반면 여성화자는 자녀의 양육에 더 큰 비중을 두는 것을 시사한다. 이 이야기는 단지 손자와 할머니의 극적 상봉이라는 행복한 결말을 향해서 진행되고 있을 뿐, 이 여인이 열녀인가 아닌가에 대해서는 전혀 관심이 없다.

말하자면, 화자는 이 이야기를 열녀담으로 인식하지 않는 것이다. 여기서는 정절이나 열이념이 핵심이 아니라 오직 어린 생명에 대한 여성의 모성애가 강조된다. 여인은 자기와 혈연관계가 전혀 없는 어린아이를 끝까지 보살피는 인간적 의리를 보여 주는데, 이처럼 여인이 상민常民의 아이를 마치 친자식처럼 기르는 것은, 남성화자의 각편에서 여인이 정승댁 며느리를 보쌈해 간 종에 대한 응보로 자신이 낳은 종의 자식을 잔인하게 죽이는 것과 선명한 대조를 이룬다. 요컨대 이 설화유형에서 남성화자는 부계혈통을 중시하는 의식을 보이는 반면 여성화자는 모계혈통을 중시하며, 더 나아가 혈연관계를 뛰어넘는 확대된 모성애를 보인다는 점을 확인하게 된다.

한편 '후부의 자식 죽여 본남편 치료하기' 설화유형에서 여인이 자결하는 동기를 보면 남성화자들이 이 설화의 의미를 어떻게 이해하는가를 확인할 수 있다.

> 1번) "거기에 가서 자기 부모한테 인사하고는 말이여. 그 칼로 젖을 따악 벌리고는 기앙 거그서 죽어 버렸제. 그 열녀여. 그래 인자 다른 남자한테 몸을 허하고 애기를 낳아서 그랬다 그것이죠."

---

21) 남성화자의 각편에서는 예외 없이 주인공이 후부와의 동침을 거부하기 위해 하문을 지지는 등의 자해 행위를 하는 것이 강조된다.

2번) "내가 개가로 가 가이고 살았는데 우찌 일가 속에 염치를 보고 마 내가 가서 살 수가 없다 말이다. 그게 한다이(번듯한) 열녀가 말이다. 내가 마 넘우 여자 됐다 남편 병 고치주무 그 뿐이지 더 살 수 없다."

3번) "그 부인은 자기가 열년데 이부二夫를 보았다 그것이여. 그것이 열녀가 못되고 죄가 되았다고 그렇게 인정해 가지고, 거그 정자나무에 목을 매 가지고, 응 이미 죽어 불고 없드라우."

위의 각편에서 보듯이 남성화자들은 예외 없이 여인이 자결한 것을 개가한 것에 대한 죄책감에 의한 것으로 이해하고 있을 뿐, 아이를 서너 명이나 낙태하거나 죽인 것에 대한 윤리적 책임에 대해서는 관심을 보이는 각편이 없다.

반면 여성화자는 모두 여인이 개가한 일보다 살인殺人을 저지른 일에 대해서 더 큰 윤리적 책임을 묻고 있다. 여성화자의 설화각편을 보기로 한다.

4번) 여인이 새 삶을 찾아갈 수 있도록 남편이 도망을 가자, 여인이 대성통곡을 하며 슬퍼한다. 여인은 보쌈을 당해서 낳은 후부의 아이로 술을 담가서 본부本夫에게 먹여 병을 고친 후 본가로 가다가 자결하고, 본부는 다시 장가들어 자식 낳고 잘살았다. 여인은 "내가 아를 낳아 가이고 죄를, 아를 하나 낳아 가이고 남편 고칠라고 죄를, 죄를 저질렀는데 내가 드가서 저저 남편하고 자식을 낳아 가이고, 내가 유자손을 할라카만 내가 무슨 죄를 받겠나. 내가 이래 죽는 것이 의당하지. 저 사람은 인제 병 낫은께 장개 들어 가지고 자식 놓고 살만 되지." 라고 한다. (여성화자)

이처럼 여성화자들의 각편을 보면, 주인공은 자신의 훼절에 대해서는 아무 자의식을 갖지 않으나, 본부本夫의 생명과 자신이 낳은 자식(또는 이웃집 총각)의 생명을 맞바꾼 일에 대해서는 매우 심각하게 고민하고 갈등하는 것으로 나타난다. 이는 남성화자들이 여인의 자결自決동기를 모두 훼절毁節에 대한 죄책감으로 설명하는 것과 매우 대조적인 것으로, 여성화자들은 주인공의 자결동기를 훼절보다는 살인에 대한 죄책감으로 설명하고 있다. 요컨대 남성화자들은 여성의 육체적 정절을 절대적 가치로서 인식하고 있는 반면 여성화자들은 이를 거부하고 있는 것이다.

한편 이 이야기의 변이형으로 세 편의 각편이 있는데,[22] 세 편 모두 여인이 개가하는 모티프가 없으므로 원칙적으로 이 설화유형에 해당되지는 않지만, 화자의 의식을 고찰하는 데 도움이 되므로 잠깐 살펴보기로 한다. 먼저 여성화자인 임찬희와 장차연이 구연한 각편에서는 주인공이 각각 동네 총각과 학동을 죽여서 남편을 치료하는데, 주인공은 모두 남편의 병이 낫자 자신의 죄를 고백하고 그에 대한 사죄의 뜻으로 자결한다. 여기서 여인이 후부의 자식 대신 학동을 희생시켜 남편을 치료하는 것은 여인의 개가를 막아서 정절을 훼손시키지 않으려는 의지의 반영으로도 볼 수 있는데,[23] 어떤 면에서는 여성화자들이 여인이 자기 자식을 죽여서 남편의 병을 치료한다는 설화의 내용을 거북하게 여기는 것과도 관련이 있을 것이다. 이 각편에서는 여인이 죽은 총각의 부모에게 가서 그 집의 귀신이 되겠다며 총각 옆에 묻어줄 것을 당부하고 자결하는데, 여인이 본부本夫를 떠나 죽은 총각의 곁에 묻힌다는 것은 '죽어도 시집 귀신이 된다'는 당대의 전통적 의식과는 거리가 있다.

남성화자 정수석의 각편에서는 부부 사이에 태어난 자식을 죽여서 남편을 치료한 후에 두 사람이 다시 아이를 낳고 잘살았다고 되어 있다. 자식이 어디 있느냐고 묻는 말에 여인은 태연히 외가에 갔다고 한다. 자식을 죽인 여인의 슬픔이나 죄의식이 묘사되지 않는데, 여인은 남편은 하나이지만 자식은 또 낳을 수 있다고 생각한 것이다. 아비의 생명이 자식의 생명보다 귀중하다는 이 설화의 내용은 여성이 자식보다 남편을 더 소중하게 여겨야 함을 강조한 것으로 보인다. 즉, 열이 모성애보다 우선되어야 한다는 의미인 것이다.

또한 여성화자의 각편에서는 나병에 걸린 본남편이 아내가 자유롭게 살 수 있도록 도망을 가고 아내는 사라진 본 남편을 못 잊어 하는 등 부부애가 강조되고

---

22) 『구비대계』 7-2, 임찬희(여. 75)구연, '남편의 문둥병을 고친 열녀', 『구비대계』 8-6, 장차연(여. 61)구연, '문둥병 걸린 신랑 살린 김정승 딸', 『구비대계』 8-9, 정수석(남. 68)구연, '나병환자와 열녀'.

23) 김대숙, 「구비열녀설화의 양상과 의미」, 『고전문학연구』9집, 한국고전문학연구회, 1994, 60면.

있어서, 여인의 행위를 열의 실현이라는 이념 차원이 아닌 인간의 감정 차원에서 해석하고 있다.

그런가 하면 남성화자의 각편에서는 여인이 처음부터 남편의 병을 고치기 위해 남편의 동의를 얻어서 일부러 개가하지만, 여성화자의 각편에서는 여인이 보쌈을 당해서 억지로 후부와 살게 되거나 생계가 곤란했기 때문에 개가한 것으로 설명한다. 이처럼 여성화자의 각편에서는 주인공의 열녀烈女다운 모습이나 이념 지향성이 약화되고 대신 개인적 감정이나 현실 조건 등이 부각되고 있는 것이다.

4. 열이념과 현실의 갈등 – 〈수절하기 어려운 사연〉 유형군 –

<수절하기 어려운 사연> 유형군 설화를 살펴보면 오랜 동안 수절한 과부의 억압된 욕망에는 동정 또는 긍정의 시선을 보여주는 반면, 수절을 깨뜨린 여인의 일탈된 욕망에는 죽음이라는 즉각적인 징벌을 가하고 있다. 우선 '열녀 시험 통과하기' 유형을 보면 청상과부의 내밀한 정서가 고백을 통해 드러나고 있는데, 수절이라는 사회적 규범을 위해 희생될 수밖에 없었던 과부의 성적 욕망과 고독한 삶의 여정이 진솔하게 그려져 있다. 이 설화의 또 다른 주인공은 바로 선비의 아내로서, 여인의 정절에 대한 피상적 이해를 깨뜨리게 하는 인물이다. 열 명의 남자를 보게 된 사연을 고백하는 부분이나 열녀[十女]의 조건에 자신이 맞는가를 보려고 '중도 사내로 치는가' 하고 묻는 대목에서는 이 부정한 여인의 일탈된 욕망이 상당히 희극적으로 노출되고 있다.

한편 이와 전혀 반대되는 상황이지만, 고모가 팔십 세가 되도록 남자와 접촉한 사실이 없음을 들면서 자신의 정결함을 밝히는 다음의 고백 내용도 이와 유사하게 희화화 되고 있다.

2번) 내 배 위에다 오줌을 한 번 싼 일이 있을 뿐입니다. 그런 죄뿐이 없었습니다.

7번) 우리 손자가 오줌 싸서 사탱이를 들여다 본 것백이 없습니다.

8번) 양자 조카로 맞아들이 그 보듬고 있으모, 보듬어서 오줌이나 내가 만내 봤으까...."

위의 고백 내용에는 사내아이의 배설행위조차 남성의 성행위와 동일시하며 죄의식을 느껴야 했던 고모의 기형적인 정서가 잘 드러나 있다. 이는 결벽증에 가까울 정도로 남성과의 접촉에 대해 예민하게 반응할 수밖에 없었던 청상과부의 수절의식을 엿보게 한다. 그런데 중요한 사실은 여기에는 어린 조카의 사타구니를 통해서도 남성을 떠올릴 수밖에 없었던 여인의 억압된 성적 욕망이 노출되고 있다는 점이다. 과부의 이런 고백 내용은 청상과부의 억압된 욕망을 여실히 드러낸다는 점에서 상당한 리얼리티를 지닌다.

이처럼 70년 가까운 세월을 수절해 온 덕분에 과부는 드디어 상금을 받게 되는데, 여성화자는 상금을 타고 만족해하는 조카에게 고모의 입을 빌어서 다음과 같이 말한다.

> "야아 야, 우리 한기둥(큰기둥) 가 봐라. 춘삼월 호시절에 두견이 슬피 울고 할 때, 한기둥을 안고 돌아 쌓아서 지둥이 반득반득한다.... 그래, 내가 한 세상 넘어간 거 어느 누가 알것고?"[24)]

화자는 봄날의 애절한 정서를 환기하는 두견새의 울음소리와 닳고 닳아서 반질하게 윤이 나는 기둥으로 수절 과부의 지독한 외로움을 형상화한다. 과부가 겪어야 하는 이런 수절의 고통이란 결코 타인이 공감하기 어려운 고통이며, 열녀라는 명예나 상금 따위로는 도저히 보상할 수 없는 성질임을 역설한다. 이쯤 되면 정절이란 가치가 인간의 삶에서 지니는 가치가 무엇인가를 되묻지 않을 수 없다.

이 설화에서는 욕망이 규범의 테두리를 넘어선 아내의 일탈된 삶과 규범을 위

---

24) 『구비대계』 8-3, 심을순(여.66) 구연, '팔십 수절 과부.'

해 욕망을 억제한 고모의 삶을 대비하면서 일견 전자를 부정하고 후자를 긍정하고 있는 듯하다. 그러나 좀 더 깊이 들여다보면 진정으로 이 설화가 지향하는 의미는 그것만이 아님을 알게 된다. 즉, 인간의 욕망이 윤리倫理라는 울타리를 일탈하였을 때와 그와 반대로 강하게 억압되었을 때를 동시에 보여 주면서, 이처럼 밖으로 드러난 삶의 모습은 서로 다를지언정 이들에게는 본질적으로 동일한 성적 욕망이 내재하고 있음을 강조한 것이다. 이로 볼 때 이 설화는 여성의 성적 욕망을 인정함으로써 정절 이념이란 사실 중세에 여성에게 지워졌던 굴레였음을 역설하고 있다.

'거짓 열녀 만들기' 유형에서는 청상과부에게 사회가 가하였던 수절의 압력이 드러난다. 이 과부가 지닌 욕망이 절제의 선을 넘었을 때, 그에게는 오로지 죽음만이 있을 뿐이었다. 여기서 어사는 지배층 양반의 기득권을 옹호하는 자이다. 이들이 보여주는 열 인식은, 가문에 속한 여인들의 열이 그 가문의 도덕적 위상을 높이고 자신들의 기득권을 유지하기 위한 명분으로서 절실히 필요하다는 것이었다. 과부가 되어 수절을 강요받은 여인은 사실상 그 가문의 이익을 위해 바쳐진 희생물이었던 셈이다.

그러나 이 설화에서는 이런 집단의 이익을 위해 한 개인이 희생되는 현실에 대하여 아무도 의문을 제기하지 않는다. 의리를 지키기 위해 과부의 개가를 금한 것이 오히려 과부의 윤리적 일탈행위를 부추겼다는 점에서 이는 정절 이념의 모순을 보여준다. 이 설화에 나타난 문제의 핵심은 과부의 비윤리적 행실 자체가 아니라 이런 사태를 초래한 것은 바로 청상과부의 개가를 원천적으로 막은 불합리한 사회구조 때문이라는 점이다. 그러나 어사는 이런 사회제도의 모순을 인식하지 못한 채, 가문의 영달을 위해 영악한 기지를 발휘한 어린 소년에게 찬사를 보내고 있다. 이는 어사가 양반층의 지배질서에 철저히 봉사하고 있음을 보여주는 것으로, 이 설화에 나타나는 남성 인물들은 모두 기존의 질서를 유지하려는 강한 보수성을 드러내고 있다.

이처럼 <수절하기 어려운 사연> 유형군 설화에서는 여성의 욕망 그 자체를 부정하지 않음을 알 수 있다. 이는 중세적인 열이 정절 본래의 건강한 의미를 상실하고 여성의 성적 욕망 자체를 전면적으로 부정하기에 이른 사태에 대한 전승자들의 문제의식을 잘 보여 준다. 전승자들은 기본적으로 절제된 욕망을 긍정하지만, 억압된 욕망과 일탈된 욕망 모두를 부정적으로 보고 있다. 설화전승자들은 정절이 절대적 가치로 고착되는 것을 부정하고 인간성의 긍정을 주장하고 있는 바, 정절의 본래 의미는 남녀 간의 자연스러운 애정 욕구라는 인간의 본성에 기초를 둔 것이기 때문이다.

5. 마무리

구비설화는 중세의 문헌자료와 달리, 상층 양반만이 아닌 대다수 서민층과 여성 일반을 포함하는 광범위한 전승자들의 의식을 담고 있다는 점, 그리고, 중세 이념이 현재에 이르러 재해석되는 모습을 보여 준다는 점에서 매우 주목할 만하다. 특히 훼절형 '열설화'는 열이라는 이념과 현실이 만나 일으키는 제문제諸問題에 대한 다양한 논쟁을 제시하고 있는데, 이는 '구체적인 현실상황에서 과연 무엇이 진정한 열의 실현인가?' 그리고 '사회적 규범에 의해 억압된 인간의 욕망은 과연 바람직한 것인가?'에 대한 진지한 고민을 제기하고 있다.

특히 구비 '열설화'에서 화자들의 개성에 따른 열인식의 차이를 살펴볼 수 있다는 점을 주목할 만하다. 남성화자들이 대부분 가문의 영달과 명예를 위한 열녀들의 명분론적 열행에 주목하는 반면, 여성화자들은 열녀들이 처한 구체적 삶의 조건과 열행에 대한 실질적인 보상에 더욱 깊은 관심을 보인다는 점이 매우 흥미롭다. 남성화자들이 대부분 열녀들의 엄혹한 열행을 강조하는 데에 반해, 여성화자들은 열녀들이 처한 현실적 고난을 경감시켜 주려는 태도를 보인다. 이는 열이라는 의무를 부여하는 쪽과 이를 실천해야 하는 당사자 간의 입장 차이를 선명하게 드러내고 있는 것이다.

그러나 가장 중요한 사실은 바로 이것이다. 앞에서와 같은 남녀 간의 입장 차이를 떠나서, 열이라는 사회적 이념이 인간의 자연스런 본성을 극도로 억압하는 사태에 대해 심각한 반성을 촉구하고 있다는 점에서는 모든 전승자들의 의견이 일치한다는 점이다. 이는 중세 사회의 성리학적 명분론이나 가부장제적 이데올로기에 의해 여성에게만 강제적 의무로서 부여되던 중세적 열이념의 맹점을 전승자들이 지적하고 있는 것이다.

요컨대 훼절형 '열설화'는 현대사회에서 열은 남녀 상호간의 애정과 신뢰에 기초한 것으로, 남녀 모두의 '성적 주체성' 실현을 위한 인간의 기본적 권리로 해석되어야 함을 역설하고 있다.

원문 출전 : 이인경, 「口碑 烈說話 硏究」,
서울대학교 인문대학원 국어국문학과 박사학위논문, 2000. 2.

제3부

옛이야기 속의 지혜 찾기

1장 등장인물의 욕망 해석하기

1. 〈나무꾼과 선녀〉

나무꾼이 나무를 하는데, 포수에게 쫓기는 사슴이 나타났다.

"저기 포수가 쫓아와요. 나 좀 숨겨 주세요."

사슴이 그렇게 말하자, 나무꾼이 나무를 헤쳐서 그 속에 사슴을 숨기고서 그 위에 나무를 덮어 주었다. 사슴을 쫓아온 포수가 나타나서 말했다.

"이보세요! 여기 사슴이 하나 지나가지 않았소?"

"네. 저쪽으로 뛰어가던 걸요. 저 건너편으로 뛰어가던 걸요."

포수는 나무꾼이 가리킨 방향으로 뛰어갔다.

그제야 사슴이 나와서 말했다.

"덕분에 제가 살았으니 그 은혜를 갚을게요."

"네가 은혜를 어떻게 갚겠다는 거냐?"

"제가 말하는 곳에 가면 연못이 있는데, 보름달이 뜨는 밤에 그곳에 가세요. 그러면 하늘의 선녀들이 내려와서 거기에서 멱을 감을 거예요. 선녀들이 벗어놓은 옷 중에서 첫째 옷, 둘째 옷 말고 셋째 옷을 감추세요. Ⓐ 그리고 아이를 세 명 낳을 때까지는 그 옷을 돌려주지 마세요."

나무꾼이 사슴이 알려 준 곳으로 가보니, 정말 선녀 세 명이 날개옷을 벗어놓고 멱을 감고 있었다. Ⓑ 나무꾼은 사슴이 시킨 대로 막내 선녀의 옷을 감춰놓고 몸을 숨겼다.

선녀들이 멱을 다 감고서 옷을 입는데 막내의 옷이 없었다.

"내 옷이 없어졌으니 웬일이람?"

시간이 되자 두 선녀는 먼저 하늘로 올라갔고, 막내는 옷이 없어서 못 올라가고 쩔쩔 매고 있었다. 그때 나무꾼이 나타나서 말했다.

"여기서 왜 이러고 있어요? 우리 집으로 갑시다."

Ⓒ 선녀는 할 수 없이 나무꾼을 따라가서 그 집에서 함께 살게 되었다.

그렇게 아이를 하나 낳고, 둘까지 낳고 살면서 선녀는 매일같이 한탄을 했다.

"아휴! 난 날개옷을 잃어 버려서 이렇게 못 찾고 있으니, 이제 천상에는 생전 못 올라가겠구나."

나무꾼은 그 모습이 안타까워서 둘째 아이를 낳은 후에 선녀에게 날개옷을 내어 주었다. 그러자 선녀는 나무꾼이 준 날개옷을 입고서, 두 아이를 양팔에 끌어안은 채 하늘로 올라가 버렸다.

홀로 살아가던 나무꾼에게 어느 날 사슴이 다시 찾아와서 말했다.

"내가 아이 셋을 낳으면 옷을 주라고 했는데, 왜 둘밖에 안 낳았는데 옷을 줬어요? 이제 선녀는 보름날에 멱을 감으러 내려오지 않고 하늘에서 두레박으로 물을 퍼 올려 갑니다. 그러니 첫 번째 두레박이 내려오고, 두 번째 두레박이 내려오고, 세 번째 두레박이 내려오면 그 세 번째 두레박의 물을 쏟아내고 그 두레박 안에 몰래 올라타세요."

나무꾼은 또 사슴이 시키는 대로 하여서 천상으로 올라갈 수 있었다. 올라가보니 그곳에는 선녀와 두 아이들이 있었다. 나무꾼을 본 아이들은 아빠가 왔다면서 반가워했다. 선녀가 나무꾼에게 말했다.

"어떻게 올라왔어요?"

"사슴이 알려줘서 올라왔소."

나무꾼이 천상에서 부인과 함께 살려고 하자, 장인인 옥황상제가 말했다.

Ⓓ "내 딸과 함께 살려면 지상의 인간에게 활을 쏘아라."

그리하여 나무꾼이 활을 쏘아서 어느 집 외아들의 겨드랑이를 맞혔고, 그 집에는 초상이 나서 야단이었다. 그러자 선녀가 그 활을 빼내도록 사람을 내려 보내서 그 아이를 다시 살려냈다.

Ⓔ 그 뒤에도 옥황상제는 나무꾼에게 계속 어려운 문제를 냈지만 그때마다 선녀의 도움으로 쉽게 해결할 수 있었고, 나무꾼은 천상에서 살 수 있게 되었다. 그러던 어느 날 나무꾼이 말했다.

"내가 여기 온 지 오래 되었으니, 인간세계에 내려가서 어머니 좀 뵙고 와야겠소."

"절대 인간세계로 내려가지 말아요. 내려가면 다시는 못 올라옵니다."

"그래도 내게 오로지 어머니 한 분만 계신데, 이렇게 오랫동안 효도를 못 하고 있으니 잠깐만 만나 뵙고 다시 올라오겠소."

Ⓕ "정 그러시면 인간세계에 내려가되, 말에서 내리지 말고 말에 올라앉은 채 이야기만 나누고 다시 올라오세요. 그리고 절대 박국을 먹지 말아요."

나무꾼이 말을 타고 인간세계에 내려가서 선녀가 알려준 대로 말 위에 올라탄 채로 문 앞에서 어머니를 불렀다. 어머니가 한 걸음에 달려 나왔다.

"아휴! 너는 어디 갔다 이제야 오는 게냐? 어서 들어와라."

"어머니, 저는 못 들어갑니다. 여기서 인사만 드리고 돌아가겠습니다."

"얘야! 내가 너를 위해 음식을 해놓고 날마다 기다렸단다. 어서 들어오너라."

"저는 한번 들어가면 다시는 하늘로 돌아갈 수가 없습니다."

Ⓖ 하지만 결국 나무꾼은 어머니 말씀을 이기지 못하고 말에서 내려서 박국을 먹었다. 박국을 먹고 나서 보니 말은 벌써 하늘로 올라가고 있었다. 슬픔에 빠진 나무꾼은 그만 죽어서 수탉이 되고 말았다.

수탉이 '꼬끼오'하고 우는 것은 '박국일세!'하고 우는 것이다. 수탉이 하늘을 쳐다보고 '꼬끼오' 하고 우는 것은 '난 박국 때문에 하늘에 못 올라갔다.' 라는 뜻이다.

◎ 사슴이 나무꾼에게 한 보은방식이 적절한지 생각해 봅시다.

◎ 사슴은 왜 나무꾼에게 Ⓐ와 같은 금기를 말했을까요?

◎ Ⓑ와 Ⓒ의 내용을 미루어 볼 때, 나무꾼과 선녀의 결혼은 어떠했을까요?
나무꾼과 선녀의 가정생활은 어떠했을 것 같나요?

◎ 옥황상제는 왜 나무꾼에게 Ⓓ와 같이 말했을까요?

◎ 선녀는 왜 Ⓔ와 같은 행동을 했을까요?

◎ Ⓕ와 같은 금기가 왜 필요했을까요?

◎ 나무꾼은 왜 금기를 어기고 Ⓖ와 같이 행동했을까요?

2. 〈호랑이 형님〉

옛날에 어느 산골짜기에 갑돌이라는 총각이 어머니를 모시고 가난하게 살고 있었다. 갑돌이는 산에 올라가 나무를 베거나 작은 짐승을 잡아서 근근이 생계를 이어가는 형편이었다.

하루는 갑돌이가 혼자 산에 갔다가 큰 호랑이를 만나게 되었다. 큰일이 났다고 생각한 갑돌이는 목숨을 건지기 위해서 꾀를 냈다. 그는 대뜸 엎드려서 땅바닥을 치며 통곡하기 시작했다.

그러자 이 상황을 이상하게 여긴 호랑이가 차마 그를 잡아먹지 못하고 물었다.

"너는 어째서 그렇게 우는 것이냐?"

갑돌이가 대답했다.

"제 이야기를 좀 들어보십시오. 우리 어머니께서 맏아들을 낳았는데 호랑이를 낳는 바람에 산에다 놓아 주셨다고 합니다. 그 다음에 낳으신 것이 저입니다. 아버지는 일찍 돌아가셨고 이후로 제가 쭉 어머니를 모시며 살았지요. 어머니께서는 '이 맏아들 놈을 낳아 놓으니, 호랑이가 되어서 집을 나갔는데 여태껏 살았는지 죽었는지 소식이라곤 통 없으니 이를 어떡하면 좋단 말이냐.' 하시며 매일 밤낮을 울면서 지내고 계십니다. 그런데 호랑이님을 뵈니까 제 형님 같아서 이렇게 울음이 나오지 않겠습니까?"

호랑이가 그 말을 듣고 가만히 생각보니까, 실제로 자기를 누가 낳았는지, 자기는 어디에서 왔는지 자신도 알 수가 없는 것이었다. 그러고 나서 다시 갑돌이를 보니 어쩐지 그가 자기 동생인 것만 같았다. 호랑이는 커다란 앞발로 싸리나무를 잔뜩 꺾어서 나뭇짐을 해서 총각에게 주며 말했다.

"그래, 알겠다. 너는 이걸 가지고 오늘은 내려가거라. 가서 어머니께 형님을 만났노라고 말씀 드려라."

그래서 갑돌이는 나뭇짐을 짊어지고 산을 내려왔다. 어머니가 그것을 보더니 물었다.

"오늘 보니까 네가 해 온 나무가 사람이 벤 것 같지를 않고, 마구 꺾어 온 것 같구나. 도대체 어찌 된 일이냐?"

갑돌이는 호랑이와 만났던 일을 전부 말했다. 어머니가 깜짝 놀라며,

"얘야, 하마터면 네가 호랑이에게 죽을 뻔했구나. 내가 너 하나만 믿고 사는데

네가 호환虎患이라도 당하면 나는 어찌 살란 말이냐. 그러니 다시는 혼자서 산에 오르지 말거라!"

"예, 알겠습니다."

다음날 아침에 갑돌이는 일찍 밥을 먹고 또 혼자서 산에 올랐다. 그러자 어제와 같은 곳에 호랑이가 나와 앉아 있었다. 총각은 코가 땅에 닿도록 절을 했다.

"형님, 밤새 안녕하셨습니까? 어머니께 형님에 대해 말씀드렸더니 펄쩍 뛰시면서 '이 녀석아, 네 형을 만났으면 형을 데리고 와야지 왜 너 혼자 왔느냐.'며 저를 혼내시지 뭡니까. 어머니께서 산길을 같이 오르겠다며 쫓아오시는 것을 간신히 말리고 왔습니다."

호랑이가 그 말을 듣더니 역시 갑돌이의 어머니가 자신의 어머니인 것 같았다.

그래서 소나무 가지를 잔뜩 꺾어서 나뭇짐을 해 주며 말했다.

"오늘 저녁에 한밤중이 되면 내가 어머니를 뵈러 가야겠다. 그 동네에 포수는 없느냐?"

포수가 총으로 자기를 죽일 수도 있기 때문에 호랑이가 염려하며 묻자, 갑돌이가 대꾸했다.

"예, 포수는 없습니다."

"아, 그러면 됐다. 너는 내려가서 내가 밤에 어머니를 뵈러 간다고 전해 려라."

"예, 형님. 그러면 밤에 만납시다."

라고 말한 뒤 갑돌이는 집으로 돌아왔다. 어머니가 갑돌이가 해온 나뭇짐을 보니 어제와 똑같은 방식으로 꺾은 나무였다.

"아이고! 너 이게 또 어떻게 된 일이냐!"

"어머니, 어머니는 저만 믿으며 산다고 그러셨지요? 그러니 어머니는 제 이야기를 꼭 믿고 제가 시키는 대로만 하세요."

"그게 무슨 말이냐?"

"그 호랑이를 오늘 또 만났습니다. 그랬더니 오늘밤에 어머니를 뵈러 온다고 합니다."

"아이고, 이거 큰일이 났구나! 어쩌면 좋으냐?"

"그러니 어머니, 의복을 깨끗한 것으로 입으시고 문구멍으로 밖을 내다보다가 한밤중에 마당에 뭐가 툭 떨어지는 소리가 나거든 버선발로 뛰쳐나가서 호랑이 목을 껴안고 대성통곡을 하세요. 어머니는 저를 믿고 제 말씀대로만 하세요."

갑돌이의 어머니는 무서워서 벌벌 떨며 초저녁부터 문구멍 밖을 엿보고 있었다. 아니나 다를까, 한밤중이 되자 마당에 '툭!'하는 소리가 났다. 내다보니 정말이지 커다란 호랑이였다.

Ⓐ 어머니는 버선발로 쫓아나가서, 호랑이를 껴안고는 호랑이가 자기를 깨물까 봐 무서워서 호랑이의 턱 밑에 머리를 넣고 등을 두들기며,

"이 놈아! 낳아주었더니 네 동생이 이렇게 크도록 여태 어디서 무얼 했기에 네 어미를 이제야 찾아왔느냐! 응? 이런 불효자식이 어디 있단 말이냐!"

라며 통곡을 했다. 그 모습을 본 호랑이는 이 여인이 분명 자신의 어머니일 거라고 확신했다.

그 후로 호랑이는 밤이면 밤마다 갑돌이네 집을 찾아왔는데, 올 때마다 노루, 멧돼지, 토끼 같은 짐승을 잡아가지고 왔다. 덕분에 가난했던 갑돌이와 그의 어머니는 고기를 먹으며 잘 지내게 되었다.

그러던 어느 날, 호랑이가 어머니께 말했다.

"어머니, 저는 짐승의 몸이라 장가를 못 들지만 동생은 순전히 사람이지 않습니까! 어디서 색시를 데려올 수 없겠습니까?"

"얘야, 우리가 네 덕분에 고기를 먹으며 잘 지내고는 있다지만 이렇게 가난한데 누가 우리에게 딸을 주겠느냐?"

"있는 사람만 장가들고, 없는 사람은 장가 못 들라는 법이 있습니까? 걱정 마십시오. 제가 색시를 업어올 테니까 오늘 저녁에 방을 따뜻하게 불을 때어 놓고 흰죽을 쑤어 놓고서 기다리세요."

그렇게 말하고 집을 나간 호랑이는 고개에 숨어서 기다렸다. 조금 있으니 부잣집 딸이 시집을 가는 행렬이 보였다. 신랑은 앞에서 말을 타고 신부는 뒤에서 가마를 타고 오는 중이었는데, 갑자기 호랑이가 '왕!'하고 그 행렬에 덤벼들었다. 깜짝 놀란 신랑과 일꾼들이 모두 다 도망을 쳐 버리자, 호랑이가 색시를 업고 집으로 돌아왔다.

기절해 버린 색시를 따뜻한 곳에다 눕히고 따뜻한 물에다 손발을 씻기고 죽을 먹이자 색시가 살아났다. 색시가 갑돌이에게 말하기를, Ⓑ "호랑이가 나를 물어가는 것을 당신이 살려 내었으니 나는 당신을 배필로 삼아서 살겠어요."

그래서 그 집에서 함께 잘 사는데 어느 덧 삼 년이 지났다. 색시는 밤에 호랑이 등에 업혀온 탓에 친정이 어딘지 몰라서 가볼 수가 없었다. 하루는 호랑이가 갑돌

이에게 말하길,

"제수씨가 친정에 한 번은 가봐야 하지 않느냐?"

"어떻게 하면 좋을까요. 형님?"

"염려 말아라. 내가 말을 한 마리 잡아올 테니 너는 그 말가죽을 잘 벗겨서 내게 씌워라."

그리고 호랑이는 어디선가 말 한 마리, 떡, 비단옷 등을 물어왔다. 호랑이는 갑돌이가 벗겨온 말가죽을 뒤집어쓰고 떡과 비단옷, 동생 부부를 자기 등에다 태우고는 어느 절에 갔다. 그곳에는 딸이 죽은 지 삼 년이 되는 날이라며 색시의 부모가 호랑이에게 물려간 딸이 좋은 곳으로 가라는 공양을 드리고 있었다. 그런데 죽었던 딸이 갑자기 들어오자 색시의 부모는 죽은 자식이 돌아온 줄로 알고 혼비백산하여 어쩔 줄을 몰랐다.

"호랑이가 저를 물고 갔는데 이 사람 덕분에 제가 살아나서 이미 삼 년을 함께 살았으니 저는 이 사람과 함께 살아야 됩니다."

딸이 그렇게 말하자 친정에서도 딸과 사위를 인정해 줄 수밖에 없었다.

한편 호랑이가 갑돌이에게 말하길,

"애야, 너는 이렇게 잘 먹고 살고 있지만 나는 배가 고파서 죽겠다."

"그럼 형님, 어떻게 하지요?"

"네가 처갓집에서 밥을 가져다가 사방에다 뿌리면 개들이 와서 먹을 게다. 그러면 내가 그 개들을 잡아먹겠다."

그렇게 해서 갑돌이가 뿌려 놓은 밥을 먹으려고 몰려드는 개들을 호랑이가 다 잡아먹었다.

© 한편, 딸과 원래 혼인하기로 했던 정혼자는 색시가 돌아왔다는 사실을 알게 되자, 색시를 다시 빼앗으려고 궁리를 했다. 정혼자는 갑돌이에게 가서 내기를 하자며 말을 꺼냈다.

"이보시오! 나와 바둑을 두어서 당신이 이기면, 내 재산의 반을 당신에게 주겠소. 만약 당신이 진다면 당신의 여자를 내게 주시오."

그러자 갑돌이는 촌무지렁이로 살면서 한 번도 바둑을 두어 본 적이 없는지라 근심에 차서 집으로 돌아왔다. 색시가 왜 그러냐고 묻자 사연을 말해주었다. 그러자 색시가,

"아이, 그럼 그 사람이 내일 아침에 바둑판을 가지고 오면 나를 부르세요. 그리

고 '아, 이런 나무바둑판으로 되겠어? 여느 바둑판으로 가져와요.'라고 하세요."
라고 하였다.

다음날 정혼자가 바둑판을 둘러메고 식전에 찾아왔다. 갑돌이는 색시가 시킨 대로,

Ⓓ "이런 나무바둑판으로 어떻게 둘 수 있겠소. 여느 바둑판을 내오시오."라고 하였다. 그러자 색시가 유리바둑판을 가지고 나왔다. 그 바둑판은 수數가 저절로 다 나오는 것이었다. 그래서 갑돌이는 그 정혼자의 재산의 반을 빼앗았다. 그래도 정혼자는 포기하지 않고 여전히 색시를 빼앗으려고 하였다. 그래서 다시 갑돌이에게 말하기를,

"이번에는 말을 타고 물에 빠지지 않고서 강을 건너는 내기일세. 자네가 먼저 건너가면 내 재산을 주고 내가 먼저 건너가면 당신이 색시를 돌려줘야 하네."

갑돌이가 돌아와서 속상해 하며 호랑이 형님에게 말했다.

"형님, 그 자가 그런 내기를 하자는데 이제 어떻게 하지요?"

"그 내기를 받아 주어라. 아무 걱정도 하지 마라."

그렇게 해서 드디어 그 내기를 하는 날이 되었다. 정혼자가 타고 온 말은 좋은 말이었지만 갑돌이가 타고 온 말은 마치 말가죽만 씌워놓은 듯이 비실비실해 보였다. 하지만 사실은 날쌘 호랑이였기 때문에 경기가 시작되자마자 갑돌이는 훌쩍 강을 건넜다. 정혼자는 아무리 애를 써도 말을 타고 강을 건널 수가 없었고 결국 갑돌이가 이겼다.

그러자 정혼자가 이번에는 이렇게 말했다.

"당신의 말과 내 말을 바꿉시다. 아니면 그 말을 내게 파시오. 돈은 얼마든지 주겠소."

갑돌이가 또 호랑이 형님에게 가서 어떻게 하면 좋을지 물었다.

"그 자가 이번에는 형님을 팔라고 하는데 어쩌면 좋을까요?"

"그래? 그러면 나를 팔아라."

그래서 갑돌이는 큰돈을 받고 호랑이 형님을 팔았다. 정혼자가 갑돌이로부터 사온 말가죽을 뒤집어쓴 호랑이를 집으로 가져가서 매어 놓았다. 그러자 호랑이는 먹이를 주러 오는 일꾼들을 다 잡아먹고 마침내는 정혼자까지 잡아먹어 버렸다. 정혼자의 재산을 얻게 된 갑돌이는 덕분에 큰 부자가 되어 잘살게 되었다.

Ⓔ 그러다 세월이 흘러서 갑돌이의 어머니가 돌아가셨다. 그러자 어미호랑이,

새끼호랑이, 손자호랑이가 모두 모여들어서 울고 있는데, 그 호랑이의 꼬리에는 하얀 털이 돋아났다. 그것은 상복을 입은 셈이었다. 그래서 어머니의 장사를 지내는 동안, 호랑이에게는 삼베로 된 헝겊을 상복을 대신하여 꽁지에 달아 주었다. 사람들이 장례식에 왔다가 그렇게 호랑이들이 바글바글 모여 있는 꼴을 보고 너무 무서워서 다 도망을 쳤다.

Ⓕ 호랑이는 '어머니 생전에 효도를 하지 못했으니 돌아가신 뒤의 시묘라도 살아야겠다.'고 생각하여 어머니의 묘를 지키며 시묘살이를 하기로 했다. 호랑이는 짐승도 잡아먹지 않고 세수도 안 하고 묘 주변의 까슬까슬한 풀만을 뜯어먹으며 지냈다. 삼 년이 지나서 갑돌이가 찾아오자 몸이 상할 대로 상한 호랑이가 말했다.

"나는 이제 곧 죽을 테니 어머니 묘의 옆자리를 파서 나를 묻어다오."

Ⓖ 어머니 묘의 옆자리를 파니 호랑이가 들어가서 그대로 쓰러져 죽었다. 갑돌이가 엉엉 울며 형님을 묻어 주었다. 그 때부터 호랑이의 꼬리에 흰털이 났다고 한다.

◎ Ⓐ의 상황에서 호랑이의 심리상태를 해석해 보세요.

◎ 색시가 Ⓑ와 같이 말한 이유가 무엇일까요?

◎ 정혼자는 왜 Ⓒ와 같이 행동했을까요?

◎ Ⓓ와 같은 색시의 꾀에는 어떤 의도가 있나요?

◎ Ⓔ와 Ⓕ에 나타난 호랑이의 모습과 갑돌이가 처음 만났을 때의 호랑이의 모습에는 어떤 차이가 있나요? 호랑이는 왜 그렇게 변했을까요?

◎ Ⓔ와 Ⓕ에서 발견되는 호랑이의 변화는 어떤 의미를 담고 있나요?
그것을 호랑이의 욕망을 중심으로 해석해 보세요.

◎ Ⓖ에서 갑돌이는 어떤 마음이었을까요?

◎ 이 이야기를 통해서 깨닫게 된 점이나 배울 점은 무엇인가요? 우리의 현실세계와 관련지어 생각해 보세요.

3. 〈'진정한 친구' 시험〉

옛날에 어떤 부자父子가 살았다. 그 부자는 딱 서로가 먹고 살만한 논 섬지기를 가져서 그것으로 농사를 지어서 생활했는데 아들이 주색잡기酒色雜技를 즐겨서 나날이 재산이 줄었다. 결국 어느 해에 이르러서 가진 논의 반을 팔아 버리고 말았다. 그러자 아버지가 생각하기를 '이대로 가다가는 내가 말년에 굶어죽겠구나!' 싶었다.

그래서 아버지는 아들에게 '친구 시험'을 보자며 이야기를 꺼냈다. 아들을 앉혀 놓고서,

"그래, 아들아. 너는 친구가 얼마나 있느냐?"

"친구야 뭐, 누구도 있고 누구도 있으니, 한 여남은 명은 됩니다."

"그래? 나는 이제껏 사귄 친구가 단 한 명뿐이다. 그러면 오늘 저녁에 우리 '친구 시험'을 해 보자꾸나. 그 시험을 치르려면 먹을 것이 있어야 하니, 우리 집에서 기르는 돼지 한 마리를 잡아야겠다."

집에서 기르던 돼지를 한 마리 잡고서, 드디어 날이 어두워지자 아버지가 말했다.

"아들아. 너의 가장 친한 친구의 집부터 먼저 가보자꾸나."

부자는 잡아놓은 돼지를 짊어지고 아들의 친구 집으로 향했다. 아버지는 아들에게,

"친구 집에 도착하거든 너는 아무 말도 하지 말거라. 다 내가 얘기할 테니 너는 그저 지켜보고만 있어라."

하고 말했다. 아들 친구의 집에 도착해서 '아무개야!' 하고 부르니 아들의 친구가 나왔다. 아버지가 아들의 친구에게 말했다.

"아, 자네도 알다시피 내가 술버릇이 고약하지 않은가? 오늘 술을 많이 마시고는 내가 그만 살인을 하고 말았네. 이 일을 어찌할까 고민하던 차에 아들에게 물어보니 자네와 각별히 친하다고 하기에 자네를 찾아왔다네. 이 시체를 쥐도 새도 모르게 치워 버리려고 하는데 자네가 좀 도와주어야겠네."

"아니, 어르신! 이게 무슨 일입니까. 사람을 죽이셨으면 책임을 지셔야지, 어디 그런 말씀을 하십니까!"

아들 친구는 똥이나 쉰 것을 물리치듯 하며 집안으로 쏙 들어가 버렸다.

아버지는 다시 돼지를 짊어지고서 '다음 친구에게로 가자.'고 하였다. 아들은 아버

지와 함께 다른 친구의 집에 가서 아까와 마찬가지로 하였다. 두 번째 친구도 역시 '사람을 죽였으면 죽인 것이지, 어디 그런 소리를 하십니까!'라고 하며 집안으로 쏙 들어가 버렸다. 그렇게 서너 집을 들렀지만 모두가 같은 반응이었다. 그러는 사이에 어느 새 밤이 깊었다.

"아들아. 네가 절친하다고 생각하는 순서대로 친구를 서너 명 차례로 찾아갔지만 모두 다 이 모양이로구나. 그러니 그 다음번 순서의 친구들은 더 볼 것도 없겠지. 자, 그럼 이번에는 나의 하나뿐인 친구에게로 가자꾸나."

부자는 야심한 밤에 다시금 돼지를 짊어지고 꾸정꾸정 걸었다. 드디어 아버지의 친구 집에 도착하자,

"이보게, 아무개! 아무개!"

하고 친구를 불러내서 아들의 친구에게 했었던 말을 그대로 전했다.

"이보게, 친구. 자네도 알다시피 내가 술버릇이 좀 고약하지 않겠나? 내가 오늘 술에 거나하게 취해서는 그만 사람을 죽이고 말았네. 이 일을 어찌할까 고민하다가 이 시체를 치우는 일에 자네 도움을 받고자 찾아왔다네."

아버지가 그렇게 말하자 아버지의 친구가 말하길,

"그래? 그럼 먼저 이 엄동설한에 어한禦寒 부터 해야 하지 않겠는가? 밤이 이렇게 야심한데 그냥 갈 수야 있나."

그 시절에는 집에서 누룩을 걸러서 술을 담가 먹던 시절이라서, 집집마다 술이 있었다.

아버지의 친구가 "어서 들어오게."

하고 권하자, 그 부인이 부엌에서 불을 때고 술을 거르는 것이었다.

그렇게 집안으로 들어가자 별로 차린 것은 없는 소박한 술상이 마련되었다. 아버지가 그제야 친구에게 사실대로 말하기를,

"오늘 우리 부자간에 친구 시험을 벌이기로 했다네. 오늘이 그 시험을 치르는 날이라서, 과연 진정한 친구는 누구인지 시험을 치러본 것이라네. 내가 설마하니 진짜 송장을 짊어지고서 자네 집에 찾아왔겠나? 이 시체는 우리 집에서 기른 돼지일세. 이것을 포를 떠놓고 우리 진수성찬을 차려서 같이 먹도록 하세."

그러자 아버지의 친구가 말했다.

"그러면 그렇지. 친구인 자네가 설마하니 날송장을 짊어지고 우리 집에 왔겠나? 나도 속으로 그러려니 생각했다네."

"자네라면 그렇게 알 것이라 생각했다네. 내가 정말 살인을 했다면 어쩔 수 없는 노릇이지, 설마 친구의 집까지 송장을 짊어지고서 왔겠는가. 자, 어서 이 돼지고기를 포를 떠서 먹어보세."

그렇게 부자와 아버지의 친구 가족이 모두 모여서 돼지고기를 나누어 먹는데, 집에서 기른 토종 돼지가 얼마나 큰 지 온 식구가 나누어 먹어도 겨우 다리 두 다리 만큼의 고기 밖에 먹지 못했다.

"자! 이만 하면 친구 시험을 다 치렀으니, 친구 시험을 위해 잡은 이 돼지고기는 친구가 두고두고 먹게나."

"아니, 그게 무슨 말인가? 자네 집에서 가지고 온 돼지고기를 어찌 우리 식구가 다 먹겠는가? 도로 가져가서 자네 집에서 먹게나."

하며 서로 남은 돼지고기의 처분을 떠밀었다. 그러다가 결국에는 고기를 서로 나누어 가지기로 했다. 남은 고기를 가지고 돌아와서 아버지가 아들을 보며 말했다.

"자, 보았느냐? 지금의 네 친구들은 네가 돈이 있으니까 네 곁에 있는 것이지, 네 돈이 다 떨어졌을 때에는 아무 소용이 없는 자들이다. 그러니 친구를 사귀려면 나처럼 진짜배기 친구를 사귀어야 한다. 하나를 사귀더라도 알찬 친구를 두어야 그게 진짜 친구인 것이다."

◎ 이 이야기가 말하고자 하는 바(주제)는 무엇일까요?

◎ 자신이 생각하는 '진정한 친구'의 조건은 무엇인가요?

◎ 이 아버지는 왜 이런 방식의 '진정한 친구 시험'을 생각해 냈을까요?

◎ 만약 자신이 이런 '진정한 친구 시험'을 당한다면 어떤 기분이 들까요?

◎ 이 이야기의 등장인물들에게 하고 싶은 말을 적어 보세요.

◎ 이 이야기의 내용을 우리 사회현실과 관련지어 해석해 봅시다. 이 이야기를 자신의 입장에서 비판적으로 해석해 봅시다.

4. 〈진사의 아들과 백정의 딸〉

옛날에 한 동네에 가난한 김진사와 부자인 백정이 살고 있었다. 마침 비슷한 시기에 김진사의 아내와 백정의 아내가 각각 임신을 하여서 거의 같은 시기에 해산을 하게 될 상황이었다.

하루는 가난한 김진사가 출산하는 아내에게 산밥을 해주려고 구걸을 하러 먼 곳에 사는 친구의 집에 다녀오던 중에 해가 저물고 말았다. 마침 어느 서낭당 모퉁이를 돌아가려는데, 문득 소리가 들렸다. 주변을 살펴보니 키가 아주 큰 도깨비 둘이서 이야기를 나누고 있는 것이었다. 한 도깨비가 말했다.

"하, 제길! 내가 김진사네 집에 갔었는데, 이 집이 얼마나 가난한지 산밥을 먹으려 해도 끓일 게 없어서 변소 말뚝 빼놓은 걸 끓여서 밥을 해주더라고. 그 놈의 집, 더러워서 밥도 못 얻어먹고 그냥 왔다네. 에이~ 더러워서."

그러자 다른 도깨비가 말했다.

"아, 나는 그 백정의 집에 갔지. 그 집은 아주 부자더군. 부자라서 쌀도 많고 돈도 많고 산밥도 잘 해주더라고. 좋은 나무를 땔감으로 쓰고 좋은 쌀로 밥을 해서 주기에 나는 참 잘 얻어먹고 왔다네. 그런데 자네는 그렇게 못 먹었단 말인가?"

"아, 그래. 못 먹었지. 더러워서 못 먹고 왔다네."

김진사가 가만히 들어보니, 도깨비가 말하는 가난한 김진사 집이 바로 자기 집 얘기인 것 같았다. 김진사는 속으로, '이 도깨비가 우리 집에 다녀갔었구나.' 하고 생각했다. 도깨비들이 계속 말했다.

"내가 보니까, 김진사는 아들을 낳고 백정은 딸을 낳았더군."

"그래, 김진사네 아이는 아들이야. 백정네는 부자지만 딸을 낳았더라고."

"내가 김진사 집에서 죽도 한 그릇 못 얻어먹었기에, 김진사네 아들에게는 평생 죽도 한 그릇 못 벌어먹을 복을 주고 왔다네."

"나는 백정네 집에서 잘 얻어먹어서, 백정의 딸이 한 달에 소금 여섯 가마씩 벌어먹도록 복을 주고 왔지."

대화를 엿들은 김진사는 속으로 '아내가 내가 없는 사이에 아이를 낳았구나.' 하고 생각했다.

한편, 도깨비들은

"그 백정 딸하고 김진사 아들하고 혼인을 하면 살아생전에는 먹고 살기가 괜찮을 텐데…….”

“그래도 김진사가 양반인데 자기 아들하고 백정 딸을 혼인시키려고 하겠나?”
라고 말하더니 사라져 버렸다. 김진사는 곧바로 자기 집으로 향했다. 집에 도착해 보니 도깨비의 말대로 자기 아내가 아들을 낳은 것이었다. 김진사는 아내가 아들을 낳아서 기뻤지만 그 아들에게 그렇게 복이 없다는 도깨비의 말이 생각나서 서운했다. 김진사는 아들을 키우면서, ‘아들이 크면 백정에게 그 집 딸이랑 혼인을 시키자고 해봐야겠다. 그래도 나는 양반이고 그 집은 백정이니 혼인을 하자고 하면 하겠지. 설마 거절할까. 꼭 혼인을 시켜서 복 많은 며느리를 얻어야겠다.’ 라고 늘 혼자 마음먹고 있었다.

세월이 흘러 아들이 열댓 살이 되자 김진사는 백정을 불렀다. 백정은 김진사의 부름에 설설 기면서 들어오더니,

“아니, 어찌 나리께서 저를 부르셨습니까?”
하고 물었다.

“내가 자네에게 얘기할 것이 있네…….”

백정이 고개도 못 들고 넙죽 엎드리자 김진사가 손사래를 치며 말했다.

“아, 그럴 것 없네. 고개를 들고 내 얘길 잘 들어 보게.”

“말씀하십시오. 나리.”

“다른 게 아니라 자네하고 나하고…….”

평소에는 ‘이놈아, 저놈아’ 하던 양반이 갑자기 ‘자네’라고 부르자 백정이 깜짝 놀랐다.

“나리, 자네라니요. 저에게는 너무 과분합니다.”

“그러지 말고 내 말을 들어보게.”

“예, 말씀하십시오.”

“그러니까, 자네 딸하고 우리 아들하고 혼인을 하세.”

“아니, 나리! 황송하게 어찌 저희 딸이랑 나리의 아드님이 혼인을 합니까. 그런 말씀 마십시오.”

어쩔 줄 몰라 하며 겸손을 떠는 백정을 김진사가 계속 설득하자, 백정은 속으로는 무척 기뻤지만 너무 황송하다며 사양하는 척 했다.

김진사 집에서 나온 백정은 뛸 듯이 기분이 좋아서 자기 집의 광에 들어가 말(곡식, 액체, 가루 따위의 분량을 되는 데 쓰는 그릇. 열 되가 들어가게 나무나 쇠붙이를 이용하여 원기둥

모양으로 만든다.)을 뒤집어쓰고는, '아따! 내가 뭐 때문에 잘났겠나! 돈이 많아서 잘났지!' 하며 덩실덩실 춤을 추었다.

이튿날 김진사가 백정을 다시 불러서 혼사를 재촉하자, 그때서야 백정은 자기 아내와 상의한 후에 허락을 하였다. 김진사 아들과 백정 딸의 혼인날이 정해지자, 부자인 백정이 김진사 집에 쌀과 돈을 한가득 보내주었다. 덕분에 김진사는 순식간에 부자가 되었다. 백정의 딸과 김진사의 아들은 그렇게 혼인잔치를 하고, 아들 형제를 낳고 살았다.

김진사는 항상 아들에게 말하기를,

Ⓐ "너는 내가 죽더라도 네 아내를 홀대하지 말고 잘 대해 주어라. 아내를 위해 주면서 잘 살면 너도 생전에 무탈하게 살 수 있고 네 자식들의 생전에도 그럴 것이다. 그저 아내를 괄시하지만 말아라."

라고 하였다. 김진사는 그렇게 복 많은 백정 딸을 며느리로 삼은 덕분에 부자로 잘 살다가 죽었다. Ⓑ 아버지가 돌아가시자마자 김진사의 아들은 걸핏하면 '백정의 딸년'이라면서 아내를 구박하기 시작하였다. 그렇게 매일 '네까짓 백정의 딸년!'이라며 두들겨 패면서 '집을 나가라!'고 윽박지르자, 백정의 딸은 도저히 견딜 수가 없어서 아이들을 남겨둔 채 홀로 그 집에서 나오고 말았다.

오갈 데 없는 백정의 딸은 산중으로 들어가 하염없이 걷다보니, 멀리 오막살이에서 불빛이 반짝반짝 하는 것이 보였다. 딸이 그 집의 문을 두드리며 하룻밤 자고 가기를 청하자, 백발의 할머니가 나와서 문을 열어 주었다.

"이런, 우리 집은 가난해서 먹을 것도 없고 집도 이렇게 누추하다오. 이런 곳에서 부인 같은 사람이 어떻게 자겠어?"

"갈 곳 없이 떠도는 처지에 무엇을 가리겠습니까? 부디 허락해 주세요."

할머니가 마지못해 허락을 했다. 오막살이집에 들어가 보니 아무도 없었다. 할머니가 내준 죽 한 그릇을 먹으며 백정의 딸이 물었다.

"이곳에서 할머니 혼자 사시나요?"

"우리 아들하고 같이 살지. 아들이 하나 있는데 나이 삼십이 넘도록 장가를 못 갔다오."

"아드님은 어디에 갔나요?"

"숯을 구우러 다닌다오."

백정의 딸은 그 오두막에서 잠을 잤다. 다음날 아침 할머니는 밥을 해서 숯을 구우러 간 아들에게 가서 밥을 먹이며 간밤의 일을 말해 주었다.

"어떤 얌전한 색시가 우리 집에 왔는데 갈 곳이 없다면서 그냥 집에 머물고 있다."

그 말을 들은 숯구이총각은 노모가 말하는 색시가 몹시 궁금해져서 몸이 달았다. 저녁에 집으로 돌아와 보니, 얌전한 색시가 앉아 있는 것이었다. 총각은 한 눈에 그 색시가 마음에 들어서 이대로 같이 살자고 말을 꺼냈다. 백정의 딸은 망설이지 않고 대답했다.

"저는 이미 시집을 갔다가 제대로 못 살고 나온 처지이니, 여기서 그냥 살지요."

그래서 숯구이총각과 백정의 딸은 함께 살게 되었다. 죽으로 연명하며 사흘째가 되던 날 숯구이총각이 아내에게 자신의 밥을 가져오라며 장소를 가르쳐 주었다. Ⓒ 백정의 딸이 밥을 해서 숯가마로 찾아갔는데, 주변을 찬찬히 둘러보니 거기에 있는 돌들이 온통 금덩어리였다. 그래서 생각하기를, '아니, 이것만 잘 팔면 생전 부자로 살아갈 텐데 이것을 몰라보고 숯만 굽고 앉았구나.' 백정의 딸이 예쁜 돌 하나를 집어 들고는,

"이건 내가 가져가서 물동이를 괴어 두는 데 써야겠어요."

어렵게 얻은 아내가 원하는데 그걸 주지 못할 이유가 없는 남편은 흔쾌히 가져가라고 하였다. 시어머니 역시 그것이 금인 줄 모르고 물었다.

"그런 돌은 뭘 하려고 가지고 왔느냐?"

"아, 물동이를 괴어놓으려고 가지고 왔어요."

저녁이 되어 남편이 돌아오자 아내가 말했다.

"내일은 숯을 굽지 말고 그 돌들을 좀 주워 오세요."

"그런 돌을 주워서 어디에 쓰나?"

"다 쓸 데가 있으니 돌을 모아오세요."

남편은 아내가 시키는 대로 돌 몇 개를 모아 왔다. 그러자 아내는,

"이제 소를 한 마리 얻어 오세요."

"소를 한 마리 가져다 어디에 쓰나?"

"그저 제가 시키는 대로만 하세요."

남편은 소를 한 마리 얻어 와서 아내가 시키는 대로 소의 양옆구리에 그 돌을 몇 개 실었다.

"그래, 이제 이걸로 뭘 하나?"

"장터에 가서 이 돌들을 팔아 오세요."

"아니, 누가 이런 돌을 산다고 돌을 팔아 오라고 하시오? 말도 안 되는 소리를 하는구려."

"그냥 제 말씀대로 해 보세요. 이것을 가져가서 장터에 앉아만 계세요. 하루 종일이라도 그저 앉아 계세요. 해가 지더라도 앉아 있으면, 그러면 다 잘 될 거예요."

그래서 남편은 아침 일찍부터 새벽 장에 가서 정말로 하루 종일 앉아 있었다. 사람들은 '돌을 가져다 놓고 앉아 있네.'하며 그냥 지나칠 뿐 아무도 그 돌을 사려고 하지 않았다. 남편도 이런 돌을 사가라고 차마 말하지 못한 채 그저 앉아만 있었다. 해가 질 무렵이 되자, 어디서 말을 탄 사람이 다가왔다. 두루마기를 입고 갓을 점잖게 쓴 그 사람은 돌들을 쭉 보더니,

"내가 전부 사겠네. 전부 주시게."

하며 돈 몇 천 냥을 주고 그 돌들을 사 갔다.

남편은 돌을 팔아서 얻은 돈 자루를 들고 집으로 돌아왔다. 많은 돈을 본 노모는 크게 기뻐하였고 그렇게 될 것을 알고 있었던 아내는 별다른 말이 없었다. 이후로도 남편은 아내가 시키는 대로 계속 돌을 팔아 그 돈으로 땅을 사서 금세 부자가 되었다. 부자가 된 부부는 노모를 모시고 살며 아들 형제를 낳았다.

그러다 문득, 백정의 딸은 전에 살던 시집에 두고 온 아들 형제가 생각이 났다. '내가 없으니 이제 그 집은 쫄딱 망해서 거지가 되었을 텐데, 내 아들들을 앞세워서 밥을 얻어먹으러 다닐 텐데…….' 하며, 남겨두고 온 불쌍한 자식들에 대한 걱정으로 늘 얼굴이 어두운 채 깊은 시름에 잠겨 있었다. 그러자 두 번째 남편이 물었다.

"지금 우리는 돈도 이렇게 많고 좋은 집을 지녔고 몇 섬지기 땅도 샀고, 부리는 종도 두었는데 무엇이 부족해서 늘 그렇게 어두운 표정을 짓고 있는 거요? 소원을 말해 보시오."

"내 소원은요……."

아내는 그제야 자신의 근심거리를 남편에게 털어 놓았다.

"거지 잔치를 석 달만 열어 주세요."

"아, 그렇게 합시다. 돈도 얼마든지 있는데 왜 못하겠소? 당신 소원대로 하지요."

그리하여 부부는 음식을 많이 장만하고 삼부자가 입을 비단옷도 마련해두고서, 거지 잔치를 석 달 동안 열게 되었다. 소문을 듣고 온갖 거지들이 몰려들었다. 백정의 딸은 찾아오는 거지마다 샅샅이 살폈지만, 자신의 전남편과 자식들은 통 보

이지 않았다. 그렇게 석 달이 거의 지나갈 무렵에 자신의 앞뒤로 사내아이를 한 명씩 세우고 들어오는 남자가 있었는데 바로 전 남편과 아들들이었다. 그렇게 거지가 된 전남편의 꼴을 보니, 백정의 딸은 분하기도 하고 괘씸한 기분도 들었지만, 자식들을 생각하니 딱하다는 생각이 들어서 세 사람을 안으로 들어오게 했다.

백정의 딸은 한 상을 잘 차려서 전남편과 아들들에게 푸짐하게 대접하고는, 하인에게 시켜서 커다란 가마솥에 물을 끓이라고 했다. 세 남자는 그게 자기들을 잡으려는 것인 줄 알고,

"아이고, 저는 얻어먹은 죄 밖에 없습니다. 저는 아무 죄도 없으니 제발 살려 주십시오!"

하며 빌었다.

"아무 말 말고 그대로 있어 봐요."

백정의 딸은 하인을 시켜서 그들의 옷을 다 벗기고 깨끗하게 씻기게 했다. 말끔해진 세 남자에게 비단옷을 한 벌씩 입혀 주고는 다시 불러들였다. 그러자 그때서야 김진사의 아들은 예전에 자신이 내쫓았던 아내의 얼굴을 알아보았다. 백정의 딸이 물었다.

"그간 어떻게 사셨소?"

"아니 뭐……. 어휴, 당신은 그렇게 쫓겨났어도 여기서 이렇게 잘살고 있었구려. 나는 거지가 되어 아이들을 데리고 다니며 빌어먹고 살았다오."

"아이, 당신이 그렇게 될 줄 알았어요. 아이들을 생각해서 지금 이렇게 하는 것이지, 당신을 봐서는 내가 이렇게 안 합니다. 당신은 아주 고생을 해도 싸요."

자신이 생각해도 자기가 그녀를 마구 구박하고 내쫓은 데다 이제는 다른 남자의 아내가 되어 있으니 아무 소용이 없었다. 백정의 딸이 많은 돈을 꺼내주면서

"이제 이걸 가지고 가서 잘 먹고 살아요."

라고 말하고 문득 생각해보니, '그렇지만 이 돈을 받아도 복이 없어서 불리지를 못하면 아무 소용이 없겠구나.' 하는 생각이 들었다. '고생했을 자식들과 내게 잘해 주셨던 시아버지를 생각해서라도 전남편과 자식을 이렇게 보내면 안 되겠다. 아무래도 내가 도로 이들을 따라가서 자식들을 데리고 살아야지. 시아버지의 유언이 있는데, 내가 그것을 어기고 이렇게 살면 나도 죄를 받겠지.' 라고 생각한 백정의 딸은 두 번째 남편에게 말했다.

"제가 이 집에 와서 당신 모자를 이렇게 부자로 만들어 드리고 형제도 낳았으니, 이제 당신은 살아생전 잘 먹고 잘살게 되겠지요. 그러니 저는 이만 본래의 집으로 돌아가야겠습니다."

그리고 Ⓓ 전남편과 아들들을 앞세우고 예전에 살던 집으로 돌아갔다. 모두 함께 살게 된 이들은 점점 부유해지더니 예전처럼 다시 부자가 되어 잘살았다.

◎ Ⓐ에 나타난 김진사의 생각과 욕망을 해석해 보세요.

◎ 김진사의 아들은 왜 Ⓑ와 같이 행동했을까요?

◎ Ⓒ에서 알 수 있는 백정의 딸이 가진 '복'은 무엇일까요?

◎ 백정의 딸은 왜 Ⓓ처럼 행동했을까요?

◎ 이 이야기에서 얻을 수 있는 깨달음을 모두 적어 보세요.

◎ 이 이야기의 등장인물들에게 하고 싶은 말을 적어 보세요.

등장 인물	등장인물에게 하고 싶은 말
백정의 딸	
진사의 아들	

5. 〈신립장군과 원귀〉

예전에 권판서權判書라는 사람이 있었는데 딸이 둘 있었다. 두 딸이 모두 시집을 갔는데 권판서의 첫째 사위가 오성, 둘째 사위가 신립이었다. 두 사위는 혼인한 후 몇 년 동안을 글공부에만 매진했다. 어느 날 권판서가 두 사위를 불러서 말하였다.

"너희 두 사람이 이렇게 몇 년 동안 글을 읽었으니 오늘부터 한 열흘 정도 어디 가서 마음대로 쉬다 오거라."

첫째 사위인 오성이 나귀를 타고 놀러 나갔는데, 갑자기 비가 와서 인근의 주막에 묵게 되었다. 그 주막은 방이 세 칸뿐인 작은 주막이었다. 오성이 나귀를 매어 두고 방에 들어와서 저녁을 먹고 일찍 자려던 때였다.

갑자기 미친 여자 한 명이 벌컥 찾아와서 자신과 잠자리를 하자며 오성을 덮치는 것이었다. 오성은 글공부를 하느라고 몇 년간 단방斷房했으나 여인의 청을 거절하지 못하고 하룻밤을 동침했다. 그러자 미친 여자가

"이제 죽어도 여한이 없습니다!"

하고 말하더니 춤을 추며 마당으로 뛰쳐나갔다. 덩실덩실 춤을 추던 여자는 마당 한복판에서 그대로 고꾸라져 죽어 버렸다. 여인이 이렇게 갑자기 죽어 버리자 오성이 난처해하는데, 주막 주인이 나서서 말하였다.

"이 여자의 송장은 저희가 치울 테니 나리는 아무 걱정 마십시오."

오성은 주막에서 하룻밤을 묵고 이튿날 혼자 집으로 돌아왔다.

한편, 활을 잘 쏘는 신립은 혼자서 말을 타고 산으로 사냥을 나갔다. 정신없이 노루를 쫓아가던 신립은 그만 산중에서 길을 잃고 말았다. 이미 날이 저물어서 이러지도 저러지도 못하던 차에, 멀리서 언뜻언뜻 불빛이 보였다.

'저기에 가면 사람 사는 데가 있을 것이다. 저기에 가 보는 수밖에 없겠다.'

그렇게 생각한 신립은 불빛이 나는 곳으로 향했다. 그러자 거기에는 으리으리한 기와집이 있는 게 아닌가. 신립이 대문을 두드리자 안에서 젊은 처녀가 나왔다.

"이런 산중에 있는 집을 어떻게 찾아오셨습니까?"

처녀가 묻자 신립은 사실대로 사정을 말했다.

"실은 이 근처에서 사냥을 하다가 날이 저물어서 옴짝달싹 못하고 있소. 하룻밤만 재워 주시오."

그러자 처녀가 말하기를,

"물론 저희 집에는 손님이 묵으실 만한 방이 많이 있지만 이제는 아무도 그럴 수

가 없습니다."

"아니, 그것이 무슨 말이오? 제대로 된 방이 아니라도 좋소. 산중에서 노숙하는 것보다야 낫겠다고 생각해서 찾아왔으니 좀 묵어가게 해주시오."

"여기서 묵으시면 분명 후회하실 것입니다……."

처녀가 그렇게 말하자 무슨 사연이 있음을 짐작한 신립이 물었다.

"후회라니 그건 또 무슨 뜻이오?"

"저희 가족은 본래 서울의 대갓집이었는데 전쟁이 난다고 하여 짐을 싸서 피란을 왔습니다."

처녀의 사정은 이러했다. 곧 전쟁이 난다며 난리가 났기에 온가족이 피란을 가기로 했다. 처녀의 가족들은 산중에 숨어서 몇 년 지내다가 평화로운 때가 오면 그때 내려오자며 종들도 데리고 이 산의 기와집으로 오게 되었다. 그런데 산으로 들어오자, 힘이 센 종 하나가 나서서 고립된 처녀의 가족들을 마음대로 쥐락펴락 했다는 것이었다. 힘 센 종은 다른 종들을 다 죽이고 기어이 처녀의 남동생과 부모님마저 죽였다는 것이었다.

"그래서 그 종이 오늘 저녁에, 마지막으로 저를 해치러 올 것입니다. 그 종이 저에게 혼인하자고 하는데 저의 힘으로는 항거할 수도 없겠지요. 그러니 저는 오늘 저녁에 자결할 생각입니다. 이런 곳인데 나리께서 어찌 묵어가시겠습니까?"

그러자 신립이 대답했다.

Ⓐ <u>"그런 것은 신경쓰지 않아도 되오. 그런데 그 종은 언제 오는 것이오?"</u>

"그 자는 이 언덕 너머에 있는 오두막에서 살고 있습니다. 밤이 깊어지면 찾아옵니다."

신립은 처녀를 따라 기와집에 들어가서 처녀가 차려준 밥을 먹었다. 그러고는 처녀에게,

"당신은 저기 벽장에 숨어 있으시오."

라고 말하더니, 활을 챙겨서 방 한가운데에 앉았다. 밤이 깊어지자 덩치가 큰 남자 하나가 성큼성큼 들어오는데 처녀가 말한 그 종이었다. 신립이 활을 쏴서 종을 맞혔다. 화살을 정통으로 맞은 종은 고꾸라지더니 그대로 쓰러져 죽었다. 그 모습을 본 처녀가 벽장에서 나와 신립에게 말했다.

Ⓑ

"저를 구해 주셔서 정말 감사합니다. 나리! 저는 여기서 죽을 목숨이 었는데 나리께서 살려주셨으니 나리를 따라가겠습니다. 저를 소실로 데려가 주세요."

"나는 이미 아내가 있어 소실을 둘 처지가 못 되니 당신을 데려갈 수 없소."

"그러면 부엌 잡일이라도 시켜 주세요. 무엇이든지 하겠습니다. 제발 저를 데려가 주세요. 나리!"

"당신은 여기서 계속 살다가 원하면 다른 데로 가면 그만이지 않소? 나를 따라올 필요가 없소. 그리고 나는 장인의 집에 얹혀사는 몸이라 당신을 데려갈 형편도 못 되오."

신립은 애걸하는 처녀의 부탁을 딱 잘라 거절했다.

신립이 처녀를 놔두고 기와집을 나오는데, 처녀가 마지막으로 말했다.

"그렇게 정 가시려거든 저 산을 넘어가다가 제가 부르면 한 번만 돌아보고 가세요."

신립이 기와집을 나와 한참 산을 넘어가는데, 처녀가 지붕 위에 올라가서 신립을 소리쳐 불렀다.

"서방님, 저 좀 보십시오!"

Ⓒ 처녀는 온몸에 기름을 끼얹은 모습이었다. 처녀가 장작을 쌓아놓은 기와집에 불을 지르더니 제 몸에도 불을 질렀다. 처녀는 그렇게 기와집과 함께 활활 타서 죽어 버렸다. 그 광경을 본 신립은 아찔한 기분에 눈앞이 캄캄해서 얼른 집으로 돌아왔다. 돌아오는 길에도 불타는 처녀의 모습이 잊히기는커녕 계속 생각이 나서 혼자 끙끙 앓았다.

그렇게 오성과 신립 두 사위가 권판서 집으로 돌아오다가 집 앞에서 마주쳐 함께 들어왔다. 권판서는 나란히 들어오는 두 사람의 얼굴을 보더니 둘을 불러 앉혔다. 권판서는 먼저 오성에게 물었다.

"자네는 무슨 일을 하고 왔기에 얼굴에 그렇게 화색이 도는가? 무슨 좋은 일이 있었는지 말해 보거라."

오성은 하는 수 없이 미친 여자와 동침한 사실을 이야기했다. 이야기를 다 들은 권판서가, Ⓓ "이야, 참 잘 했다. 참 잘 했어."
하며 크게 칭찬을 했다.

그는 다음으로 신립의 얼굴을 들여다보더니 물었다.

"자네는 무슨 일이 있었기에 얼굴에 수심이 깊은가? 나는 자네가 큰일을 할 사람인 줄 알고 사위를 삼았는데 무슨 짓을 저질렀기에 얼굴이 이렇게 흉하게 되었는가? 바른대로 말하라!"

그러자 신립은 할 수 없이 산중에서 있었던 일을 모두 이야기했다. 그러자 권판서가 호통을 치며 말했다.

Ⓔ "예끼! 이 못난 놈! 참으로 못난 놈이로다!"

그러고는 권판서가 작은 유리병 하나를 꺼내서 신립에게 주었다. 그 유리병은 마개가 꽉 틀어 막혀 있는 물건이었다. 권판서가 말했다.

"이것은 자네가 일평생 지니고 다니면서 절대로 마개를 뽑으면 안 되는 물건일세. 자네가 평생에 걸쳐서 할 일을 어느 정도 해내고 나면 마개를 뽑아도 된다네. 그 전에는 절대로 뽑아선 안 되네!"

그런 일이 있고 난 후에, 임진왜란이 발발했다. 신립은 장군이 되어 일본군과 싸우게 되었다. 일본군과 맞서기 위해 좋은 자리에 진을 치고 있는데 하늘에 웬 여자가 날아다니며 말했다.

"여기서 퇴진을 해야지. 퇴진을 해서 배수진을 쳐야지."

여자가 그렇게 계속 하늘을 떠다니며 말하자, 신립은 좋은 징조라는 생각이 들었다. '이것은 하늘이 나를 도우려는 것이다. 하늘의 뜻에 따르면 우리가 이기리라.' 신립이 하늘에서 들리는 여자의 말대로 퇴진하여 배수진을 쳤다. 그러자 권판서가 줬던 유리병의 마개가 저절로 뽑히는 게 아닌가.

그 후, 신립은 진을 옮겨간 곳에서 일본군을 만나 수백, 수천의 군사를 잃고 본인도 거기서 죽고 말았다고 한다.

◎ Ⓐ에 나타난 신립의 내면심리를 해석해 보세요.

◎ Ⓑ에 나타난 신립의 내면심리를 해석해 보세요.

◎ 왜 Ⓑ처럼 행동했을까요? 처녀의 심리를 해석해 보세요.

◎ 왜 Ⓒ처럼 행동했을까요? 처녀의 욕망을 해석해 보세요.

◎ 권판서는 왜 오성에게는 Ⓓ처럼, 신립에게는 Ⓔ처럼 말했을까요?
자신이 권판서였다면 두 사위에게 어떤 말을 했을까요?

◎ 이 이야기가 말하고자 하는 바(주제)는 무엇일까요?

◎ 이 이야기는 허구입니다. 각 등장인물은 실존인물 '오성'과 '신립'과 어떤 공통점과 차이점이 있나요? 왜 이들을 주인공으로 삼아서 이런 이야기를 만들었을까요?

〈역사적 실존인물 신립〉

신립申砬 (1546~1592년)

조선전기 함경도남병사, 삼도순변사 등을 역임한 무신.

어릴 때부터 글 읽기보다 무예 닦기를 좋아하여 22세 때 무과에 급제한 뒤 선전관 · 도총관 · 도사都事 · 경력經歷 등의 벼슬을 거쳐서, 외직인 진주판관으로 나갔다. 1587년 2월 왜선 18척이 전라도 흥양현興陽縣에 침입하자 우방어사右防禦使로 임명되어 군관 30명을 거느리고 토벌에 나섰다가 이미 왜구들이 철수한 뒤라 돌아오던 중, 양가의 딸을 첩으로 삼았다는 삼사의 탄핵으로 파직되었으나 곧 함경도남병사로 다시 임명되었다. 1588년 고미포古未浦의 야인 부락에 출정, 적병 20명을 목 베고, 말세 필을 빼앗아 돌아왔다.

1592년 임진왜란이 일어나자 조정에서는 신립을 삼도순변사로 임명하고 보검을 하사하였다. 80명의 군관과 시정백도市井白徒 수백 명을 모병하여 충주로 떠났다. 이어 부장 몇 사람을 거느리고 조령鳥嶺으로 내려가 지형을 살폈다. 이 때 군관 60여 명과 군졸 4,000여 명을 이끌고 남하했던 순변사 이일李鎰이 경상도 상주에서 왜군에게 패하여 쫓겨 와 신립에게 무릎을 꿇고 죽여줄 것을 청하였다. 그러나 신립은 이일의 재주를 아껴 용서하고 선봉장으로 삼았다. 이일은 왜군의 정세가 대적할 수 없을 정도로 대군이라고 보고하였다. 이에 김여물 등이 아군의 수가 열세임을 들어 지형이 험한 조령에서 잠복, 전투를 벌일 것을 주장하였다.

신립은 아군의 열세에도 불구하고 기병의 활용을 극구 주장하여 군대를 돌려 충주성 서북 4㎞ 지점에 있는 탄금대彈琴臺에 나아가 배수진을 치고 임전태세에 들어갔다. 그러나 이 해 4월 28일 배수의 진을 친 아군을 향하여 고니시[小西行長]를 선두로 한 왜군이 대대적으로 공격해오자 중과부적으로 포위되어 참패를 당하고 말았다. 그 결과 아군의 힘을 믿고 미처 피난을 하지 않았던 충주의 사민士民과 관속들이 많은 희생을 당하였다. 아군이 섬멸되자 김여물 · 박안민朴安民 등과 함께 남한강물에 투신, 순절하였다. 뒤에 영의정에 추증되었으며, 시호는 충장忠壯이다.

출전 : 한국학중앙연구원, 『한국문화대백과사전』, "신립"

2장 서사 속에 담긴 의미 해석

1. 〈지혜 있는 두꺼비〉

옛날 어느 산골짜기 마을에 호랑이를 잡으려고 놓은 덫이 있었다. 동네에 사는 노인이 동구 밖에 나와 보니, 호랑이가 지르는 소리가 들렸다.

"나 좀 보시오! 나 좀 보시오!"

노인이 가서 보니 호랑이 한 마리가 그 덫에 빠져 있었다.

"그래, 왜 그러느냐?"

"날 좀 꺼내 주시오!"

Ⓐ "에라, 이놈아! 네 얼굴을 보니 너를 꺼내 놓으면 분명히 나를 잡아먹을 것이다. 그러니 널 꺼내줄 수가 없다."

"제가 아무리 짐승이라도 부모를 잡아먹지는 않습니다. 영감님은 제 아버지가 되고 저는 영감님의 아들이 되기로 할 테니, 나를 좀 꺼내 주시오."

노인이 가서 덫의 문을 치켜드니, 호랑이가 빠져나와서 기지개를 켜며 말했다.

Ⓑ "사흘이나 굶은 범이 아비를 알까 보냐? 내 입으로 어서 들어오시오."

동구 밖에는 몇 백 년 묵은 큰 정자나무가 하나 있었다. 눈물을 흘리던 노인이 말했다.

"야, 호랑아!"

"예."

"저 정자나무한테 가서, 목신木神한테 가서, 우리가 송사訟事(백성끼리 분쟁이 있을 때, 관부에 호소하여 판결을 구하던 일)를 한번 해보자. 송사를 해서 나를 잡아먹으라고 하면 잡아먹고, 잡아먹지 말라고 하면 안 잡아먹고. 그렇게 송사를 하자."

그러자 호랑이가

"목선생! 목선생!"

하고 정자나무에게로 가서 지금까지의 일을 이야기했다.

"그래서 기어이 나를 잡아먹어야 되겠나?"

라고 노인이 물으니, 목신이,

Ⓒ "그래! 잡아먹어라. 내가 수천 년 동안 여기에서 이러고 있어 보니, 오뉴월 염천이 되면 동네 나무꾼들이 전부 여기로 나와서 시원하다며 내 밑에서 낮잠을 쿨쿨 자고, 하아……! 요놈들이 이를 잡아서 내 발꿈치에다 놓고서 똑똑 죽이고, 담배를 뻐끔뻐끔 피우다가는 담뱃대로 내 발꿈치에다 톡톡 터니, 내 육천 마디가 욱씬욱씬 하다. 그 인간, 너, 쓸데없다. 잡아먹어 버려라!"

라고 하니, 호랑이가 말했다.

"자아! 이제 어떡하실래요? 얼른 내 입으로 들어오시오."

영감이 건너편을 바라보니, 백여우 한 마리가 산사태를 피해 나오는 것이었다.

"얘야, 저 여우한테 가서 송사를 한 번 더 하자."

호랑이가 여우를 쫓아가며 불렀다.

"여우선생! 여우선생!"

여우는 맹호가 부르니 냉큼 갈 수도 없고, 그렇다고 안 갈 수도 없어서 그저 가만히 있었다. 호랑이가 지금까지의 사연을 말하는데, 사리가 많이 그른 이야기를 하는 것이었다. 자신을 살려준 사람을 잡아먹으려고 하다니 말이다. 그렇다고 사람을 못 잡아먹게 하면 대신 자신이 죽게 될 것이라서, 여우의 입장에서는 참 난감하였다. 그래서 여우가,

Ⓓ "나는 이 산중에만 있으니 귀가 꽉 먹어서, 아무 소리도 못 알아듣습니다. 귀가 먹었어요!"

라고 말하고는 훌쩍 도망가 버렸다.

영감이 바위 밑을 보니 두꺼비 한 마리가 배를 볼록볼록 하고 있었다.

"우리 저 두꺼비한테 가서 송사를 한 번만 더 하자."

"그럽시다."

호랑이가 또,

"두꺼비선생! 두꺼비선생!"

하고 부르더니, 지금까지의 사연을 말했다.

두꺼비가 들어 보니, 호랑이가 아주 나쁜 놈이었다. 제 목숨을 살려 주었더니 오히려 그런 은혜를 베푼 사람을 잡아먹으려고 하다니, 이치에 맞지 않았다. 그래서 두꺼비가

Ⓔ "그럼 호랑이가 원래 있었던 그 자리로 가 보자. 거기로 가면 내가 판단을 해주지."

라고 하였다. 호랑이가 원래 빠져 있었던 그 덫 안으로 들어가자, 두꺼비가 말했다.

"네가 여기 갇혀 있었을 때, 답답해서 했던 그 행동을 한 번 더 해 봐라."

그래서 이 호랑이가 그곳에서 다시 누워도 보고, 앉아도 보고, 거기에서 빠져 나오려고 야단이었다.

그때 영감이 뒤로 돌아가서 덫의 못을 쳐 버렸다. 그리고는 동네사람들을 모아 와서 그 호랑이를 잡았다.

◎ 이 이야기에서 말하고자 하는 바(주제)는 무엇일까요?

◎ 노인은 Ⓐ와 같은 사실을 알고도 왜 호랑이를 구해 주었을까요?

◎ Ⓑ와 같이 말한 것으로 볼 때, 호랑이의 성품은 어떤가요? 호랑이는 노인이 부탁한 '송사'를 왜 허락했을까요?

◎ 목신은 왜 Ⓒ와 같이 판결했을까요?

◎ 여우는 왜 Ⓓ와 같이 말했을까요?

◎ 두꺼비는 왜 Ⓔ와 같이 판결했을까요? 두꺼비는 어떤 인물일까요?

◎ 이 이야기를 우리의 사회현실과 관련지어서 해석해 보세요.

2. 〈삼대 과부의 아들 병을 고친 의원〉

옛날에 어떤 의원이 서울에 갔다가 내려오는 길에 문경을 지나게 되었다. 날이 저물자 의원은 머물러 갈 집을 찾다가 어떤 으리으리한 집에 당도하게 되었다. 그 집 앞에서 주인을 찾으니, 바깥주인은 없고 대신 하인들이 나오는 것이었다.

"이보시오, 날이 저물었으니 하룻밤만 재워 주시오."

"아, 그러시지요. 저기 사랑방에서 주무시면 됩니다."

그래서 의원이 사랑방에 들어가서 혼자 앉아 있으니, 하인들이 저녁을 잘 차려 주었다. 그런데 문득 큰 방에서 울음소리가 들리는 것이었다. 잘 들어 보니, 윗방에서 여자들 여럿이 야단스럽게 우는 소리였다. 의원이 이상하게 여겨서 하인들을 불러서 물었다.

"아니, 안주인들이 어찌 저리 울고 계시오?"

"이 집은 바깥주인은 안 계시고, 삼대 과부들만 사는 집입니다. 상늙은이도 과부, 중늙은이도 과부, 젊은 각시도 과부, 이렇게 삼대가 과부인데 서너 살짜리 삼대 독자가 곧 죽을 지경이라서 그렇습니다."

그러자 의원이 자신의 신분을 밝히며

"그렇소? 그 아이를 내가 한번 봤으면 싶은데, 안방에 가서 한번 물어봐 주지 않겠소?"

그러자 하인이 안방으로 가서 말했다.

"마님! 오늘 저녁에 하룻밤 재워 달라고 청한 그 양반이 의원이시랍니다. 이 의원이 아이의 병을 한번 진찰해 보겠다는데 어찌 할까요?"

"그래? 그러면 그 양반을 이리로 올라오시라고 해라."

의원이 윗방으로 가니, 아이의 어머니인 젊은 각시가 일어서서 맞이하며

"아이고, 아버지 오셨습니까!"

하는 것이었다. 생면부지인 사람이지만 의원이라는 소리에 그만 '아버지'라고 부르며 인사를 한 것이었다.

그러나 의원이 아이의 상태를 아무리 살펴보아도 도무지 병의 원인을 알 수 없는 것이었다. 원인을 알아야 병을 고칠 터인데, 이제 와서 병을 못 고친다는 말은 차마 할 수가 없어서,

"저희 집에 약이 있습니다. 내일 제가 집에 가서 약을 가져와야 고칠 수 있겠습

니다.”
하고 말했다.

“아이고! 그러면 아버지, 어서 빨리 가셔서 약을 가져오셔요!”

그렇게 의원은 삼대과부의 집을 나와서 자신의 집으로 향했다. 그러나 아이의 병을 낫게 할 약을 도저히 알 수 없어서 삼대과부의 집으로 돌아갈 수가 없었다.

“내가 의원 짓을 아무리 해도 삼대독자라는 저 어린것의 병 하나를 못 고치다니! 나 같은 게 무슨 의원이란 말인가! 이 약장이 다 무슨 쓸모란 말인가!”
하고 약장을 다 부숴 버렸다. ‘와장창!’하고 사랑방에서 부수는 소리가 나자 윗방에 있던 할머니가 뛰쳐나왔다.

“이 양반아, 이 밤중에 무슨 일이 있어서 갑자기 약장을 다 부순단 말이냐?”

“이것들이 아무 소용이 없으니 다 부숴야지 어쩌겠습니까!”

“그래, 부술 때 부수더라도 무슨 일인지 얘기부터 해 보거라.”

그러자 의원이 자초지종을 설명했다.

“여차저차 하여, 삼대과부가 있는 집에서 하룻밤을 머물게 되었는데 그 집의 어린 삼대독자가 병에 들었다고 하여 제가 저녁에 진찰을 해보았습니다. 그런데 그 병의 원인을 알 수가 없어서 고치지 못하고 왔으니 제가 어찌 의원이라 하겠습니까?”

이 의원은 사실 평범한 의원이 아니라 나라에서 으뜸가는 국의國醫였다. 그런데도 자신이 어린아이의 병 하나를 고치지 못하니, 이를 괴로워한 것이었다.

“그래? 그 약장은 그만 부수고 그만 진정하고서 내 말을 들어 보거라.”

“왜 그러십니까?”

“그 삼대독자를 고칠 좋은 약이 있느니라.”

“아니, 그게 무엇이란 말입니까!”

“남자가 없는 집에 어린 삼대독자 하나가 태어났으니, 과부 셋이서 그 아이를 얼마나 귀하게 여겼겠느냐? 천 날 만 날 과부 셋이서 아이를 어루만졌을 터이니, 음기가 올라서 아픈 것이다. 그것을 고치기란 아주 쉬운 일이다. Ⓐ<u>남자들이 많은 사랑방에 가서 때 묻은 장기짝 아주 오래된 것을 구해다가 그걸 푹 삶아서 그 물을 먹이면 나을 수 있을 것이다</u>.”

의원이 그 말을 듣고 오래된 장기짝을 구해다 푹 고아서 그 국물을 삼대독자에게 먹이니, 아이의 병이 싹 나았다. 그렇게 의원은 삼대독자의 병을 고쳤고, 그 아이의 어머니인 젊은 각시가 자신을 아버지라고 불렀으므로 새로 양딸도 하나 얻어서 잘살았다고 한다.

〈장기將棋 놀이〉

32개의 장기짝을 붉은 글자와 푸른 글자의 두 종류로 나누어 판 위에 정해진 대로 벌여 놓고, 둘이서 교대로 두어 장군을 막지 못하면 지게 되는 놀음놀이이다. 즉, 두 사람이 장기판을 두고 마주앉아 장기짝을 번갈아 움직이며 승부를 겨루는 "전쟁놀이" 형식의 오락이다. 인간의 파괴본능을 달래기 위해 전쟁을 소재로 발명하였다는 이야기가 있다.

장기는 바둑과 더불어 '기박棋博'이라고 하며, 나이의 많고 적음에 관계없이 언제 어디에서나 한가롭기만 하면 즐길 수 있는 진법陣法놀이이다.

장(將, 王 : 楚 · 漢)은 각 한 짝, 차車 · 포包 · 마馬 · 상象 · 사士는 각각 두 짝, 졸(卒, 兵)은 각 다섯 짝으로, 한쪽은 16짝이며, 양쪽을 합하여 32짝을 가로 10줄, 세로 9줄로 그려진 네모꼴의 장기판에 포진시켜서 적의 장(왕)을 진퇴불능 상태로 만들어 승패를 결정하는, 추리와 연상聯想과 적수敵手의 심리를 이용하는 지능적 오락이다.

나무토막에 글씨를 쓰고 그것을 조각한 알棋로 적의 장(왕)을 꼼짝 못하게 포위하여 승패를 겨루는 까닭으로 그 명칭을 '장기'라고 붙였다고 한다.

참조 : 한국학중앙연구원, 「장기」, 『한국민족대백과사전』, http://encykorea.aks.ac.kr/Contents/Item/E0048325

◎ 삼대독자가 건강하게 자라지 못했던 이유는 무엇일까요?

◎ 할머니가 Ⓐ와 같은 처방을 내린 이유는 무엇일까요?

◎ 의원도 알지 못했던 치료법을 할머니는 어떻게 알 수 있었을까요?

◎ 이 이야기를 우리의 사회현실과 관련지어서 해석해 보세요.

3. 〈지네와 구렁이의 승천 다툼〉

옛날에 한 남자가 살았는데 한없이 가난했다. 남자는 가난한데다가 자식이 많아서 그간 간신히 벌어먹고 살았지만, 결국 버텨 나갈 길이 없어서 내일 당장 식구 모두가 굶어죽을 지경에 이르렀다. 하나 굶어죽고, 둘 굶어죽고, 하나 갖다 묻고, 둘 갖다 묻고 하는 모습을 도저히 볼 수 없었던 남자는,

Ⓐ "에라, 내가 그 꼴을 보느니 차라리 사라져 버리련다! 죽거든 죽고, 살거든 살고, 너네 마음대로 해라! 나는 가련다!"

라고 하며 한밤중에 집을 나와 산 속으로 들어가 버렸다. 혼자 무작정 산중으로 올라가는데, 첩첩산중에 웬 불이 빤히 켜진 것이 보였다. 남자가 그 불빛을 따라서 올라가보니 아주 번듯한 집이 하나 있었다. 이 산중에 웬 집이 있는가 싶어서,

"주인 있소?"

하고 문을 두드리자 선녀 같은 여인이 하나 나오더니 들어오라며 문을 열어 주었다. 들어가 보니 남편 없이 여인 혼자서 지내는 것 같았다.

"바깥주인은 안 계십니까?"

"예. 없습니다."

"방이 하나뿐인데, 그런 집에 제가 어찌 들어가겠습니까? 저는 못 들어갑니다."

남자는 양심이 고운 사람이라서 그렇게 말했다. 그러자 여인이

"상관없으니 들어오시지요."

하고 남자를 친절하게 방으로 들였다.

"아직 저녁밥을 안 드신 것 같으니, 제가 저녁밥을 해오겠습니다. 그 동안 잠시 앉아 계시지요."

여인은 방 밖으로 나가더니 순식간에 저녁상을 해왔는데 밥과 반찬이 인간세상에서는 보지 못할 호화로운 것이었다. 그렇게 식사를 하고 나자 여인이 물었다.

"당신은 이제 어디로 가십니까?"

"나는 아무 데도 갈 곳이 없습니다."

"그러시다면 어디 가시지 말고 여기서 저랑 같이 삽시다."

죽으러 나왔던 남자는 뜻밖에 선녀 같은 여인을 만나서 그 날부터 여인과 함께 살게 되었다. 하루가 지나고 이틀이 지나면서 남자는 본래 살던 자기 집의 일은 까맣게 잊어버렸다.

그렇게 일 년이 지났다. 남자가 문득 생각하기를, 내일 저녁이면 부모님 제삿날

인데 목숨이 붙어 있으면 당연히 제사를 지내야겠지만 낯선 여인의 집에서 그럴 수도 없고 본가로 돌아가자니 식구들이 다 죽었는지 살았는지 그조차도 알 수 없는 노릇이었다. 남자는 그런 걱정으로 가슴이 답답했다. 여인은 남자에게 걱정거리가 있다는 사실을 눈치 채고 물었다.

"무슨 걱정이라도 있으십니까?"

여인이 자꾸 묻자 남자가 속내를 털어놓았다.

"그러면 본댁으로 돌아가셔서 제사를 지내십시오."

"본가에 돌아가도 식구들이 다 죽었는지 살았는지 모르는데 내가 어찌 가겠소."

"죽었을 리가 있습니까? 그러니 가셔서 제사를 지내고 오셔요. 그러나 꼭 돌아오셔야 합니다."

여인에게 꼭 돌아오겠다고 약속하고 떠나려는데 여인이 보따리를 하나 꺼내서 남자에게 주었다.

"이것은 무엇이오?"

"제가 손수 장만한 음식입니다. 이것을 제사상에 올려놓으세요."

"그러겠소."

남자가 그것을 받아서 집으로 향하는데, 가족이 죽었는지 살았는지 알 수 없어서 도무지 낮에는 집으로 들어갈 용기가 나지 않았다. 저녁에 자기 집에 불이 켜지는지 안 켜지는지 알아봐야겠다고 생각한 남자는 산꼭대기에 올라가서 자신의 집을 내려다보았다.

드디어 해가 지자 자기 집에 불이 딱 켜지는 것이었다. Ⓑ <u>'아하, 불이 켜지는 것을 보니 우리 가족이 아직 죽지 않고 살아 있었구나!' 남자는 산을 내려가서 자기 집 문간에 귀를 대고 엿들어 보았다.</u> 여러 아이들이 무엇을 먹었는지 기운차게 이야기를 하며 한 명도 배고프다는 소리를 하지 않았다. '이상하다. 뭘 먹고 저 놈들이 저리 힘차게 떠들고 있담?' 하고 이상하게 여기며 계속 귀를 기울이고 있는데, 자기 부인의 목소리가 들려왔다.

"너희 아버지는 어디서 열심히 돈을 벌고 계시는지, 오늘이 제삿날이니 집에 와서 제사를 지내고 가시면 좋으련만 오늘도 안 오실 모양이구나."

남자는 '그동안 내가 뭘 벌어다 준 게 없는데, 부인이 나더러 돈을 번다고 그러네? 참 이상하다.' 라고 생각하며, 문을 열고 들어가자 부인이 반가워하며 뛰어나왔다.

"그러면 그렇지요! 아무리 돈벌이가 좋다 해도 오늘은 꼭 오실 줄 알았습니다!"

방에 들어가자 제사상이 이미 차려져 있는데, 아주 으리으리하게 잘 차려져 있었다. 남자가 이상하게 여겨서 물었다.

"여보, 이것을 다 무슨 돈으로 차렸소?"

"무슨 돈이라니요? 당신이 벌어다 준 돈이지요. 아니면 제가 무슨 돈이 있어서 이렇게 차렸겠어요?

"내가 벌어다주다니?"

"매일 밤마다 집에 돈을 갖다 준 것이 당신 아니면 누구겠어요?"

남자는 속으로 '내가 그런 적이 없는데, 참 이상하다.'라고 생각하다가 산중의 그 여인의 소행일 거라는 데에 생각이 미쳤다. 그렇다면 '여태껏 식구들이 안 죽고 이만큼 살고 있는 것도 그 여인의 덕이고 그 날 저녁에 죽을 뻔한 내가 지금껏 살아 있는 것도 그 여인의 덕이구나.' 라고 생각한 남자는, 그 여인이 꼭 돌아오라고 부탁한 것을 떠올리며 빨리 제사를 지내고 돌아가야겠다고 마음먹었다. © <u>제사를 지내고 첫닭이 울자마자 남자는 나갈 채비를 했다. 그러자 부인이 남자를 붙잡았다.</u>

<u>"날이 새거든 내일 가시지 왜 이 밤에 가시려고 하십니까?"</u>

<u>"내가 지금 꼭 가야만 하오."</u>

남자가 집을 나와 여인이 있는 산중의 집으로 돌아가던 중에, 산 아래에서 머리가 하얗게 샌 노인을 만났다.

"자네 이 산 위의 그 집에 가는 길인가?"

"예, 그렇습니다."

"자네 이름이 아무개 아닌가?"

"예, 그렇습니다."

"자네, 지금 집에서 부모님 제사를 지내고 오는 길 아닌가?"

"예, 그렇습니다."

"오늘 저녁에 집에 가니 제사상을 다 차려 놓았고? 그리고 저 위에 사는 여자가 뭘 줬을 테지?"

"예."

노인이 마치 곁에서 지켜 본 것처럼 모든 것을 다 알고 있자, 신기하게 여긴 남자가 물었다.

"어찌 그렇게 잘 아십니까?"

"그래, 이 사람아. 내가 이제 바른 말을 하지. 내가 자네 부모하고 막역한 친구일세. 함께 저승에 있으면서 자네 부모의 제삿날에는 자네 부모만 온 적이 없고 꼭 나를 데리고 가고, 내 제삿날에는 나 혼자 제삿밥 먹으러 오지 않고 꼭 자네 부모와 함께 올 정도라네. 자네가 작년 제사에는 찬물 한 그릇하고 뭐를 놓고 지내지 않았나?"

"예, 그렇습니다."

"재작년에는 뭐, 뭐를 놓았고?"

"예, 그렇습니다."

노인의 말에는 조금의 틀림도 없었다.

"그래, 이만하면 자네도 내 말을 믿겠지. 자네는 내가 시키는 대로 하지 않으면 오늘 죽게 되네."

"예?"

"자네 그 여자 정체가 뭔지 아나?"

"뭡니까?"

"몇 천 년 묵은 지네라네. 그 지네가 자네를 잡아먹으려고 지금 여인으로 둔갑을 한 걸세. 오늘 저녁에 올라가면 내일 아침이면 자네는 죽게 되네. 죽고 싶지 않거든 내가 시키는 대로 해야만 살 수가 있네."

"제가 어떻게 하면 되겠습니까?"

"항상 식사를 겸상으로 놓고 둘이서 함께 먹지 않나?"

"예."

"내일 아침상을 차려오거든, Ⓓ 첫술을 떠서 꾹꾹 씹어가지고 그 여자 낯에다 확 뿜으면 그 지네는 자빠져 죽고 자네는 살 수 있다네. 오늘 저녁에는 자네 부모가 다른 일이 있어서 제사에 못 오고 나더러 다녀오라기에 내가 혼자 왔다네. 이것은 자네 부모의 각별한 부탁이니 꼭 유념하게."

"예, 그러겠습니다."

노인이 사라진 뒤, 남자는 혼자서 산을 올랐다. 불이 켜진 집에 들어가자 여인이 반가워하며 맞아 주었다.

"아이고, 벌써 오십니까?"

방에 들어가서 자는 둥 마는 둥하며 날을 새우고 이윽고 아침이 되었다. 여인이 아침상을 차려 와서 밥을 먹는데, '내가 안 죽으려면, 내가 살기 위해서는 밥을 뿜어서 여인을 죽여야 하는데, 이 여인이 아니었다면 나는 작년 이 맘 때에 이미 죽고 없었으리라. 게다가 우리 가족도 다 죽었을 터인데 이 여인 덕분에 일 년을 더 산 게 아닌가. 그렇다면 이 여인이 내 은인이라고 해도 과언이 아닌데 내가 어찌 죽이겠는가. 내가 지네의 밥이 되어 줘야지.' 하는 생각이 들어서, 남자는 밥을 꿀떡 넘기면서 '아나, 날 잡아먹어라!'라고 생각했다.

남자는 영감의 말처럼 이대로 지네의 뱃속으로 들어가는 줄 알고 눈을 질끈 감았다. 그러나 한참이 지나도 아무 일이 없어서 남자가 가만히 눈을 떠보니 여인이 그냥 앞에 앉아서 생긋 웃고 있는 것이었다. 어리둥절한 남자에게,

"당신은 왜 그 밥을 제 얼굴에다 뿜지 않았나요?"

여인이 물었다. 남자가 대답을 못하자,

"돌아오는 길에 만난 노인이 저를 지네라고 하면서, 첫술의 밥을 그냥 삼키면 당신이 제 뱃속, 지네의 뱃속으로 들어가고, 제 얼굴에다 밥을 뿜어야만 지네가 단번에 죽는다고 하지 않던가요? 그러면 당신이 죽을지도 모르는데 왜 그 밥을 그냥 삼켰나요? 뿜지 않고요?"

라고 하는 것이었다. 그러자 남자가 하는 말이

"그런 것이 아니요. 당신이 지네거나, 늑대거나, 여우거나 뭐이건 간에 당신 덕택으로 내가 일 년을 더 살고 우리 집 식구들도 일 년을 더 살았는데, 그렇게 나와 가족을 살려준 사람을 내가 어떻게 죽이겠소? 내가 죽어서 당신에게 밥이 되어 줘야지."

그러자 여인이 말하길,

"당신, 지성이면 감천이라더니 정말 그렇습니다. 실은 그 노인과 저는 본래 천상의 사람인데 득죄하여 지상으로 내려왔고, 좋은 일을 하면 다시 하늘로 올라가기로 되어 있습니다. 그런데 제가 당신을 보니 당신처럼 처지가 딱한 사람이 없지 뭡니까. 한 시간 내에 온가족이 다 죽을 지경이었지요. 그래서 당신을 불러들여서 혼인을 하고 일 년 동안 함께 살며 돌봐 드린 것입니다. 그 대가代價로 저는 이제 하늘로 올라갈 수 있게 되었지만 그 노인은 아직 좋은 일을 하지 못한 상태라서, 제가 먼저 천상으로 올라가는 것을 질투하여 당신에게 밥을 뿜으라고 시킨 것이었습니다. 당신이 만약 제게 밥을 뿜었다면 저는 그 더러운 걸 덮어써서 하늘로 못 올라가고 몇 해를 더 고생할 뻔 했습니다.

모두 당신의 옳은 마음 덕분이니 제가 천상에 올라가더라도 영원히 돌봐 드리겠

습니다. 그러니 섭섭하게 생각하지 마십시오. 저는 이만 물러갑니다."
라고 하더니 사라져 버렸다.

그 뒤로 남자가 집으로 돌아가자 과연 그 집의 논에는 비도 더 잘 오고 이삭도 더 잘 달리고 자식들도 공부를 잘할 뿐 아니라 가족이 몸살 한 번 겪지 않았다고 한다.

◎ 이 이야기에서 가장 인상적인 것(인물, 사건 등)은 무엇인가요? 그 이유는?

◎ 남자는 왜 Ⓐ와 같이 행동했을까요? 자신이라면 이런 상황에서 어떻게 행동했을까요?

◎ Ⓑ에 나타난 남자의 심리상태를 해석하고, 그에 대한 자신의 생각을 적어보세요.

◎ ⓒ에 나타난 남자와 부인의 심리상태를 각각 해석해 보세요.

◎ 노인이 제시한 Ⓓ의 방법이 상징하는 바를 해석해 보세요.

◎ 이 이야기를 우리 사회현실과 관련짓는다면 어떤 의미가 있을까요?

4. 〈떡보와 중국사신의 현문우답賢問愚答〉

옛날 평양에 미련스럽고 눈도 한 쪽이 보이지 않는 바보가 살고 있었다. 그 바보는 남의 집 머슴살이를 살았는데, 물을 길어다주거나 콩나물을 다듬어 주며 생활하고 있었다. 어린 시절에 부모님 덕에 글귀를 조금 읽었는지 자기 이름 정도는 알아볼 수 있었던 이 바보는 자다가도 벌떡 일어날 정도로 떡을 하도 좋아해서 떡보라고 불렸다.

하루는 조선에 재주가 뛰어난 사람이 얼마나 있는지 시험하려고 중국에서 사신이 왔다. 나라에서는 재주꾼을 찾기 위해 팔도를 수소문했지만, 중국사신과 대적할 만큼 뛰어난 재주꾼을 찾기가 어려웠다. 그럴 즈음에 떡보가 남의 집의 일을 봐주고 돌아오는 중이었다. 벽에 붙은 방을 읽어보던 사람이,

"야아! 재주 있는 놈은 팔자를 고치겠네."

라고 하는 것이었다, 옆에 있던 떡보가,

"도대체 거기 뭐라고 적혀 있기에 그래요?"

"넌 알 것 없다."

"아, 내가 좀 알면 안 돼요?"

"너 같은 바보가 그거 알아서 뭐하려고?"

"아, 바보라도 알 건 알아야 하지 않겠어요?"

그렇게 떡보가 끈질기게 물고 늘어지자, 결국 남자는 방의 내용을 말해 주었다.

"그럼 내가 가보지요."

"이 미친놈아! 네가 가긴 어딜 간다고 그래?"

떡보의 말에 남자가 핀잔을 주었다.

"그럼 어디로 찾아가서 얘길 해야 하나요?"

"고을원님한테 가서 이야기해라."

남자의 말에 떡보는 그 길로 고을원님을 찾아갔다. 동헌 문 앞까지 엉금엉금 기어가서는 사또를 불렀다.

"사또! 사또!"

"거기 누구냐?"

"지금 나라에서 재주 있는 놈을 찾는다던데, 거기에 가서 재주부리면 떡을 실컷 주나요?"

"아, 떡뿐이겠냐? 떡보다 더 좋은 것도 많이 주지."
"그럼 소인이 가겠습니다."
이 말은 들은 원님은 기가 막혔다. 남의 잔칫집에서 물이나 길어다 주고 콩나물이나 다듬어 주고 술과 떡을 얻어먹고 사는 떡보란 녀석이, 감히 중국사신과 대적한다니 말도 안 되는 소리이기 때문이었다.
"말 같지도 않은 소리는 하지도 말거라."
"하여튼 저를 좀 보내 주세요."
아무리 야단쳐도 떡보는 자기를 보내 달라며 고집을 부렸다. 비록 재주는 없을지라도 자신이 나서서 중국사신과 대적하겠다는 그의 충성심이 갸륵해서, 원님은 결국 상소를 올렸다.
조선팔도에 방을 붙였지만 아무도 선뜻 나서지 않던 차에, 어떤 바보 녀석이 나라를 걱정하여 중국사신과 대적해주겠다고 하자 나라에서는 떡보에게 고마워했다.
"중국사신과의 시합에서 이기면 소원을 들어 준다더구나. 네가 원하는 것은 다 들어 준다고 하더라."
"나라에서 진짜 그렇게 해 준대요?"
"그렇다."
"나라님은 거짓말을 하지 않죠?"
"예끼, 이놈아! 나라님이 어떻게 거짓말을 하느냐?"
임금은 조선을 위해 나서 주겠다고 한 떡보가 고마워서 그를 불렀다. 가만히 살펴보니 눈 한 쪽이 보이지 않는 떡보의 모습이 우스워 보였다. 떡보가 임금 앞으로 나가서 떡 엎드리자,
"그래, 중국사신과 잘 대적할 수 있겠느냐?"
"예, 할 수 있습니다."
"그 사람들을 대적해서 돌려보낸다면 네 소원도 들어 주고 네가 해달라고 하는 것은 모두 들어 주겠다. 하지만 만약 네가 그들을 상대하지 못한다면 네 목을 벨 것이다."
"목을 베어도 좋습니다. 떡만 실컷 먹으면 됩니다."
"그래? 그럼 사신들과 어떤 자리를 마련해 주었으면 하느냐?"
"다른 것은 필요 없고 사신들이 오는 압록강에 배를 한 척 띄워 주십시오."

떡보의 말대로 사신들이 조선으로 건너오는 날에 호화스럽게 꾸민 배를 강에 띄웠다.

한편, 인절미 집으로 간 떡보는,

"떡 다섯 개만 주시오."

라고 하였다. 떡보는 그 떡 다섯 개를 다 먹고서 잔뜩 배가 부른 채로 배에 올라타서 사신들이 올 때까지 기다렸다.

중국에서 온 사신이 일행을 거느리고 주변을 둘러보니, 떡보가 탄 배가 가장 좋아 보였다.

"이왕이면 저 배를 탑시다."

하고 배 위에 올라타니 애꾸눈을 한 사공이 있었다.

"네 눈을 새가 빼버렸구나! 새가 네 눈을 빼갔구나!"

하고 중국사신이 이야기하였다. 떡보가 가만히 생각해보니 자기 눈을 빼갔다는 말에 화가 났다. 그래서 사신을 바라보니 그의 입이 샐쭉한 것을 발견했다. 그러자 떡보는,

"네 입은 바람을 맞았구나!"

하고 말했다. 중국사신이 가만히 생각해보니 떡보가 같잖았지만 자신이 먼저 욕을 했으니 어쩔 도리가 없었다. '저 놈이 내 말에 얼마나 대꾸를 잘 하는지 좀 보자'고 생각한 사신은 손으로 동그라미를 그렸다. 떡보가 그것을 보고 가만히 생각해 보니, '아하, 저 놈이 동그라미를 그린 것을 보니 호떡을 잘 먹는가 보다. 그래서 올 때 호떡을 먹고 왔나 보지? 나는 네모진 인절미를 먹었으니 네모를 그리면 되겠다.' 라고 생각하고 떡 하니 네모를 만들었다. 떡보가 그렇게 대적하자 사신은 그가 만만치 않은 인물이라고 생각했다.

그래서 사신이 다시 한 번 시험해 볼 수밖에 없다고 여기고 손가락 세 개를 딱 들었다. '아하, 저 놈이 호떡 세 개를 먹었나 보군. 나는 다섯 개를 먹었으니 다섯 개를 가리켜야겠군.' 그렇게 생각한 떡보는 손가락 다섯 개를 펴보였다.

그러자 중국 사신들은 수염을 쓰다듬었다. 그걸 본 떡보는 '저 놈이 호떡 맛이 좋다고 말하는 거로구나.'라고 생각했다. '저 놈은 호떡 세 개가 맛이 좋다고 했으니 나는 인절미 다섯 개를 먹어서 배가 부르다는 뜻으로 배를 가리킬 수밖에 없군.' 그렇게 생각한 떡보가 자신의 배를 가리키자 사신이 통역을 시켜서,

"조선에 가지 않겠소. 조선에 들어갔다가는 큰일이 날 테니 들어갈 필요가 없겠

소."
라고 말했다.
"조선에 건너가신다고 하시더니 왜 그러십니까?"
하고 일행이 물으니,
"조선에는 일개 뱃사공도 저렇게 유식한데 조정의 벼슬아치들은 얼마나 기가 막히겠는가. 가 보았자 망신만 당할 것이다."
하고 대답했다.
"그게 무슨 뜻입니까?"

Ⓐ "아, 내가 그 놈이 하는 짓이 하도 같잖아서……. 하늘은 둥글고 땅은 모가 나서 천원지방天圓地方이라 한다. 그렇게 내가 손을 동그랗게 만들어서 천원天圓 즉 하늘을 아느냐고 물으니까, 저 사공은 자신은 땅도 안다며 네모를 만들어서 대답하더군. 그래서 내가 손가락 세 개를 들어서 네가 삼강三綱을 아느냐고 물으니까, 자신은 삼강은 물론이고 오륜五倫까지 안다고 손가락 다섯 개를 펴 보이지 뭔가? 그렇게 대답을 하도 잘하기에, 그럼 신농씨神農氏①를 아느냐는 뜻으로 내가 수염을 쓰다듬었더니 자신은 복희씨伏犧氏②까지 안다고 대답하더군. 저런 무식한 뱃사공조차도 저렇게 대답을 잘하는 것을 보니, 우리가 조선에 들어가 봤자 도저히 안 되겠네. 다 그만두고 그냥 돌아가세!"

라고 말하고는 중국으로 돌아가 버렸다. 조선 사람들 사이에서
"아! 글쎄, 중간에 나오다가 손짓을 몇 번 하고는 사신이 중국으로 도로 가 버렸다더라고."
라며 떡보에 대한 소문이 자자했다. 그러자 조정에서는 떡보를 불러서 물었다.
"너는 중국사신을 어떻게 대적했느냐?"
"대적을 하나마나, 그 사신은 뭐 별 것도 아니었습니다."
"그래 어떻게 했느냐니까?"

Ⓑ "배를 타고 강가에 대어 놓았는데, 사신이 저의 눈을 보더니 '네 눈깔은 새가 빼먹어서 상했다'고 하기에, 화가 나서 '너의 입은 바람을 맞아서 입이 틀어졌냐.'고 대답했습니다.

그리고 제게 자신은 호떡을 먹었다고 동그라미를 만들어서 보여 주기에 저는 인절미를 먹었다고 네모를 그려서 보여줬습니다. 그러니까 자신은 호떡을 세 개나 먹었다면서 손가락 세 개를 펴서 보여 주기에, 저는 다섯 개를 먹었다고 대답했습니다. 그랬더니 사신이 자기는 호떡 맛이 좋았다면서 수염을 쓰다듬기에, 저는 배가 부르다면서 배를 만졌습니다. 그랬더니만, 중국사신이 그만 돌아가 버리던 걸요. 그 뭐 학자들도 별 것 아니더라고요."

그래서 임금은 떡보에게 떡을 평생 동안 먹도록 해 주었다.

① 중국 고대 전설 상의 제왕. 삼황三皇의 한 사람으로, 농업 · 의료 · 악사樂師의 신, 주조鑄造와 양조釀造의 신이며, 또 역易의 신, 상업의 신이라고도 한다.
② 중국 고대 전설 상의 제왕. 삼황三皇의 한 사람으로, 팔괘를 처음으로 만들고, 그물을 발명하여 고기잡이 방법을 가르쳤다고 한다.

◎ 이 이야기가 말하고자 하는 바(주제, 의미)는 무엇일까요?

◎ Ⓐ와 Ⓑ에서 두 인물 사이의 의사소통이 잘 이루어지고 있나요? 왜 이런 일이 생겼을까요?

◎ 중국 사신은 어떤 인물인가요? 왜 그렇게 생각하나요?

◎ 떡보는 어떤 인물인가요? 왜 그렇게 생각하나요?

◎ 이 이야기의 내용을 우리의 현실과 관련짓는다면 어떤 의미가 있을까요?

◎ 이 이야기의 등장인물들에게 해주고 싶은 말을 적어 봅시다.

등장인물	해주고 싶은 말은 무엇인가요?
떡보	
중국 사신	

5. 〈반쪽이 이야기〉

옛날에 오래도록 아이를 갖지 못하여 근심하는 부부가 있었다. 아내가 매일 정성을 들여서 아이 낳기를 기도하고 있었는데, 어느 날 중이 찾아와서 시주를 청하였다. 아내가 쌀을 시주하자, 중은 고맙다며 바랑에서 오이 세 개를 꺼내어 주면서 말했다.

"이 오이 세 개를 반드시 혼자서 다 드십시오."

중이 돌아가고 나서, 아내가 오이 세 개 중에서 두 개를 거의 다 먹었을 때에 산에 나무를 하러 갔던 남편이 돌아와서 사립문을 열어 달라고 하였다. 아내는 남편에게 부지런히 밥상을 차려주고는 윗방으로 가서 남아있는 오이를 먹으려고 하였다. 그때 남편이 윗방을 넘겨다보면서,

Ⓐ "아니, 뭘 먹고 있소? 여기로 와서 나와 같이 먹지, 왜 거기서 혼자 먹고 있소?"

아내는 마지막 남은 오이 하나를 반으로 잘라 반쪽은 남편에게 주고서 남은 반쪽을 먹었다. 그로부터 아내는 태기가 있어서 아들 삼형제를 낳았는데, 셋째아들이 그만 반쪽으로 태어나고 말았다. 오이를 반쪽만 먹은 탓이었다. Ⓑ 사람들은 그런 셋째아들을 반쪽이라고 불렀다. 그러던 중에, 포수가 되어 사냥을 나갔던 남편이 호랑이에게 물려서 죽고 말았다.

그러자 첫째와 둘째 아들은

"우리도 총질을 배워서 그 호랑이를 죽여 아버지의 원수를 갚고야 말겠어요."

라며 호랑이를 찾으러 가겠다며 성화였다. 그러자 어머니가 두 아들을 말리면서,

"얘들아, 너희들이 연습을 얼마나 했는지 모르겠다만, 너희 아버지는 총질을 배울 때에 내게 물동이를 이고 오라고 해서는, 물동이에다 총을 냅다 쏘면 구멍이 뻥 뚫어져서 물이 흐르다가, 또다시 총을 쏘면 그 구멍이 다시 막히곤 했단다."

그러자 두 아들이,

"그럼 어머니께서 물동이를 이고 와 보세요."

어머니가 물동이를 이고 오자, 두 아들이 총을 쏘아서 맞혔는데 그 솜씨가 아버지와 다를 바 없었다. 그래서 이제는 호랑이를 잡으러 가겠다고 나서자, 어머니가 재차 두 아들을 말렸다.

"아직은 아니다. 너희 아버지는 나를 반듯이 드러눕게 하고 배꼽 위에 엽전을 한 푼 올려놓고 저기서 총으로 쏘면 엽전만 땡그랑! 하고 떨어졌었단다."

"어머니, 그럼 우리도 그렇게 해 봐요."

어머니가 반듯이 누워 배꼽 위에 엽전 한 푼을 올려놓자, 두 아들이 멀리서 총을 쏘아서 엽전을 영락없이 맞히는 것이었다. 드디어 어머니는 두 아들에게 가도 좋다고 허락하였다. 형들이 어머니를 모시고 집에 있으라며 말렸지만, 반쪽이는 기어이 함께 가겠다며 형들을 따라나섰다. 그러자 형들은 자기들끼리,

ⓒ

"아이고, 저 보기 싫은 저놈이 쫓아온다. 저기 정자나무에 묶어두고 가자."

라고 하였다. 형들은 반쪽이에게 칡을 끊어 오라고 하였다.

반쪽이가 칡을 가져 오자,

"너, 그 정자나무에 가서 기대어 서라."

반쪽이가 형들이 시키는 대로 정자나무에 기대어 서자, 형들이 달려들어서 반쪽이를 정자나무에다 칡으로 칭칭 감아 버렸다.

"이놈아, 이렇게 하면 이제는 우리를 못 따라오겠지. 누군가를 만나게 되면 풀려나게 될게다."

라며 형들은 다시 길을 떠났다.

반쪽이는 형들이 안 보일 만할 때쯤에, 정자나무를 쑥 뽑아서 자기 집에다 세워 놓고는

"어머니, 형들이 이걸 뽑아 주면서, 이 나무 아래에 앉아서 시원하게 바느질하시라고 전하래요."

라고 말하고는 다시 형들을 쫓아갔다. 반쪽이가 금세 또 형들을 쫓아가자, 형들은 도저히 안 되겠다 싶어서

"너, 저기 바위 위로 가서 좀 누워 봐라."

반쪽이가 납작하고 큰 바위 위에 가서 드러눕자, 형들이 반쪽이를 칡으로 찬찬 감아서 바위에다 묶어 놓았다.

"이 녀석, 누군가가 와서 풀어 줄게다. 이제는 우리를 못 따라올 테지."

하면서 형들이 저만치 가다가 뒤돌아보는데, 어느 새 반쪽이가 그 바위를 끙! 하면서 짊어지더니 집으로 달음박질하는 것이었다.

"어머니! 어머니!"

"왜 그러니?"

"형들이 이것을 가져다가 정자나무 밑에 놓으면 여름에 시원한 그늘집이 된다며 갖다 놓으래요."

"그럼 거기 어디에 놔 둬라."

반쪽이는 정자나무 밑에다 바위를 반듯하게 내려놓고서 다시 깔짝깔짝 뛰어갔다. 하지만 아무리 찾아도 두 형을 찾을 수가 없었다.

그렇게 반쪽이가 산등성이에 홀로 앉아 있는데, 어느새 밤이 되었다. 그때 멀리 불이 반짝반짝 빛나는 곳이 보여서 반쪽이는 그 불빛을 쫓아 산을 내려갔다. 내려가 보니 허허한 할아버지가 있었다. 반쪽이가 사정을 말하자,

"여기서 잠을 자고 가거라."

라고 하면서, 할아버지가 밥을 해주었는데 반쪽이는 도저히 그 밥을 제대로 삼킬 수가 없었다. 할아버지가 다시 반쪽이에게,

"이리로 와서 이 방에서 자거라."

라며 방으로 안내했다. 할아버지를 따라서 방으로 들어간 반쪽이는 거기에서 형들을 발견했다.

그 할아버지는 바로 호랑이가 둔갑을 한 것이었다. 그렇게 삼형제가 한 방에 있게 되었는데, 갑자기 어디선가 대포소리가 났다.

"이건 무슨 소리지?"

라며 다들 놀라고 있는데, 할아버지의 아들들이 돌아왔다. 할아버지는 아들들에게.

"야, 야, 이놈들아! 너희들은 나가서 아직도 사냥을 못 해오냐? 나는 집에 앉아 있으면서도 이렇게 쉽게 사냥을 했다."

하며 큰소리를 치는 것이었다.

반쪽이는 그러는 사이에 방에다 굴을 파서, 어쩔 줄 모르고 겁에 질려 있는 형들을 밖으로 내보냈다.

"달리는 말에 채찍질하듯이 얼른 날쌔게 도망가요. 뒤돌아보면 죽으니까 곧장 도망쳐요."

그러고 나서 반쪽이는 방 안에 혼자 앉아 있었다. 호랑이가 방문을 덜컥덜컥 따고 들어가 보니, 두 사람은 도망을 가고 못생긴 반쪽짜리 놈만 하나 남아 있는 것이었다. 그때 반쪽이가 무쇠주먹을 푹 뒤집어쓰더니 공중으로 날아올랐다. 그리고는 드디어 그 호랑이를 죽여서 아버지의 원수를 갚았다.

반쪽이가 그렇게 호랑이를 죽여서 가죽을 벗겨가지고 집으로 돌아와 보니 형들이 무사히 도망쳐서 집에 와있었다.

그러던 중에 아랫집에 사는 부잣집영감이 반쪽이의 호랑이가죽이 욕심나서 반쪽이에게 제안을 했다.

"반쪽아, 반쪽아."

"예?"

"너희 아버지의 원수를 갚았다며?"

"예, 그래요. 제가 그 호랑이 가죽을 벗겨온 것 보셨잖아요."

"너 그럼 나하고 내기 한번 할래?"

"무슨 내기요?"

Ⓓ "오늘 저녁에 네가 우리집에 와서 내 딸을 훔쳐 가면 내가 너를 사위로 삼고, 네가 그렇게 하지 못하면 호랑이가죽을 나한테 주는 거다. 어떠냐?"

"그렇게 하세요."

"언제쯤 와서 훔쳐 갈래?"

"아무 때라도 기회 있는 대로 가죠, 뭐."

"그럼 내일 저녁에 오너라."

"글쎄요. 내일 저녁에 갈까요?"

부잣집영감은 종들을 시켜 사방에다 보초를 서게 했다. 그래서 반쪽이는 그 집 딸을 데려올 방법이 없었다.

그러자 다음날, 부자영감은 반쪽이를 불러서,

"너 이놈, 왜 엊저녁에 안 왔니?"

"엊저녁에 저의 아버님의 친구가 오셔서 제가 아버지의 원수를 갚은 이야기를 해 드리느라고 이곳에 올 겨를이 없었어요."

"그럼 오늘 저녁에는 꼭 오너라."

"예, 그러겠습니다."

그러나 그날 저녁에도 반쪽이는 부잣집으로 가지 않았다. 사실 부잣집의 종들이 아무리 잠이 없다손 치더라도 이틀저녁을 꼬박 지새고서는 졸지 않을 재간이 없을 것이었다.

그러자 다음날, 부잣집영감은 반쪽이에게

"너 엊저녁에 왜 또 안 왔어?"

"엊저녁에는 우리 할아버지의 제삿날이었어요."

"그래, 그럼 오늘 저녁에는 꼭 오너라."

"예. 꼭 갈게요."

반쪽이는 그날 저녁에도 역시 부잣집에 가지 않았다.

날이 밝자 부자영감은 반쪽이에게,

"야 이놈아! 왜 자꾸 나에게 거짓말을 하는 게냐!"

반쪽이는 더 대꾸할 말이 없어서,

"오늘 저녁에는 정말 꼭 가지요."

라고 말했다.

며칠 동안 밤마다 그렇게 보초를 선 부잣집의 종들은 너무 지치고 졸려서 그날 밤에는 모두 다 잠이 들고 말았다. 반쪽이는 그날 부잣집으로 들어가면서, 보초를 서고 있던 종들의 상투를 풀어서 머리채를 서로 묶어 두었다. 그리고 딸을 지키려고 딸의 방에서 함께 잠을 자고 있던 부잣집영감의 아내의 손에는 성냥갑을 쥐어 주고, 딸의 방을 지키며 밖에서 잠이 든 부자영감의 턱에는 유황을 칠해 놓았다. 그리고 마지막으로 방 안에다 벼룩을 잔뜩 풀어 놓았다. 벼룩들이 톡! 톡! 방으로 마당으로 사방으로 튀어나갔다. 그런 다음에, 반쪽이는 그 집 벽에 걸려 있던 꽹과리를 두드리며 외쳤다.

"뭐가 좋아서 다들 잠을 자고 있는 게냐!"

그 소리에 놀란 종들이 깜짝 놀라서 일어서려는데, 서로 묶인 상투와 벼룩들 때문에,

"이거 놔라, 놔!"

"야~! 이거 놔, 놔, 놔, 놔!"

"앗, 따가!"

하면서 서로 뒤엉켜서 야단이었다.

그러자 부잣집영감은 아내에게

"여보, 불 좀 켜봐!"

하였다. 아내는 손에 쥐고 있던 성냥에 불을 붙였고, 그 불이 곧바로 영감의 턱수염에 칠해져 있던 유황으로 옮겨 붙고 말았다. 아내는 너무 놀라서 손에 잡히는 대로 아무 것이나 들고서 마구 휘둘러 급하게 불을 끈다는 것이, 그만 꽹과리채를 잡고 꽹과리를 마구 때려서 "깨갱깽깽!"

요란한 소리가 났다. 반쪽이는 그렇게 혼란한 틈을 타서

"색시 훔쳐간다~!"

라고 외치며 부잣집영감의 딸을 데리고 달아났다.

결국 이렇게 딸을 빼앗겨 버린 부잣집영감은 약속대로 자신의 딸을 반쪽이와 혼인시켰다. 반쪽이는 호랑이가죽도 빼앗기지 않고 부자영감의 딸과 결혼하여 행복하게 잘살았다.

◎ 이 이야기에서 가장 인상적인 것(인물, 사건 등) 무엇인가요? 그 이유는?

◎ 왜 Ⓐ와 같이 말했을까요? 남편의 심리상태를 해석해 보세요.

◎ Ⓑ에서 마을사람들은 반쪽이를 어떻게 평가하고 있나요?

◎ 왜 ©와 같이 행동했을까요? 형들의 심리상태를 해석해 보세요.

◎ Ⓓ와 같이 내기를 제안하는 부자영감의 심리상태를 해석해 보세요.

◎ '반쪽이'와 같은 인물을 우리의 현실에서 찾아본다면 어떤 인물일까요?

◎ 이 이야기가 말하고자 하는 바(주제)는 무엇일까요?

3장 옛이야기의 현재적 의미 해석

1. 〈어의의 육감〉

옛날 어느 마을에 같은 서당에 다니며 공부를 하던 두 학동이 있었다. 세월이 흘러서 한 사람은 큰 부자가 되었고 한 사람은 글을 잘 배워서 임금님의 병을 돌보는 어의가 되었다.

그 시절의 어의는 권세가 상당해서, 사인교四人轎(앞뒤에 각각 두 사람씩, 네 명이 메는 가마)를 타고 길을 지나가면 행인들이 모두 길을 비켜 주어야 할 정도였다. 이 어의는 자신의 선산에 성묘를 하러 몇 년에 한 번씩 고향에 들르곤 했다.

한편, 여전히 고향에서 살고 있던 학동은 쌀 마지기가 수만 석이나 되는 부자가 되었지만 큰 근심이 있었다. 바로 늦은 나이에 겨우 얻은 외아들이 자꾸만 삐질삐질 야위면서 아무런 약도 듣지 않는 것이었다.

동문수학한 그 어의에게 자신의 아들을 한번 진찰하러 와달라고 부탁하고 싶었으나 어의의 권세가 너무 높아서 차마 그럴 엄두가 나지 않았다.

그러던 어느 해의 봄에 그 어의가 성묘를 하러 고향 마을에 들렀다가 서울로 돌아가려고 하는데, 누군가가 길목을 떡 막고는 하정배下庭拜(예전에 신분이 낮은 사람이 양반을 뵐 때, 마당에서 절을 하던 일)를 하는 것이었다.

"거긴 누구인가?"

"어르신, 저를 모르시겠습니까?"

"여봐라! 가마를 내리거라."

의원이 가마에서 내려서 그 남자를 자세히 살펴보니, 예전에 자신과 같은 서당에서 공부하던 그 동문이었다.

"아니, 자네는 왜 이렇게 길에서 절을 하는 것인가?"

"Ⓐ 제가 만득晩得으로 아들을 하나 얻었는데 이제 겨우 여덟 살입니다. 그런데 지금 병에 걸려서 백약이 무효입니다. 참으로 죄송하지만, 어떻게 제 아들의 병을 좀 고쳐 주실 수 없겠습니까?"

예전에 동문수학할 때에는 '너, 나' 하던 사이였으나 어의는 이제 조정에서 벼슬하는 몸이므로 부잣집영감이 조심스럽게 말을 꺼냈다.

그 말을 들은 어의가 말했다.

"그러지 말고 집으로 돌아가게나. 돌아가서 생강을 한 서너 말 정도 조금씩 달여서 아이에게 먹이게."

이러는 것이었다. 부잣집영감에게 생강 서너 말 정도를 달여서 아들에게 먹이는 일이야 그리 어렵지 않은 일이었다.

곧바로 '예. 그리 하겠습니다!' 하고 돌아가서는 어의가 시키는 대로 생강을 달여서 아들에게 먹였다. 생강을 한 두어 말 달여서 먹이고 나니, 신기하게도 아이의 얼굴에 화색이 돌면서 병이 다 나았다.

그 다음 해에 어의가 성묘를 하러 다시 고향에 들르자, 부잣집영감이 찾아가서 물었다.

"어르신! 다름이 아니라, 요전에 어의께서 생강을 먹이면 된다고 하셔서 그렇게 생강을 먹였더니 아이의 얼굴에 화색이 돌며 멀쩡한 사람이 되었습니다. 이게 어찌 된 영문입니까?"

어의가 대답하길,

"Ⓑ 내가 가만히 생각해 보니 자네가 몹시도 큰 부자이지 않은가? 지주라서 돈이 많으니 하나 뿐인 늦둥이 아들에게 꿩도 갖다 먹이고, 닭도 갖다 먹이며 온갖 귀한 것은 다 먹였겠지?

그런데 그 꿩이 무엇을 먹고 사느냐 하면 바로 반하半夏(독성이 있는 약재의 일종)를 파먹는단 말일세. 반하를 파먹은 꿩의 내장에 그 반하의 독이 올랐는데, 자네 아들은 그 꿩을 많이 먹었으니 병이 나지 않겠나? 반하의 독에 취했을 때에는 생강이 바로 해독제일세. 그래서 생강을 먹이라고 한 것이라네."

◎ Ⓐ에 나타난 부잣집영감의 심리상태를 해석해 보세요.

◎ Ⓑ처럼 아들에게 좋은 것만 먹였는데도 아들은 왜 건강하지 못했을까요?

◎ 이 이야기를 우리의 현실과 관련지어서 해석해 보세요. 여기에서 우리가 깨닫거나 배울 점은 무엇인가요?

2. 〈도깨비감투〉

어느 가을날 시골에 살던 박씨는, 알을 낳으려고 몰려드는 게를 잡기 위해서 그물을 들고 논으로 나갔다.

목 좋은 곳에 그물을 치고 기다리고 있으려니까, 어디선가 게가 개울 쪽으로 내려온다는 소리가 들려왔다. 박씨는 그걸 사람의 목소리라고 생각했지만 사실은 그 위에서 박씨를 구경하고 있던 도깨비가 낸 소리였다.

"게 내려간다! 게 내려간다!"

도깨비의 외침을 사람의 소리로 착각한 박씨는 개울로 내려오는 게가 가까이 다가올 때까지 기다렸다가 얼른 잡았다. 하지만 게를 주워 담은 바구니 안을 나중에 확인해 보니 그것은 모두 게가 아니라 쇠똥이었다. 그렇게 도깨비의 못된 장난으로 게를 놓쳐 버린 박씨의 눈에 문득 감투 하나가 보였다. 박씨를 놀려 먹던 그 도깨비가 떠나면서 그걸 깜빡하고 두고 간 모양이었다.

"이게 무슨 감투지?"

박씨는 그렇게 혼자 중얼거리며 감투 가까이로 다가가더니 그것을 머리 위에 뒤집어썼다. 때마침 감투를 다시 찾으러 돌아온 도깨비는 감투가 있어야 할 곳에 그것이 보이지 않자 주변을 서성거렸다.

"아이고! 내 감투가 없어졌네. 누가 내 감투를 가져갔나?"

박씨가 바로 눈앞에서 감투를 쓰고 있는데도 도깨비는 그를 보지 못한 채 자꾸 감투를 찾아 헤맸다.

Ⓐ '아, 이 감투가 남의 눈에는 내가 보이지 않게 하는 것인가 보다.'

도깨비가 하는 짓을 지켜보던 박씨는 도깨비감투의 효과를 깨닫고, 집으로 돌아가서 부인에게 물었다.

"내가 보이는가?"

하지만 부인에게 남편의 모습은 보이지 않고 오직 목소리만 들리는 것이었다.

"아니요! 보이지 않아요."

그러자 감투를 벗은 박씨가 모습을 드러냈다.

"자, 여기 보게."

이후로 도깨비감투는 이런 신비한 능력 때문에 사람들 사이에서 유명해졌다.

Ⓑ시장에 가서 물건을 숨겨도 도깨비감투 때문에 자기 모습이 보이지 않자, 박

씨는 그 능력을 믿고서 도둑질을 하기 시작했다.

그러던 어느 날, Ⓒ 박씨가 담배를 피우다가 실수로 감투를 태워서 조그만 구멍이 나 버렸다. 그걸 그냥 놔두지 않고, 박씨는 그곳에 구멍이 뚫렸으니 안 되겠다고 생각하고 빨간 헝겊으로 기워 버렸다.

박씨는 그렇게 수선을 한 도깨비감투를 쓰고 여전히 도둑질을 하러 다녔다. 시장 사람들은 빨간색 헝겊이 왔다 갔다 할 때마다 물건이 없어지자 이를 이상하게 여겼다.

'저게 아무래도 수상한데……?'

한참 동안 빨간 헝겊을 지켜보던 사람들이 드디어 박씨를 덮쳐서 도깨비감투를 벗겨 버렸다. 이내 박씨의 모습이 드러났고 마을 사람들이 그를 붙잡았다.

사람의 모습을 안 보이게 하는 도깨비감투에 대한 이 이야기가 지금까지도 전해 오고 있다고 한다.

◎ 한국 도깨비에 대해서 얼마나 알고 있나요? 한국 도깨비와 일본 도깨비의 차이점을 알아봅시다.

한국 도깨비	일본 도깨비
· 패랭이와 바지저고리 차림 · 순진하고 우직함 · 사람을 돕고 함께 어울리기 좋아함 · 노래와 놀이, 장난을 좋아함 · 술, 고기, 메밀묵을 좋아함 · 말의 피를 무서워 함 · '김서방'이라고 부름	· 뿔이 있고 짐승가죽 옷차림 · 붉거나 푸른빛의 괴기스런 모습 · 인간을 괴롭힘 · 무서운 철퇴 방망이를 지님 · 갓파かっぱ, 오니おに, 텐구てんぐ 등으로 부름

◎ 자신에게 Ⓐ 같은 '도깨비감투'가 생긴다면 어떻게 사용하고 싶은가요?

◎ 우리의 현실 속에서 Ⓐ와 같은 상황을 찾아보세요.

◎ Ⓑ에 나타난 박씨의 욕망을 해석하고 평가해 보세요.

◎ Ⓒ는 어떤 상황을 상징하나요? 우리의 현실 속에서 비슷한 예를 찾아보세요.

◎ '도깨비'는 무엇을 상징하는 것일까요?

◎ 우리가 '도깨비'를 만나게 되는 상황을 현실 속에서 찾아보세요.

3. 〈박장군과 이무기〉

밀양군에는 초동면이라는 곳이 있다. 그 초동면 상당골에는 박씨라는 사람이 살고 있었는데, 힘이 장사였고 각종 무기를 잘 다루었는데 특히 활을 잘 쏘았다. 사람들은 그를 박장군이라 불렀다. 하루는 박씨가 저녁을 먹고 강둑에 나갔는데, 나흘 동안이나 계속 비가 내려 강물이 불어서 둑이 넘칠 정도였다. 그러자 강변에 모여 있던 주민들이 모두 '저 둑이 터지면 우리는 다 죽는다.'면서 아우성을 쳤다.

마침 그때 강에는 무엇인가 강의 흐름을 가로막는 것이 있었다. 사람들이 자세히 보니 그것은 짐승이었는데, 그 짐승이 강의 흐름을 막아서 둑이 터지려 하고 있었다. 그러지 않아도 비가 많이 내려서 둑이 위태로운데, 그 짐승이 강의 흐름을 막고 있어서 강둑이 거의 무너지기 일보직전이었다. 사람들은 그 짐승을 없애려고 했지만 별다른 방도가 없었다. 그래서 사람들은 '이제 모두 다 죽게 되었다'고 고함을 지르고 있었다.

이런 사정을 알게 된 박장군이 활을 들고 나와서 강을 잘 살펴보니, 미처 용이 되지 못한 이무기가 강을 가로막고 있는 것이었다. 박장군은 그 이무기를 죽여야겠다고 생각하고 활을 쏘았다. 활을 맞은 이무기는 괴로워하면서 뒹굴다가 도망을 쳤다. 그러자 강물이 빠지기 시작했고, 마을주민들은 '이제 살았다'며 박수를 치면서 환호성을 질렀다.

어느 덧 마을사람들이 그 일을 거의 잊어버렸을 무렵이었다. 하루는 박장군이 아침밥을 먹는데, 밥상 위에 고깃국이 올라와 있었다. 박장군이 그게 무슨 국인지 궁금해서 숟가락으로 국을 저어 보았는데, 국에서 뭔가가 건드려지면서 떨걱떨걱 소리가 났다. 숟가락으로 그 물건을 건져서 자세히 살펴보니 자기가 이무기에게 쏘았던 바로 그 화살촉이었다. 그래서 방문을 열고 며느리를 불렀다.

"여기 좀 와 봐라."

며느리가 오자, 박장군이

"얘야, 이게 무슨 고기를 넣은 국이냐? 그리고 국 안에 왜 이 화살촉이 들어 있느냐?"

하고 물었다. 그러자 며느리가

"예, 엊그제 시장에 가서 고등어를 한 손 샀는데, 바로 그 고등어입니다."

라고 했다.

박장군은 마음속으로 '옳거니! 그때 강에서 내 화살을 맞은 그 이무기가 나에게 원수를 갚으려고 하는 것이로구나.' 라고 생각하며,

"얘야, 이거 물려라. 나는 안 먹으련다."

라고 하면서 Ⓐ 자기 가족들도 못 먹게 하고, 그 국을 마을 옆에 있는 다리 아래에 다 모두 뿌렸다. 그리고 남은 반찬으로 식사를 마치고 그 일은 잊고 지냈다.

그 후 또 세월이 한참 흘러서 우연히 박장군이 보니, 자신이 고깃국을 버린 그 자리에 딸기가 자라나 있었다. 딸기송이들이 제법 잘 익어서 탐스럽고 먹음직스러웠다. 박장군은 또 '옳지, 이놈이 또 나에게 원수를 갚으려고 이러나 본데, 절대 안 먹는다. 안 먹어.'

라고 생각하면서 Ⓑ 딸기송이를 모두 따서, 솥에 넣고 삶은 후에 산으로 올라가서 모두 버렸다. 그리고 다시는 그 일을 생각하지 않고서 지냈다.

그리고 시간이 얼마쯤 지나 가을이 되었는데, 박장군이 딸기를 버린 곳 근처를 지나다가 그 자리에 띠 풀이 무성하게 자라난 것을 보았다. 띠 풀은 돗자리와 비슷한 자리를 만들 수 있는 좋은 재료였다. Ⓒ 박장군은 '저건 그냥 풀인데 뭐, 내가 저 풀을 베어다가 멍석자리를 만들어 깔더라도 내게 이무기가 더 이상 복수할 수는 없겠지.' 라고 생각하였다. 곧 아랫사람에게 시켜 그 띠 풀을 베어 찌고 말려서 멍석자리를 짜게 하였다. 그리고 그 멍석자리를 펴놓고서 그 위에서 잠을 잤다. 여러 날을 그 위에서 잠을 잤지만 별다른 이상이 없었다.

하루는 그 멍석자리 위에 누워서 자려는데 난데없이 등이 뜨끔했다. 그래서 멍석자리를 찬찬히 만져 보니까 자기가 며칠 동안 깔고 자던 그 멍석자리에서 가시가 하나 돋아 있었고 그 가시에 등을 찔린 것이었다. 박장군은 '이상하다.'하고 생각하며 그 가시를 뽑아 버렸는데, 그 가시에 찔린 상처가 점점 커졌다. 박장군은 온갖 약을 다 써 보았지만 상처는 점점 커지기만 할 뿐이었다. 마침내 박장군은 그 상처로 인해서 죽고 말았다.

◎ 이 이야기 전편에 나타난 박장군의 욕망들을 해석해 보세요.

◎ Ⓐ, Ⓑ, Ⓒ의 내용에 나타난 박장군의 심리상태를 해석해 보세요.

◎ 이 이야기에 대한 자신의 생각을 적어 보세요. 인상적인 점, 마음에 들거나 마음에 들지 않는 점 등을 지적하고 그 이유를 설명해 보세요.

◎ 이 이야기를 우리의 사회현실과 관련지어 해석해 보세요.

4. 〈개가 둔갑하여 며느리를 죽이다〉

지금은 부모가 반대해도 본인들이 좋다고 하면 결혼을 하고 사는 시대이지만, 옛날에는 그렇지 않았다. 여자가 시집을 가서 시부모와 남편을 아무리 공경하더라도, 시어머니의 시집살이 때문에 밥도 마음대로 먹지 못했다.

옛날에는 시어머니가 쌀을 내어 주어야만 며느리가 밥을 지을 수가 있었다. 어떤 며느리가 쌀을 받아서 밥을 지어 놓고 시어머니께 '밥을 다 지었습니다.'라고 말하였다. 그러자 Ⓐ 시어머니는 밥을 푹푹 퍼서 몽땅 다 갖고 들어가고, 겨우 눌은밥 한 그릇만 긁어서 부뚜막 위에 놓으며 말했다.

"이것은 개에게 줘라."

결국 며느리가 먹을 밥은 없는 것이었다. Ⓑ 그 눌은밥마저 개에게 주고 나면 자신이 굶게 된 며느리는 할 수 없이 그 밥을 개에게 주지 않고 자신이 다 먹어 버렸다. 사실은 그 눌은밥도 며느리의 성에 차지를 않았다. 자신 때문에 개가 굶게 된 것은 죄를 짓는 일 같았지만, 자신의 배가 고프니 어쩔 도리가 없었다. 개는 점점 말라갔고 며느리의 근심도 계속 늘어가며, 그렇게 심한 시집살이를 당하면서 살았다.

그러다 마침내 개가 굶어죽어서 그만 덤불에 버려지고 말았다. 그러자 굶어죽은 개는 그것이 한이 되어서 원수를 갚으러 되돌아왔다. 우리의 생각으로는, 개가 그 시어머니에게 원수를 갚아야 할 것 같지만, 개는 그렇게 여기지 않았다. 시어머니는 분명히 개의 몫을 챙겨 주었는데, 며느리가 중간에 그걸 가로채서 먹어 버리는 바람에 자신이 굶어죽고 말았다고 생각하고, 며느리에게 그 원수를 갚으려고 했다. 죽은 개는 구렁이가 되어서 그 며느리를 쫓아다녔다.

아무도 없는 문턱으로 구렁이가 자신을 쫓아 들어오자 며느리가 말했다.

"에구머니나! 구렁이가 들어오다니 이게 무슨 일이야!"

이리 가면 이리로 쫓아오고, 저리 가면 저리로 쫓아오고 방으로 들어가면 방으로 쫓아왔다. 다시 나와서 부엌으로 뛰어 들어가니 부엌으로 쫓아오고, 뒤뜰에 가도 뒤뜰로 쫓아왔다. 큰 항아리 안으로 들어가면 살 것 같아서 그 안에 들어가서 뚜껑을 붙잡고 있었다. 구렁이가 쫓아와서 보니 그 항아리 안으로 사람이 들어갈 수 있을 것 같았다. 구렁이가 항아리 겉을 칭칭 감았더니 구렁이의 독毒이 그 안으로 들어가서 결국 며느리가 죽고 말았다.

외출했다가 저녁밥을 할 때가 다 되어서 집으로 돌아온 시어머니는 며느리가 없어진 것을 발견했다. '며느리가 어디 나갈 데도 없는데 저녁밥도 안 해두고 어딜 갔나?' 내가 쌀을 안 내어 놓고 가서 밥을 안 했나 보다.'라고 생각하며, 온 마을을 찾아봤지만 며느리가 없었다. 시어머니는 할 수 없이 쌀을 가지고 나가서 '우선 밥을 짓고 나서 다시 찾아봐야지. 어떡하나?' 라고 생각하며 뒤뜰을 흘낏 보았다. 그러자 거기에 구렁이 한 마리가 항아리를 휘감고 있었다.

"에구머니나! 구렁이가 들어와서 항아리를 이렇게 칭칭 감고 있으니 이게 무슨 일이람!"

라고 하면서 무서워서 뛰어 들어가니, 구렁이가 스르르 똬리를 풀고 나갔다. 구렁이가 떠나간 뒤에 시어머니가 그 항아리 안을 들여다보니 며느리가 죽어 있었다.

시어머니가 며느리를 학대한 탓에 밥을 주지 않자 며느리가 어쩔 수 없이 개의 밥을 가로채서 먹었고 그 때문에 Ⓒ 개가 대신 굶어죽었다. 개가 그 사실을 알고 시어머니에게 원수를 갚았어야 하는데, '나에게 주라는 밥을 며느리 네가 대신 먹어 치워서 나를 굶어죽게 했느냐!' 라고 생각하여 구렁이가 되어서 며느리에게 원수를 갚았다는 그런 이야기이다.

◎ Ⓐ에 나타난 시어머니의 심리상태를 해석해 보세요.

◎ Ⓑ에 나타난 며느리의 행동을 평가해 보세요. 자신이라면 이런 문제상황을 어떻게 해결할까요?

◎ ⓒ의 상황을 주목할 때, 이 사건에 대한 재판을 연다면 잘못을 저지른 책임을 누구에게 물어야 할까요? 그 이유는 무엇인가요?

◎ 이 이야기의 등장인물들에게 전하고 싶은 말을 적어 보세요.

등장인물	전하고 싶은 말
시어머니	
며느리	
개	
남편, 시아버지	

5. 〈무식한 마을의 유식한 원님〉

옛날에 무식한 마을이 있었는데, 이 마을에 부임한 원님들은 2년의 임기를 다 채우지 못했다. 무식한 곳에서 유식한 소리를 하여서 원님들이 쫓겨나기 일쑤였다.

한 선비가 곰곰이 생각해 보니 그 마을에 원님으로 갈 사람이 없었다. 그래서 자원을 했다.

"제가 내려가겠습니다."

"그러면 가서 임기를 다 채우고 오겠느냐?"

"가서 다 채우고 오겠습니다."

라고 말하고 정읍의 원님으로 부임했다.

그 마을로 내려가니 마을사람들이 환영회를 열어 주었다. 마을사람들이 하는 이야기를 들어 보니 모두 무식만 소리만 하는 것이었다. '여기가 이렇게 무식한 고을이로구나!' 그렇게 생각하고 있는데, 한 사람이 나서서 말했다.

"우리 이렇게 좋은 날, 글이나 한 수 지어 보세."

"그럼 그래라."

다른 사람이 말했다.

"문자文字를 내가 내지. '대' 자."

또 다른 사람이 말했다.

"내가 한 자 더 내지. '당' 자!"

그들이 짓는 글을 가만히 듣고 있으려니까,

"물이 있긴 있으대(되) 고기는 없도당."

하는 것이었다.

"아, 거 참 글 잘 지었다."

다른 사람이 나섰다.

"그럼 나도 한 수 짓지. 꽃이 피긴 피었으대 나비는 없도당."

원님은 속으로 '이곳이 정말 이렇게 무식한 곳이로구나!' 하고 생각하다가 말했다.

"나도 한 수 지어 보는 게 어떻소?"

"그러시오."

Ⓐ "<u>술을 먹긴 먹었으대 취하지는 않도당</u>."

원님이 그렇게 말하니, 마을사람들이 술렁이었다.

"우리 고을에 이제야 명관이 오셨다!"

그렇게 원님이 정사政事를 시작한 지 일 년쯤 지난 후에, 서울의 선비가 정읍으로 내려오게 되었다. 어떤 집에 들어가서 잠을 자려고 하는데 그 집의 주인이 들락날락거리며 잠을 못 자는 것이었다. 그래서 선비가 주인에게 물었다.

"왜 잠을 못 주무시고 그러시오?"

주인이 대답했다.

"오늘이 부모님의 제사인데, 오기로 한 축관(제사를 지낼 때 축문을 읽는 사람)이 아직 오지 않아서 제사를 못 지내고 있어서 그럽니다."

"꼭 축관이 와서 축문을 읽어야 합니까? 내가 지어 드리면 안 되겠소?"

"축문을 지을 줄 아십니까?"

"지을 줄 압니다. 지어 드리리까?"

"축문을 지어 주신다면 제사를 지내겠습니다."

선비가 축문을 짓고 읽어 주어서 제사를 지냈다.

제사를 다 지내고 음복飮福을 하고 있는데, 오기로 했던 축관이 그때서야 도착해서는 말했다.

"아직 제사 못 지냈지?"

"제사 지냈습니다."

"그럼 축문은 못 읽었겠군?"

"서울양반이 오셔서 축문을 지어 주셨습니다. 그래서 제사를 지냈습니다."

"서울양반, 당신은 축문을 뭐라고 지었소?"

축관이 대뜸 묻자, 선비가 대답했다.

"현고학생부군신위顯考學生府君神位①……."

선비가 축문을 지은 대로 말하자 축관이 갑자기 따귀를 때렸다.

"이 사람의 아버지가 객사客死해 죽었어. 출타외사出他外死라고 해야지. 인마! 학생은 무슨! 그런 축문이 어디 있어?"

축관은 이 동네의 팔십 호 중에 한 네댓 집이 제사가 있어서 그걸 다 지내주고 오느라고 늦었다고 했다. 선비는 갑자기 따귀를 맞고서 너무 분했지만, 그 사람을 상대할 만하지도 않았고 그게 자꾸 옳다면서 고집을 피우니 그저 꾹 참고만 있었다.

그러던 중에 축관이 '서울양반이라는 사람이 이따위로 축문을 지어서 제사를 망쳤다.'라며 선비를 관가에 고소했다. Ⓑ 그 송사를 맡은 원님은 '출타외사'가 맞고 서울선비의 축문이 틀린 것이라고 판결을 내렸다.

그러자 선비는 '에잇! 난 가야겠다. 이놈의 마을을 어서 벗어나야지. 이런 곳에 더 머물러서는 안 되겠다.' 라며 화가 나서 뒤도 돌아보지 않고 가는 것이었다.

그런데 뒤에서 심부름꾼이 급히 쫓아왔다.

"원님이 부르십니다."

"원님이고 뭐고 나는 가련다."

"친히 하실 말씀이 있다며 찾으십니다."

선비는 혹시라도 경을 칠까봐서 따라갔더니, 원님이 술상을 잘 차려놓고 술을 권하며 말했다.

"이 고을이 무식골이라오."

라며 자신이 내려와서 글을 지었던 이야기를 들려주었다.

"내가 임기를 채우려고 마을사람들에게 그렇게 판결을 내린 거지, 도대체 '출타외사'라는 축문이 어디에 있겠소? 당신이 지은 축문이 맞지만, 내가 당신의 축문이 맞는다고 하면 당장 쫓겨날 지경이라 당신의 축문이 그르다고 한 것이니 너무 노여워 마시오."

라고 하며 선비에게 노잣돈을 주었고, 선비는 그것을 얻어서 서울로 올라왔다.

① 지방은 제사 등을 지낼 때 형편상 임시로 종이에 글을 적어 임시로 위패를 대신 삼는 것이다. 지방에는 고인과 제사를 모시는 사람의 관계, 고인의 직위, 고인의 이름을 적고, 마지막에 신위라고 적는다. 아버지는 '고考', 어머니는 '비妣'라 하여 앞에 현顯을 써서 '顯考현고, 顯妣현비 라고 쓴다. 전통적으로는 남자 조상이 벼슬을 한 경우에는 벼슬이름을 쓰고, 벼슬을 안 한 경우에는 남자조상은 '學生학생', 그 부인은 '孺人유인'이라고 쓰고, 남자 조상은 모두 '府君부군'이라고 쓰며, 여자조상이나 아내는 본관과 성씨를 쓴다.

◎ 원님은 왜 Ⓐ, Ⓑ와 같이 행동했을까요?

◎ 이 마을은 나중에 어떻게 되었을까요?

◎ 내가 이 마을의 원님이었다면 어떻게 했을까요?

◎ 이 이야기를 우리의 현실사회와 관련지어 해석하고 평가해 보세요.

제4부

옛이야기 보따리

1. < 이상한 효행 >

어사 박문수가 잠행을 나갔을 때의 일이다. 길을 가다가 날이 저물어서 어느 집에 하룻밤 자고 가기를 청하는데, 그 집의 여인이 떡방아를 찧고 있는 것이다. 그 모습을 본 박문수가 집 주인에게 물었다.

"오늘이 무슨 날이요?"

"저희 어머니께서 돌아가신 날입니다. 그래서 이렇게 소박하나마 음식을 준비하는 것입니다."

하고 대답했다. 박문수는 그런가 보다 하고서 떡 몇 개를 얻어먹었다. 밤이 되어서 제사를 지내는데, 앞마루에 어머니 제사상을 차려놓고는 아들내외가 그 앞에 이부자리를 펴고 자는 게 아닌가. 박문수가 사랑방에서 그 모습을 지켜보고 있으려니까 아주 괘씸한 생각이 들었다. '아무리 아내가 좋아도 그렇지, 어머니가 돌아가신 날에 그것도 어머니의 제사상 앞에서 이부자리를 펴고 나란히 눕다니!' 박문수가 '이거 아주 죽일 놈이구나!' 싶은 마음에 방에서 뛰쳐나왔다.

"이보시오, 일어나 보시오! 도대체 무슨 기가 막힌 사연이 있기에, 어머니께서 돌아가신 날에 그 제사상 앞에서 누워 잔단 말이오?"

그러자 집주인이 하는 소리가,

"저희 어머니께서는 제가 장가를 들기 전에 돌아가셨습니다. 어머니께서는 평소에 제가 혼인해서 아내와 함께 자는 것을 보는 것이 소원이라고 늘 말씀하셨습니다. 하지만 어머니께서 이미 돌아가셨으니 어머니의 한을 풀어 드리기 위해서 제사상 앞에 아내와 나란히 누운 것입니다. 이게 무슨 죄가 되는 것입니까?"

그러자 박문수가 말했다.

"법이야 어떻든 간에, 당신은 참 사람의 행실이 좋구려."

2. < 장구혈 묘와 삼형제 >

이씨 성姓을 가진 사람이 아들 삼형제를 두었다. 이씨가 죽기 전에 재산을 정리해 보니 삼백 석 정도 되었다. 삼형제에게 재산을 나누어 주려고 보니 삼백 석이 아닌 사백 석 정도가 있었다. 그래서 이씨는 첫째에게 이백 석, 둘째에게 백 석, 셋째에게 백 석을 각각 나누어 주고서 세상을 떠났다. 아버지의 삼년상을 채 지내기도 전에, 둘째는 재산을 탕진하고 말았다. 반면 셋째는 부모에게 받은 백 석을 온전히 가지고 있었다. 하루는 둘째가 제사를 지내기 위해 큰집으로 갔다.

첫째 형수가 나오더니,

"점심 먹을 때가 지났으니까, 저녁이나 일찍 해서 먹지요."

라고 말하자, 첫째가

"아, 그럼 그러지요."

하고 말했다.

셋째가 뒤늦게 왔는데 맏형부부가 셋째가 도착하자 곧바로 점심밥을 차리기 시작했다. 점심을 먹을 시간이 벌써 지났는데도 식사를 준비한다는 것이었다.

둘째가 가만히 생각해 보니, '아하, 나는 동생보다 일찍 왔어도 점심밥을 안 주고 저녁밥이나 일찍 해먹자고 하더니만, 셋째는 그래도 재산이 있어서 점심밥을 차려 주는구나.' 하는 생각에, 형수가 식사준비를 한다며 쌀을 가지고 나가자 자격지심이 생겼다. '아, 내가 물려받은 부모님 재산을 탕진해서 그런가 보구나.' 하는 생각이 들었다. 그래서 둘째는 저녁에 제사를 지내고 난 후, 밤이 늦었는데도 이십 리가 넘는 자기 집으로 돌아가겠다고 했다. 둘째가 돌아간다고 하니, 첫째와 셋째가 말했다.

"아, 밤이 늦었는데 왜 자꾸 가겠다고 하느냐?"

"조금만 기다리면 곧 아침이 되지 않습니까. 여기서 아침까지 잡수고 가세요. 왜 그리 급히 가려고 하십니까."

하지만 둘째는 이미 마음먹었으니 돌아가겠다며 고집을 피웠다. 그래서 첫째와 셋째가 하는 수 없이 '그러면 가라'고 하였다.

둘째가 집으로 떠나고 한 시간쯤이 지났을 무렵에, 둘째가 다시 큰집으로 돌아와서 말하였다.

"내가 돌아가는 길에 아버지 산소가 가까워서 아버지께 성묘를 드리려고 갔더니, 아버지가 산소 앞에 와서 기다리고 계시지 뭡니까! 그래서 내가 아버지께 말씀드리기를, '내가 아버지께 받은 재산을 비록 탕진하긴 했지만, 정말 기가 막힙니다. 아버지, 어째서 형님하고 동생은 재산을 다 유지하고 있는데, 저는 불과 몇 해도 가지 못하고 재산을 탕진할 수 있습니까. 아버지는 그 이유가 무엇인지 아십니까?' 라고 물으니 아버지께서 하시는 말씀이, '내가 묻힌 곳이 장구혈이다. 장구혈이라서 아래와 위는 잘되고 가운데는 잘 안 되는 것이지.' 라고 하셨습니다. 그래서 되돌아왔습니다."

그러자 첫째와 둘째가 물었다.

"그러면 너는 어떻게 할 셈이냐?"

"그러니까 내가 잘되려면 아버지 묘를 파야지요. 내일 일꾼을 얻어서 묘를 팔 생각입니다."

첫째와 셋째가 가만히 생각해보니, 아래와 위가 잘되는 장구혈이라서 만약 묘를 파게 되면 자기들이 망하게 될 것이었다. 그러자 첫째는,

"그러면 내가 널 보호해 줄 테니까 가만히 있어라. 묘를 팔 생각은 말고 가만히 있어라."

라고 말하고는 셋째와 상의를 했다.

"아. 둘째가 아버지의 묘를 판다고 하니, 그렇게 되면 우리 둘은 못살게 될 것이다. 우리가 상의해서 백 석을 만들어 둘째에게 주는 것이 좋을 것 같다."

그렇게 셋째와 첫째가 각각 오십 섬지기를 내놓아서 둘째에게 주었다. 그러자 둘째가 말했다,

"아, 형님이 이렇게 하시면 묘는 이제 못 파겠습니다. 이렇게 저를 살려 주시는데 어떻게 묘를 파겠습니까?"

그렇게 해서 삼형제가 화해를 했다고 한다.

3. < 어느 사형제의 재주 >

네 명의 아들을 둔 아버지가 아들들이 서른 살이 다 되도록 이름을 지어 주지 않았다.

"아버지, 제 이름 좀 지어 주세요."

첫째와 둘째가 자신의 이름을 지어 달라고 하니,

"가만히 있어라. 내가 죽을 때에 지어 주마."

시간이 흘러, 아버지가 죽을 때가 되자 첫째아들이 다시 말했다.

"아버지, 이름을 지어 주신다더니 왜 아직도 안 지어 주십니까?"

"그래? 그럼, 너는 '안 봐도 천 리'이다."

그러자 둘째아들이,

"아버지, 제 이름도 지어 주세요."

"너는 '잠가도 열쇠'."

그러자 셋째아들이,

"제 이름은 안 지어 주세요?"

"너는 '무거워도 가벼운 동이 가벼워도 무거운 동이'."

그러자 마지막으로 막내가 말했다.

"아버지! 제 이름도 지어 주세요."

"그러면 '너는 추워도 뜨거운 동이 뜨거워도 차가운 동이'."

그렇게 아버지는 아들들의 이름을 모두 지어 주었다.

아버지가 죽고 나자, 아들들은 가난 때문에 먹고살기가 힘들어졌다. 그러자 첫째인 안 봐도 천 리가,

"아니, 우리가 이렇게 계속 굶고 있는데 무슨 방도가 없을까?"

하며 앉아서 살펴보니, 천 리 밖에 있는 것이 마치 눈앞에 있는 것처럼 훤히 보였다.

첫째인 안 봐도 천 리가 둘째인 잠가도 열쇠를 불러서,

"너, 무거워도 가벼운 동이 가벼워도 무거운 동이와 저기에 가서 먹을 걸 가져오너라."

하고 말했다. 둘째인 잠가도 열쇠와 셋째인 무거워도 가벼운 동이 가벼워도 무거운 동이가 천 리 길을 걸어서, 첫째가 보았던 큰 곡간穀間에 도착했다. 곡간에는 아주 튼튼한 자물쇠가 채워져 있었지만, 둘째인 잠가도 열쇠가 열자 쉽게 열렸다. 곡간에 있는 가마니를 무거워도 가벼운 동이 가벼워도 무거운 동이가 짊어졌다.

"무거우냐? 가벼우냐? 무거우냐? 가벼우냐?"

하며 자꾸만 짊어지다가,

"무거우냐? 가벼우냐? 아, 그럴 게 아니라 그냥 곡간을 통째로 떼어가자!"

하고는 곡간을 통째로 떼어서 짊어지고 집으로 돌아왔다.

그렇게 곡간이 통째로 사라지자 관리들이 찾으러 나섰다. 그러다 어느 산골짜기에 도착해서 사형제를 찾게 되었다. 그러자 사형제는 자신들을 잡으러 온 것을 알면서도 '어서 오시라'며 그들을 잘 대접했다.

어찌 되었든 관리들은 그들을 잡아다가 감옥에 가두었다. 감옥에는 커다란 방만한 가마가 있어서, 거기에 사흘 동안 땔 수 있는 장작 스무 단을 주고서 일주일 동안 불을 피우게 했다. 일주일이 지나서 문을 열어 보니, 사형제는 바짝 붙어 앉아서 추위에 달달달 떨고 있었다. 넷째인 뜨거워도 차가운 동이 추워도 뜨거운 동이가 있어서 일주일을 버틸 수 있었던 것이었다.

관리들은 이번에는 사형제를 감옥에서 꺼내어 바닷물에 띄웠다. 보름 뒤에 가보니 사형제는 바다 위에 동동동 떠 있었다. 넷째인 뜨거워도 차가운 동이 추워도 뜨거운 동이가 있어서 춥기는커녕 오히려 땀을 삐질삐질 흘리고 있었다. 그러자 관리들은 사형제를 죽이지 말고 잘 고쳐서 쓰면 나라를 부유하게 만들 수 있겠다고 생각했다. 그렇게 사형제를 데려와서 잘 먹이니 그들은 가만히 앉아서 나라를 부유하게 만들었다.

4. < 말 무덤 전설 >

횡성읍 마산리에 혼자서 사람 서른 명과 줄다리기를 해도 고작 뒤꿈치만 들릴 정도의 힘센 장사가 살았다. 장사는 어릴 때부터 말을 키워서 용마라는 이름을 붙였다. 장사는 '언젠가 국운이 비색할 때 의용군으로 나가 싸워서 나라를 구해야겠다.'고 생각하고, 날마다 활쏘기와 말달리기를 연습했다.

하루는 자신이 얼마나 말을 잘 타고, 얼마나 활을 잘 쏘는지를 알고 싶어서 시험을 한번 해 보기로 마음먹었다.

장사는 말미라 불리는 동네에 갔다. 장사는 '활을 쏴서 목표지점에 도달했을 때 화살보다 말이 빨리 도착하면 말을 놔두고, 만일 말이 늦게 도착하면 그 말을 갈아치우고 다른 말을 구해서 가자'고 생각하였다. 장사는 동네 청년들과 함께 군사훈련을 했다. 매일같이 사람이 다니는 동네를 말을 타고 한 바퀴 힘껏 돌고 와서 밥을 먹고, 산 오르기, 산등성 넘기를 했다.

장사는 시험을 해보기로 한 날이 오자, 표적을 하나 세워 놓고 등성이에 가서 사람들에게, '내가 화살을 표적에다 쏜 뒤 말을 타고 거기로 달려가겠다.'고 말했다. 말에게도,

"네가 이 화살보다 빨리 달리지 못 하면 너는 죽게 될 것이다."

하고 크게 소리 질렀다. 말도 '히히힝~'하면서 대답하는 것 같았다.

장사는 활을 힘껏 당겨서 쏘고는 말채찍을 들고서 냅다 달렸다.

드디어 장사가 목표지점에 도착해 보니, 이미 화살이 과녁에 박혀 있었다. 장사는 너무 화가 치밀어서,

"에이! 이놈의 말이 화살보다 늦고 말았구나!"

하면서 말의 목을 내리쳤다.

말의 목이 땅에 떨어지는 순간 갑자기 화살 하나가 '쌩~' 하고 표적에 와서 꽂혔다. 알고 보니, 과녁에 원래 박혀있던 화살을 자신이 조금 전에 쏜 화살로 오인

했던 것이었다.

"아! 내가 어리석었구나. 조금만 참았더라면 이 용마를 죽이지 않았을 텐데……."

라고 하며 장사는 며칠 동안 밥도 먹지 않은 채 방 안에 틀어박혀서 후회를 했다.

장사는 죽은 용마를 잘 묻어주었고 그것을 말 무덤이라고 불렀다. 장사는 그 말 무덤 앞에서 삼 년 동안을 살고 나서, 누이동생이 해준 옷을 입고 괴나리봇짐을 싼 뒤에,

"나는 장군감이 못 된다. 내가 영특한 말을 죽였으니 이 세상에 속죄하겠다."

라고 하며 길을 떠났다.

5. < 시부모를 팔려다가 개심한 며느리 >

옛날에 어떤 며느리가 시부모를 매우 싫어해서 봉양을 제대로 하지 않았다. 남편이 그런 아내에게 자신의 부모를 잘 봉양하라고 말해도 아내가 들을 것 같지 않고, 그렇다고 부모에게 뭐라고 할 수도 없는 노릇이어서 고민이었다.

하루는 읍내의 장에 간 남편이 좋은 고기를 잔뜩 사들고 집으로 돌아왔다. 고기를 많이 사들고 오자 아내가 남편에게 물었다.

"아니, 고기를 뭐하려고 이렇게 많이 사왔어요?"

"우리 부모님께 음식을 극진히 대접해서 일단 살을 잘 찌운 후에, 돈을 많이 받고 장에 내다 팔면 어떨까 싶어서 사왔소."

아내가 그게 무슨 말이냐고 묻자, 남편이 다시 설명하기 시작했다.

"다른 사람들도 부모님을 잘 모셔서 살이 찌게 되면 돈을 받고 장에다 팔아 버리더군. 그 돈으로 논도 사고 밭도 사고 그러던데, 나라고 우리 아버지를 못 팔 이유가 뭐가 있단 말이오? 그러니까 일단 이 고기를 잘 먹이고 또 장날이 되면 고기를 다시 사와서 잘 먹입시다. 그렇게 해서 우리 부모가 살이 많이 찌면 장에 내다 팔아서, 그 돈으로 논도 사고 밭도 사고 집도 사면 부자가 되지 않겠소?"

아내가 가만히 그 말을 듣고 있으려니까 거 참 솔깃한 말이었다. 남들도 다 그렇게 부모를 팔아 버린다는데 자신이라고 못할 이유가 없다는 생각이 들었다. 자신이 그동안 식사를 잘 챙기지 않아서 시부모가 살이 안 쪘구나 싶어서, 며느리는 이후로 시부모를 극진히 모셔서 살을 잘 찌웠다.

그 동안 잘 챙겨 먹지 못한 탓에 기운이 없어서 집안일을 돌보지 못했던 시부모가 이제는 건강해져서 논과 밭에 나가서 일도 하고 손자도 잘 돌봐 주는 것이었다.

그러던 어느 날 남편이 아내에게 이제는 부모를 장에 내다 팔자고 하였다. 그러자 아내가 펄쩍 뛰면서 남편을 말리는 것이었다. 시부모 도움이 없으면 도저히 집안 살림을 할 수 없다는 게 그 이유였다.

6. < 양자가 지내는 제사 >

옛날에 어느 대감이 살았는데 자식이 없었다. 대감은 재산은 있는데 슬하에 자식이 없는 것이 큰 근심이라서 아내에게 이렇게 얘기했다.

"이보시오, 임자. 저기 건너 마을 양반은 가진 재산은 아무 것도 없지만 자식을 주렁주렁 낳는다고 하오. 그 양반의 기를 받으면 우리도 아이를 가질 수 있지 않겠소? 그러니 그 양반을 밤에 방에다 넣을 터이니, 임자가 자다가 내가 아닌 누가 들어오더라도 놀라지 말고 잘 좀 받아 주시오."

그렇게 아내에게 부탁을 한 대감은, 건너편에 사는 가난한 양반을 찾아가서 큰돈을 내밀며

"내가 슬하에 자식이 없으니, 자네가 오늘밤 내 마누라에게로 가주시게. 그러면 내가 이 돈을 주겠네."

먹고살기 어려운 이 양반으로서는 오죽 좋은 일이었다. 양반은 밤이 되자 대감의 아내 방으로 찾아가 문을 살짝 열고 들어갔다. 대감의 아내는 그 남자가 자신의 남편이 아닌 것을 알았으나, '아까 남편이 말했던 그 사내로구나.'하고 그냥 동침을 했다.

그 후에 태기가 있어, 대감의 아내는 아이를 낳았는데 아들이었다. 아이의 친아버지가 대감이 아니라는 사실은 대감내외만의 비밀이라서 다른 사람들은 전혀 몰랐다.

그렇게 시간이 흘러서 대감이 죽고 말았다. 그 아들이 서울로 과거를 보러 가게 되었다. 과거를 보러 갔다가 돌아오는데 너무 오래도록 타지에 있었던 탓에 그만 자신의 집이 어딘지 잊어버리고 말았다. 아들은 할 수 없이 근처에 보이는 기와집에 들어가 잠을 청했는데 사실 거기가 바로 자신의 집이었다. 자신의 어머니가 마중을 나왔으면 서로가 서로를 알아봤을 터인데, 종이 마중을 나와서

"저쪽 사랑방에서 하룻밤 주무시고 가십시오."

라고 하는 바람에 아들은 자기 집인 줄도 모르고 사랑방에 들어가서 잠을 자게 되었다.

그 날은 대감의 제삿날이었는데, 대감의 아내는 아들을 기다렸으나 아들이 오지 않자 결국 혼자 제사를 지내기로 했다. 그런데 제사가 시작되자 사랑방에 누워 있던 아들의 눈에 갑자기 눈물이 줄줄줄 흐르는 것이었다. 그리고 아들은 비몽사몽간에, 두 영혼이 와서 제삿밥을 응감應感하는 모습을 보게 되었다. 웬 거지 같은 낯선 남자가 낡은 파립破笠을 쓰고 작대기를 짚으며 덤벙덤벙 걸어 들어오더니 제사음식을 음복飮福하고, 다른 남자는 그 남자의 뒤로 비껴 앉아서 제사음식을 쳐다만 보는 것이었다. 그런데 뒤에 앉은 남자를 자세히 보니 바로 자신의 아버지였다. 기이하게 여긴 아들이 제사상을 자세히 들여다보니, 그곳은 자신의 집이고 자신의 어머니가 아버지의 제사를 지내는 중이었다.

이상하게 생각한 아들이 잠에서 깨보니 과연 자신이 잠든 곳은 자신의 집이었다. 아들은 어머니를 찾아가 인사를 드리며 말했다.

"어머니. 제가 지난밤에 그만 여기가 우리 집인 줄도 모르고 외당外堂[1])에서 잠이 들었지 뭡니까. 그런데 제가 어제 참 이상한 꿈을 꾸었습니다."

아들이 꿈 내용의 설명하며,

"어찌 이런 일이 있단 말입니까?"

하고 말하자, 대감의 아내가 말했다.

"실은, 내가 그런 것이 아니라 너희 아버지의 권유로 이러저러한 일이 있었단다."

하고 아들에게 그간의 사연을 모두 이야기해 주었다.

제사상을 아무리 차려도, 아들의 핏줄인 친부親父가 와서 제삿밥을 먹고 아들을 길러준 대감은 전혀 먹지를 못하고 구경할 수밖에 없었던 것이다.

모자母子는 반성을 하고, 그날 저녁에는 제사상 두 개를 따로 차려놓고 제사를 지내 주었다고 한다.

---

1) 외당外堂 : 안채와 떨어진 공간으로, 손님을 접대하기 위한 공간.

7. < 구두쇠영감의 깨달음 >

옛날에 구두쇠영감이 하나 있었다. 이 영감이 어찌나 구두쇠인지, 생일이든 제사를 지내든, 무엇을 하든지 간에 이웃과 나누어 먹는 법이 없었다. 그렇게 아끼고 아껴서 부자가 된 구두쇠는, 말도 한 스무 마리 되고, 소도 한 스무 마리 되고, 닭도 한 쉰 마리가 되도록 재산을 불려서 떵떵거리며 살았다.

구두쇠는 '금년에 농사를 지어서 돈이 남으면 닭을 더 사야지, 또 무엇을 사야지'하며 늘 살림을 계산하며 살았다. 그렇게 근 십년을 살면서도 도통 이웃과 나눠 먹는 일이 없이 혼자만 배부르게 살았다.

어느 날 아침이었다. 자고 일어났는데 머슴이 뛰어오더니,

"아유! 어르신, 소가 한 마리 죽어 버렸습니다."

라고 하는 것이었다. 구두쇠영감은 속이 많이 쓰렸지만,

"죽었으면 별 수 없지. 잡아서 먹자."

라고 했다.

그런데 그 다음날에도, 자고 일어나 보니 말이 한 마리 죽어 있었다. 그리고 또 다음날 아침에도 닭이 몇 마리 죽어 있었다. 그렇게 계속 가축이 죽어 버리자 살림이 줄어들었다.

구두쇠영감이 가만히 생각하기를, '내가 너무 구두쇠로 살아서 이웃과 음식을 나눠 먹지 않아서 이런 일이 생기나 보다.' 싶었다.

그 해 농사를 잘 지으면 재산이 다시 불어날까 했으나, 마치 물을 부어 놓은 것처럼 남실남실 대는 그 상태였다. 또 다음 해에 농사를 지어 놓으면 재산이 불어날까 싶었지만, 역시 딱 그 상태를 유지하면서 더 이상 늘어나지 않고 재산이 딱 그대로였다.

'에라, 내가 몇 해 동안 이웃과 나눠 먹지 않고 혼자만 배부르게 살았다만, 재산이란 것이 한도가 있구나. 올해는 술도 하고 떡도 하고 소도 잡아서 우리 동네

사람들을 좀 대접해야겠다.' 이렇게 생각한 영감은 하인들을 시켜서 가축을 잡아서, 동네사람들을 불러 모아서 모두 나누어 먹었다.

그렇게 나누어 먹었으니 손해가 생겼을 법한데, 그 해 농사를 지어 보니 재산이 예전과 그대로였다. 마치 저울로 달아 놓은 것처럼 늘지도 줄지도 않고 딱 그대로였다. 그것을 보고 영감이 깨달았다.

'재산이란 게 한도가 있구나. 이 이상 더는 안 불어나는 재산을 내가 더 많이 가지려고 욕심을 내니까 재산이 안 늘어나고 이렇게 그대로인 것이로구나.' 그렇게 깨우친 영감은 그 다음부터 해마다 동네사람들을 불러다가 후한 대접을 하며 함께 먹고 놀았다.

동네사람들은 구두쇠영감의 그런 행동에 깜짝 놀랐다. '저런 구두쇠가 돼지와 소를 잡아다 밥을 해서 나눠 먹고, 술을 받아다가 동네사람들에게 나눠 주다니!' 하며 크게 놀랐다.

구두쇠영감은 그 동안 하도 남들과 나누어 먹는 일이 없어서 이전에 친구라곤 한 명도 없었는데, 동네사람들을 이렇게 푸짐하게 대접한 뒤로는 사람들이 다가와서 이 영감과 바둑도 두고 장기도 두며 놀면서 영감을 칭찬했다.

그러자 영감은 말했다.

"내가 가난이 한이 되어서 재산을 더 불려 보려고 남들에게 구두쇠 소리를 들어가며 악착같이 재산을 모았는데, 이 이상은 늘어나지 않는 게 아니오? 그런데 이렇게 함께 나누어 먹어도 재산이 더 줄어들지 않으니 내 복의 한도가 딱 이만큼이라서 그런 것 같소."

그 뒤로 영감은 자신의 양심을 깨닫고 그렇게 다른 이들과 함께 나누어 먹으며 살았다. 그렇게 한 평생을 나누며 살아도 재산이 딱 그만큼이었다.

8. < 처녀가 잉태한 궉씨의 유래 >

옛날에 예천에 살던 두 사람이 강원도 정선 산골까지 동행하여 가게 되었다. 그러던 중 어떤 민가에 과객으로 머무르게 되었다. 그 집에 있던 사람들과 인사를 나누는데 과객 중에 한 명이,

"저는 궉머시기입니다."

하고 자신을 소개하였다. 그러자 집주인이

"궉이라는 성도 있소?"

하고 물었다. 그러자 과객은

"아니, 성이 궉이든 뭐든 인사를 받아 주면 되잖소?"

하고 따져 물었다.

집주인은

"여봐라! 이 분을 저 아랫방으로 모시거라."

라고 하며, 그들을 아랫방으로 모시고 가서 수문수답을 나누었다.

저녁식사를 마친 후에 집주인이 과객에게 '궉'가의 유래를 물었다.

"저 어르신의 시조始祖 유래를 좀 말씀해 주셨으면 합니다."

"그러니까, 시조는 없고……. 어느 날 한 처녀가 빨래를 하러 나갔는데, 하늘에서 새가 '궉!' 하고 울더니 처녀의 입 안에 무언가를 넣어 주었답니다. 그 후로부터 처녀는 잉태가 되어서 저를 낳았다고 합니다. 그 얘기를 들은 어른들은 출가도 하기 전에 처녀가 임신을 한 게 이상하다며 난리가 났죠. 그렇게 문중의 사람들이 모여 난리가 나서, 관아에 처녀를 데리고 가서 문초를 했답니다. 하지만 생사람을 죽일 수는 없지 않겠소. 그래서 원님이 '하늘에서 새가 궉~궉~ 하고 울어서 임신이 되었으니 궉씨로 하라!' 라고 판결을 내려 주었답니다. 그래서 우리 시조의 성은 궉입니다."

이것이 그가 '궉'이라는 성을 갖게 된 이유를 설명한 이야기이다.

9. < 강태공과 참을성 없는 부인 >

강태공이 글을 배울 때에 몇 날 밤을 지새우는데, 졸음이 올 때엔 천정에다 못을 박고 거기에다 끈을 매어서, 혹시 조느라고 옆으로 끄덕하면 툭 잡아채도록 했다. 그렇게 늘 졸음을 쫓으며 정신을 차려 공부를 했는데, 글 읽는 데만 열중하다 보니 살림살이가 형편이 없었다.

강태공의 부인은 먹을 게 없어서 가을철 추수 후에 남아 있는 벼를 거두어 말리러 가려고,

"저기, 소나기가 올 것 같으니, 비가 오면 이것 좀 걷어 주세요."

라고 부탁하고 논으로 나갔다.

부인이 나간 뒤에 소나기가 막 내리기 시작했는데, 부인이 남은 벼를 거두고 집에 돌아와 보니 마당에 널어놓은 것이 모두 비를 맞아 떠내려가서 배수로에 누렇게 고여 있었다.

강태공의 부인이 남편에게 하소연했다.

"이걸 꼭 좀 걷어 달라고 그렇게 부탁했는데 이렇게 다 비를 맞게 했어요?"

"어, 그새 비가 왔었나? 난 글을 읽느라고 비가 온 줄도 몰랐네."

"에이, 당신 같은 사람하고는 백날을 살아 봐야 아무 희망이 없어요. 내가 이렇게 굶다가는 죽겠으니 난 내 갈 길로 가야겠어요."

"아, 부인, 며칠만 더 참아 주시오."

"에이, 이젠 아주 몸서리가 나서 하룻밤도 더 기다릴 것 없이 떠나야겠어요."

하고는 길을 떠났다.

부인이 떠나고 나니, 강태공은 누가 뭐라도 좀 해줘야 밥을 먹고 글을 읽지, 배가 너무 고파서 도저히 글을 읽을 수가 없었다. 강태공은 쭉 곧은 낚싯대를 가지고 미끼도 없이 물가로 가서 낚시질을 하니, 배가 고파서 죽을 지경이었다.

그때 조정에서

"우리가 훌륭하신 선생님을 모셔와야 되겠는데 선생님이 어디 계시는가? 아, 강태공선생님을 꼭 모셔와야겠다. 선생님이 낚시질을 하고 있으니, 거기로 가서 선생님을 모셔 와라."

라고 하였다.

한 사람이 조정에서 모시고 싶다는 뜻을 전하러 강태공에게 갔다.

"선생님, 처음 뵙겠습니다."

그러자 강태공은 못 본 척 아무 말 없이 낚싯대만 만지작거렸다.

"선생님, 저어, 폐백을 올립니다."

강태공이 돌아보자,

"선생님, 저를 따라가셔서 정치를 좀 해 주시면 안 되겠습니까?"

그리하여 강태공이 그를 따라나섰다.

그렇게 강태공이 행차를 하는데, 지금도 대통령이 내려온다고 하면 대청소를 하고 온 동네가 준비를 하듯이, 하물며 이건 왕의 행차에 해당하는 것이니만큼, 그 행차의 준비가 대단했다.

강태공이 행차를 하다가 보니, 길을 닦는 동네사람들의 무리에 섞여서 자기 부인이 엎드려서 길을 닦고 있었다.

"잠깐 멈추어라! 저기 저, 길을 닦는 부인, 저 사람을 좀 불러 다오."

그리하여,

"부인, 이리로 좀 오시라는 명령이십니다."

라고 전하였다.

부인이 생각하기에, '저렇게 높은 사람이 나를 부른다니 이제 난 딱! 죽게 되는 게 아닐까?' 하고 잔뜩 겁에 질려서 그 앞에 가서 엎드렸다.

"부인, 고개를 들고 나를 좀 쳐다보시오."

가까스로 고개를 들고 쳐다보니 그건 바로 자신의 남편이었다.

"아, 당신이 어쩐 일이세요!"

"나는 왕이 되어서 중앙으로 올라가는 길이오."

"아, 그러면 나도 당신을 따라가야겠어요."

라고 하였다.

그러자, 강태공은 큰 양푼 하나와 조그만 표주박을 하나를 내주면서,

"이 표주박을 가지고 물을 퍼 와서 양푼에다 홍건히 부어 보시오."

그러자 부인은 얼른 물을 퍼다 붓고, 또 얼른 퍼다 붓고 하여 큰 양푼 하나를 가득 채웠다.

"그 다음엔, 그 양푼을 들어서 물을 주르륵 땅에다 쏟아 보시오."

하였다. 그리고

"마지막으로 그 물을 모두 양푼에다 쓸어 담아 보시오."

라고 하였다.

처음에 물을 퍼다 부을 때는 얼른얼른 퍼다 부었지만, 땅에 쏟은 물을 다시 쓸어 담을 수는 없는 노릇이었다.

"사람이 사람을 버렸다가 다시 찾는다는 것은, 이처럼 한번 쏟아버린 물을 다시 쓸어 담는 것과 같은 것이오. 그러니 당신은 저기 가서 길이나 닦으시오."

라고 말하고는,

"그만 행차해라."

하고 휙 떠나버렸다.

며칠만 더 참았더라면 강태공의 사모님이 되어서 서울로 따라갔을 텐데, 그 잠시를 못 참았던 탓에 부인은 결국 강태공을 따라가지 못하고 그만 객사客死하고 말았다.

이 이야기는 고생 끝에는 반드시 낙樂이 오니 조금만 참으면 된다는 뜻이다.

10. < 남인 어머니 >

옛날에 어떤 부부가 자식을 낳았다. 자식이 열 살 정도가 되었을 무렵에 아버지가 유언하기를,

"내가 죽거든, 내 시체를 마을 안 우물에다가 빠뜨려라."

라고 말했다. 그러자 열 살 된 아들이 하는 말이,

"아버지, 남이 듣습니다."

하는 것이었다. 그러자 아버지가,

"아 이놈아! 여기 누가 남이 있다는 거냐? 네 어머니하고, 나하고, 너하고, 우리 식구 밖에 더 있냐?"

라고 했다.

그러자 아들이 어머니는 남이라고 말했다. 그러나 아버지는 남이 없다며 다시 말했다.

"너하고 나하고 네 어머니하고 세 명 밖에 없다."

아버지가 얼마 후 돌아가셨는데, 유언으로,

"내가 죽으면 나를 샘에다 빠뜨려 주렴."

이라고 했다.

하지만 아들이 가만히 생각해 보니 차마 아버지를 샘에다 빠뜨릴 수는 없었다.

아들이 스무 살이 되어서 다시 가만히 생각해보니, 자신이 아버지께 효도를 한 적이 없었다. 그래서 돌아가신 후에라도 아버지의 마지막 유언을 들어 드려야겠다고 생각하고 아버지의 시체를 샘에다 빠뜨렸다.

그 후로 아들이 결혼을 하여 집안에 며느리가 들어왔는데, 고부간의 사이가 좋지 않아서 서로 붙었다 하면 싸웠다. 아들은 어머니의 편도 들지 못하겠고, 아내의 편도 들지 못하겠어서 늘 묵묵히 참았다.

시어머니는 불손한 며느리를 죽도록 때리거나 친정으로 내쫓아 버리고 싶었

지만, 자기 아들이 아내가 혹시 털끝이라도 다칠세라 소중히 여기는 바람에 그러지를 못했다.

어머니는 아들이 며느리에게 도통 쓴 소리도 하지 않고 그저 듣고만 있는 것이 몹시 괘씸스러웠다. 그래서 며느리가 미운 마음에, 아들을 향해서 욕을 하기를,

"네 이놈, 나쁜 놈, 이놈아, 자기 아버지 시체를 좋은 곳을 잡아 묘를 지어 안장한 게 아니라, 동네 우물에다가 빠뜨려 버린 놈, 저런 천하의 나쁜 놈!"

이라고 말했다.

마을사람들은 그 사실을 아직도 모르고 우물의 물을 마시고 있었기 때문에, 남들이 이 말을 들으면 아주 큰일이 날 일이었다. 그래서 아들은 남이 들을까 봐서 늘 어머니를 달랬다.

"어머니! 어머니! 그런 말씀을 하시면 어떻게 합니까? 그런 말씀 하시면 안 됩니다."

하지만 아무리 말려도 소용이 없었고, 계속해서 상황은 악화되어서, 어머니는 결국 이렇게 큰 소리로 외쳐 버렸다.

"저놈이 산에다가 자기 아버지의 거짓 장례를 지내고, 가짜 무덤을 만들어 놓았다. 자기 아버지는 저 동네 우물에다가 빠뜨려 버렸다!"

그러자 온 동네사람들이 난리가 났다. 동네 우물에다가 시체를 빠뜨려 버렸다고 했으니, 이때까지 그 물을 먹고 산 동네사람들이 엄청나게 흥분하였다.

동네 일꾼이 전부 다 나와서 우물의 물을 퍼서 바닥을 드러내고 보니까, 그 우물 속에서 아버지의 죽은 넋이 검은 소가 되어 있었다. 그 검은 소는 무릎을 꿇고 있었는데, 곧 일어나서 승천하기 직전이었다.

검은 소가 승천을 하면 그 아버지도 천당에 가고, 아들도 복을 받을 것이었다. 그러나 그만 남들이 그 이야기를 들었고 동네사람들이 난리를 쳤기 때문에 아버지의 넋은 그 자리에서 사르르 녹아 사라져 버려서 결국 승천하지 못하고 말았다.

그래서 어머니, 즉 남의 식구가 듣는 데서 그런 이야기를 했기 때문에 그 일가

도 망해 버린 것이다. 젊은이들에게 하는 이런 이야기는, 부자지간에는 무엇이든 마음속의 말을 할 수 있어도, 어머니나 마누라 앞에서는 그렇게 해서는 안 된다고 하는 것이다.

11. < 도사 덕택에 부자 되고 봉사 된 이야기 >

옛날에 어떤 사람이 장가를 일찍 들어서, 여덟 명의 자식을 두었는데 너무 가난해서 먹을 것이 없었다. 그래서 어느 날 아내가 말했다.

"우리 내외, 십 년을 작정하고 갈라집시다. 당신은 혼자 어디에 가서 밥벌이라도 하고, 나는 어떻게든지 우리 아이들을 먹여 살릴 테니 십 년을 갈라져서 삽시다."

남자는 집을 떠나 보니 달리 갈 데가 없었다. 그래서 강원도처럼 골짜기 첩첩 산중으로 들어가다가 어떤 절을 발견하고 들어가서 말했다.

"내가 심부름이나 하면서 이 절에 좀 머물러 있으면 어떨까요?"

"그렇게 하시오."

그 절의 대사는 도를 통한 사람이었는데, 그 남자를 보니 마음이 후덕해서 공부를 시켜야 할 것 같았다. 그래서 그의 내력을 물었다.

"당신은 어쩌다 이렇게 집을 나왔소?"

"나는 가난한데 자식이 많아서, 점점 아이가 더 늘어날 것 같아서, 아내와 십 년 동안 갈라서기로 작정을 하고 집을 나왔소."

"그러면 십 년 동안 이 절에 머물면서 내가 가르쳐 주는 공부를 하시오."

그렇게 절에서 공부한 지 팔 년째 되는 해에 대사가 말했다.

"저기 높은 산에 올라가서 바람도 쏘이고 구경도 합시다."

산에 올라가서 구경을 하고 내려오니 남자는 집과 아이들의 생각이 간절했다.

"전 어쩐 일인지 집 생각이 많이 납니다. 집으로 돌아가야 되겠습니다."

"마음이 그렇다면 이제 공부는 다 한 것이요. 여기에 더 머물 필요가 없으니 가시오."

남자가 팔 년 만에 집에 돌아가 보니 아내가 벼를 베고 있었다. 십 년을 작정하고 떠난 남편이 팔 년 만에 돌아온 것을 발견한 아내가 말했다.

"당신이 왜 벌써 돌아왔나요?"

"아이들도 보고 싶고 해서, 이렇게 왔소."

"아이 참! 나가세요. 이 년만 더 있다가 돌아와요."

그렇게 밥도 한 숟가락 못 얻어먹고 쫓겨난 남자는 다시 여기저기 돌아다니게 되었다.

오뉴월쯤 되었는데, 사람들이 들에서 모를 한창 심고 있는 것을 보았다. 배가 고팠던 남자는 '모를 심어 주고 밥이나 한 숟가락 얻어먹을 수밖에 없겠다.'라고 생각하고, 논두렁에서 괭이를 들고 다니는 흰옷 입은 사람에게 가서 인사를 했다.

"여기 주인 되십니까?"

"내가 주인이오만."

"배가 고프니 일꾼들이 점심 먹을 때, 저도 요기 좀 시켜 주시오."

"그렇다면 나중에 저 일꾼들이 밥 먹을 때 오면 되오."

그렇게 남자가 논주인과 함께 논두렁에 서있는데, 어떤 부인이 모심기소리를 하는 것이었다. 가만히 들어 보니 그 부인은 병이 있어 보여서, 물었다.

"소리를 하는 저 부인, 혹시 병이 있지 않습니까?"

"맞소, 병이 있소."

"점심시간에 내가 그 병을 고쳐 주고 싶소."

"자신이 있소?"

"자신 있습니다."

점심시간이 되어서 일꾼들과 함께 점심을 먹는데, 논의 주인이 그 부인에게 말했다.

"지나가던 이가 부인의 병을 고쳐 주고 싶다는데 어찌 생각하시오?"

"내 병을 고쳐 준다면야 그런 다행이 없지요. 고쳐 주시오."

그래서 점심을 다 먹은 후에, 남자가 그 부인의 머리 뒤통수에 난 머리카락을 하나로 모아서 쥐고 주머니칼로 동그랗게 두피를 오려내더니, 젓가락으로 거머리를 한 마리 딱 집어내고 나서 약을 발랐다. 남자는 그 거머리를 내놓으며 말했다.

"이건 부인이 먹었던 미나리에 붙어 있던 거머리인데, 이게 머리까지 타고 올라갔습니다. 이 거머리를 잡아내지 않았다면 당신이 죽을 뻔했습니다."

그 모습을 본 논주인도 신기해하고 부인도 마음이 개운해져서 남자에게 돈 백 냥을 주었다.

그러나 남자는 그 돈을 거절하며 말했다.

"나는 돈 백 냥을 짊어지고 다니지 못하니 필요가 없습니다. 가다가 요기나 할 수 있게 그저 석 냥만 주시오."

남자가 돈 석 냥을 꿰어서 어깨에 둘러메니 주인이 말했다.

"우리 집에서 며칠 밤 자고 가시오."

그래서 남자는 이틀을 그곳에서 잤다. 떠날 때 주인이 말했다.

"어찌 되든지 나중에 또 들르시오!"

다시 길을 나선 남자는 '기약을 한 이 년 중에서 아직 일 년도 채 지나지 않았으니 이러면 안 되겠다'는 생각이 들어서 서울까지 들어갔다. 그러나 돈이 거의 다 떨어지고 말았다. 술집에서 술이나 먹으려는데 돈이 몇 푼 없었다. 그래서 술집에 가서 주인에게 말했다.

"술 한 잔 주시오."

"얼마치를 달라는 거요?"

"이 돈대로 주시오."

주인이 술을 주었고, 술집에는 여러 사람들이 둘러앉아서 술을 마시고 있었다.

남자가 물었다.

"여기 혹시 병을 고쳐야 하는 사람은 없습니까?"

"당신이 병을 잘 봅니까?"

"잘 보지는 못해도 그냥 좀 봅니다."

"그러면 여기 김정승네 아들이 다 죽어가고 있는데, 그 병을 고치면 팔자를 고칠 게요."

남자가 그 말을 듣고 김정승네 집을 찾아가니, 이미 의원이 수십 명 모여 있었다. 남자는 가장 말석에 앉았다.

그런데 갑자기 어떤 사람이 숨을 헐떡이며 뛰어와서는 말했다.

"선생님, 제 아내가 아기를 낳는 중인데 난산입니다. 어떻게 해야 됩니까?"

그러자 한 의원이 나서서 약화제를[1] 적어 주었다.

"이 약을 가져다가 달여서 먹이면 순산할 거요."

그 사람이 약화제를 챙겼다. 남자가 가만히 보니 그 약화제대로 약을 지어서 달이면 너무 늦을 것 같았다.

"이보시오. 이리 와 보시오."

"그럼 어쩌면 좋겠소?"

"대장간에 가면 쇠를 달구어 만든 쇳물이 있으니 그것을 한 종지 떠다 먹이면 순산할 것이오."

그래서 그 약화제를 버리고 대장간의 쇳물을 한 종지 먹이니 그 부인이 순산했다. 그의 남편이 고맙다며 남자에게 술과 안주를 가져다 대접했다.

이를 지켜보던 대감은 '저 사람이 말석에 앉아 있긴 해도, 의원은 큰 의원이다.'라고 생각하여 말했다.

"거기 말석에 앉은 사람, 나를 좀 따라오게."

그래서 남자가 따라가니 대감이 말했다.

"자네, 내 아들의 병을 좀 고쳐 주게."

"예. 그러면 대감님 아드님을 제가 봐야 합니다."

대감의 아들을 보니 얼굴이 갈라지고 바짝 말라붙어 있었다.

"그래, 자네, 이 병을 고칠 수 있겠는가"

"예. 고치겠습니다. 그렇지만 대감님 없이 저 혼자만 방에 들어가서 고치겠습니다."

"자네 마음대로 하시오."

그래서 남자는 혼자 방에 들어가서 대감 아들의 등을 따서 도마뱀 한 마리를 찾아냈다. 도마뱀을 찾아내고는 다시 등을 꿰맸다. 그리고 바로 문을 열고 나오면서 말했다.

---

1) 약화제藥和劑: 약을 짓기 위해 약 이름과 약의 분량을 적은 종이. <같은 말> 약방문.

"대감님, 들어오시지요."

대감이 들어가니 남자가 새끼 도마뱀 한 마리를 꺼냈다.

"이것이 도련님의 병이었습니다. 지금은 등에 붙어 있는 걸 떼어냈지만 만약 이것이 머리로 올라가게 되면 아드님이 죽습니다."

아들은 점점 화색이 돌고 병이 나았다. 대감은 이 남자가 천지의 명의들보다도 훨씬 대단한 능력을 가졌다고 생각했다.

"자네의 주소는 어디인가?"

"아무 데입니다."

"성명은?"

"아무개입니다."

"자네는 어쩌다가 이렇게 집을 나왔는가?"

남자는 그간의 사연을 모두 말했다.

"아이들이 많아서 절간에 가서 공부를 했습니다."

"그러면 두 해를 더 있어야만 집으로 돌아갈 것 아닌가?"

"예. 이제 반년쯤 지났으니, 일 년 반 동안을 더 있다가 돌아가야 합니다."

"일 년 반 동안은 내 집에서 머물게나."

그렇게 대감의 집에서 지내게 된 남편은 잘 먹고, 잘 입으며 일 년 반 동안 그곳에서 묵었다.

작정했던 십 년 기한이 다 되자 말을 타고 집으로 내려갔는데, 자신의 집이 있던 자리에 큰 기와집이 있었다.

남자가 그 집으로 들어가니 아내가 나와서 손목을 잡으며 반갑게 맞이하는 것이었다. 집도 잘 지었고 논밭도 삼백만 지기는 되었다.

"이 재산은 다 어디서 난 것이오?"

"고을 관청에서 나온 것이라서 나도 모릅니다."

바로 그 대감이 살림을 이루어준 것이었다. 집을 다 구경하고서 뒤뜰에 가니, 절에서 만난 그 도사가 서 있었다.

"아이고, 선생님 아니십니까?"

"그래. 그런데 이만하면 자네도 이제 잘살 것이네. 이제부터는 누가 와서 무슨 병이든지 고쳐 달라고 하면 눈이 어두워서 안 된다며 거절하시오."

도사는 그렇게 말하고 남자의 눈을 멀게 하였다. 봉사가 되지 않으면 50세까지 밖에 살지 못한다는 것이었다.

"왕의 병을 고치지 못하면 오십 세까지 밖에 못 살 것이다. 그러니 너는 이만하면 됐다."

도사는 그렇게 말하고는 모습을 감췄다. 남자는 아내와 함께 평생을 잘살았다.

12. < 글 모르는 사람을 위한 지방紙榜 >

초상이 났을 때 사용하는 포목이 주로 강원도에서 생산되었을 시절이었다. 포목을 구하기 위해서 강원도에 들른 영남사람이 어떤 큰 집에서 하룻밤 묵어가기로 했다. 그 집주인과 인사를 나누었는데, 집주인이 먼저 물었다.

"어디서 오셨소?"

"영남에서 왔소."

마침 그 날은 그 집에 제사가 있는 날이었다. 그 동네에서 유일하게 글을 알고 있는 동장이 와서 그 집의 지방[1]을 써주고는 했는데, 그 날은 마침 동장이 출타하고 없었다. 영남에서 온 사람은 대부분 선비였기 때문에, 그 집안의 어른이 영남사람에게

"오늘 우리 집안에 제사가 있는데 지방을 좀 써주시오."

라고 부탁하였다.

영남사람은 차마 거절할 수가 없어서, 지필묵을 가져 오라고 하여 지방을 써주기 시작했다.

"망혼亡魂이 글을 아는가, 모르는가?"

"글을 모르오."

영남사람은 붓을 들고 위에서부터 시작해서 퀀밭[2]을 그렸다. 당시 강원도에서는 제사를 지낸 후에 지방을 그대로 놓아두는 관습이 있는 모양이었다.

영남사람은 지방을 써준 답례로 제사음식을 잘 얻어먹고서, 아침에 앉아 있었

---

1) 지방문紙榜文 : 제사 따위를 지낼 때에 종잇조각으로 만든 신주에 쓰는 글.

2) 여기서 퀀밭은 밭고누를 말한다.

밭고누 : <민속> 밭 "전田" 자 모양의 고누 밭을 그려서, 세 마리의 말을 가지고 움직이다가 말의 갈 길이 없게 되면 지는 고누 놀이.

고누 : <민속> 땅이나 종이 위에 말밭을 그려놓고 두 편으로 나누어서 말을 많이 따거나 말의 길을 막는 것을 다투는 놀이.

다. 그러자 어디선가 동장이 덜렁덜렁 왔다. 동장이 말하였다.

"내가 어제 어디를 갔다가 늦게 왔는데, 그 지방 좀 가져와 보게."

그래서 그 지방을 가져다 보여주니, 거기에는 퀸밭이 그려져 있었다.

"아, 이 사람아. 이거 제사를 잘못 지냈네. 이게 고누 밭이지 어디 지방인가? 그 영남선비는 어디 있소?"

"사랑방에 계십니다."

사랑방에서 대화를 듣고 있던 영남사람이 가만히 생각해 보니 동장한테 꼼짝없이 봉변을 당할 것 같았다. 동장이 오더니 간단히 인사를 한 뒤에,

"남의 지방을 모시는데 어찌 이런 퀸밭을 그려 놓았소?"

"허, 그것 참 ! 숙맥 같은 소리를 하고 앉았구먼."

영남사람은 배짱이 아주 좋았다.

"내가 그래서 처음부터 죽은 망혼亡魂이 글을 아는지 모르는지를 물어본 후에 지방을 써 주지 않았소! 글을 모른다고 하기에 지방을 그렇게 썼을 뿐이오."

"그래, 글 모르는 사람의 지방은 이렇게 퀸밭을 그리오?"

"허어! 그것 참! 조상신이 여기로 잘 찾아와서 음식을 잡수시라고 쓰는 게 지방인데[3], 글도 모르는 망혼이 어떻게 글을 읽고 자기 자리를 찾아오겠소? 이게 이 집의 골목길을 나타내는 것이니, 이쪽으로 와서, 요리로 해서 요리로 찾아와서 요기에 앉으라는 의미요. 글을 모르는 망혼을 위한 지방은 모두 이렇게 만들어야 하는 거요."

그러자 동장이,

"영남에서는 다들 이렇게 하오?"

"영남에서는 글 모르는 망자를 위한 제사의 지방을 이렇게 만듭니다. 글 모르는 사람에게 지방을 글로 써줘 봤자 찾아와 앉지를 못하기 때문이오. 그래서 퀸밭을 그려서 여기로 와서 앉으라고 알려 주는 것이요."

그 말을 들은 집주인이 가만히 생각해 보니 그것도 참 그럴 듯했다.

"역시 영남 양반은 다르군." 집주인은 크게 감탄했다.

---

3) 지방이란 죽은 자의 영혼이 그곳으로 찾아오도록 알려주는 약도에 해당한다는 뜻으로 한 말이다.

13. < 시집살이를 이겨낸 며느리 >

옛날에 어떤 시아버지가 며느리한테 시집살이를 엄청나게 시켰다. 시아버지가 며느리에게 삼 년 동안이나 사관[1])을 시키니, 며느리의 시집살이가 너무 고되었다.

한편 이 시아버지는 둘째 아들을 혼인시키려고 했지만 어느 누구도 혼인하려고 들지 않았다.

'내 딸 같으면 시집살이도 못하고 당장 쫓겨날 텐데…….' 라고 모두들 생각하였다.

그래서 그 시아버지를 걱정하는 어떤 친구가 물었다.

"어디에 규수가 있는데 그 집에 청혼을 하면 어떤가?"

이제는 이것보다도 훨씬 못한 자리일지라도 청혼할 수밖에 없었다.

"그렇게 하세."

그 집에 가서 청혼의 말을 전하자,

"에이, 가당치도 않습니다. 저희 딸은 거기 가서 하루도 못 버틸 테니 그런 말씀 하지 마세요. 우리 집은 그 집보다 지체도 낮고 모든 게 나은 게 없으니 어림도 없습니다."

"아이, 어떻게든 되겠죠."

"우리 아이는 시집살이를 못해서 안 됩니다."

그렇게 이야기를 하는데 밖에서 두 사람의 대화를 듣고 있던 그 집의 딸이 별안간 자신의 아버지를 불렀다.

"아버지, 그 분이 뭐라고 그러시던가요?"

"너를 며느리로 삼고 싶다는 구나."

"뭐라고 하셨어요?"

---

1) 며느리가 시어른에게 아침저녁 문안인사를 드리는 일.

"안 된다고 했단다."

"그러지 마시고, 그 집에 혼인을 하겠다고 전해 주세요."

그래서 딸이 살든지 못 살든지 거기로 시집을 보내겠다고 할 수밖에 없었다. 그렇게 약속을 하고 날을 받은 두 사람은 드디어 혼인하였다.

신혼부부는 신행을 떠났다. 이튿날 아침에 사관을 나가야 하는데 신부는 몸단장은 모두 마쳤지만 사관을 가지 않고 그냥 앉아 있었다. 시아버지는 며느리가 사관을 올 때까지 기다렸지만 며느리가 오지 않았다. 그래서 시종을 불러서 물었다.

"왜 며느리가 사관을 오지 않는 것이냐?"

"예, 안 그래도 아씨가 벌써 일어나서 단장을 끝내고 앉아 있는데 사관을 안 오네요."

"네가 가서 한번 알아 보거라."

"아씨, 사관 안 가세요?"

"그럼, 큰서방님은 사당에 가셨나요?"

며느리의 말을 들은 시종은 시아버지에게 가서 그대로 전했다.

"서방님이 사당에 가셨는지 물으셨습니다."

깜짝 놀란 시아버지는 옷을 갖추어 입고 사당에 다녀왔다. 사당에 다녀오자마자 며느리가 사관을 나왔다.

그 다음날에 사관을 올지 또 기다리는데 며느리는 오지 않았다. '정녕 이것은 나보고 사당을 다녀오라는 말이겠구나.' 라고 생각한 시아버지가 사당에 다녀오니 며느리가 사관을 하러 나왔다. 사흘을 그렇게 보냈다.

사흘째가 되던 날, 시아버지가 말했다.

"얘야, 오늘부터는 사관을 오지 말거라. 너와 나에게 귀찮은 것은 좀 피하자꾸나."

맏며느리는 삼 년이나 사관을 해야 했지만, 둘째며느리는 그렇게 사흘 만에 사관을 끝내고 시집살이를 잘 해냈다.

14. < 옹기장수와 회오리바람 >

어떤 옹기장수가 길을 가다가 너무 고되어서 옹기 짐을 내려놓고 쉬고 있었다. 그때 갑자기 땅에서 하늘로 치솟는 회오리바람이 불어오는 바람에 옹기 짐이 넘어지면서 옹기들이 모두 깨져 버렸다.

옹기장수는 '재수가 없으려니, 회오리바람이 불어와서 옹기가 깨졌으니 하는 수가 없구나.'하고 포기하는 게 아니라, 명관으로 소문이 난 어린 원님에게 송사를 하러 갔다.

"송사를 하러 왔습니다."

"무슨 송사인가?"

"회오리바람이 불어와서 제 옹기들이 모두 깨져 버렸으니, 이걸 어찌하면 좋겠습니까! 어디에 가서 변상을 청구해야 합니까?"

그러자 원님이 가만히 생각하다가, 이방을 부르더니,

"저기, 해변에 가서 뱃사공들을 전부 불러 오너라."

사공들과 배의 주인 등 열 명이 조금 넘는 사람들이 '하! 나는 아무 죄도 없는데 무슨 일로 관에서 부르는 걸까?' 하고 속으로 벌벌 떨면서 잡혀 와서, 원님 앞에 꿇어앉았다.

"너희들이 뱃사공들이렷다?"

"네, 그렇습니다."

"너는 어디서 어디로 가려고 했느냐?"

"아, 예! 저는 오늘 배를 타고 영암에서 좌성으로 가려고 했습니다."

"너는 어디로 가려고 했느냐?"

"아, 저는 오늘 배를 타고 칠산 바다로 가려고 했습니다."

"너는 어디로 가려고 했느냐?"

"저는 제주도로 가려고 했습니다."

“그렇다면, 너는 무슨 바람이 불어야 하느냐?”

“아, 저는 동풍이 불어야 합니다.”

“너는 무슨 바람이 불어야 하느냐?”

“아, 저는 북풍이 불어야 합니다.”

“그럼 너는?”

“저는 서풍이 불어야 합니다.”

“이놈들아! 그래서 이런 탈이 난 것이다. 너희가 모두 한 곳으로 바람이 불기를 빌었다면, 하느님이 한 곳으로만 바람을 주셨을 것이다. 그런데 동서남북으로 각자 다르게 바람이 불어오기를 빌었으니, 하나님이 누구의 편도 들어줄 수가 없어서 회오리바람을 일으킨 것이 아니더냐! 그래서 옹기장수의 옹기 짐이 넘어져 버렸으니, 너희가 그 돈을 대신 물어 주거라.”

원님의 말을 듣고 보니 대체로 맞는 말이라서, 사공들은 할 말이 없었다. 사공들이 모두 목적지가 같았다면 하느님이 한 곳으로 바람을 불어 주었을 텐데, 각기 다른 바람을 달라고 소원을 해서 하느님이 그냥 회오리바람을 불어준 것이다.

“아, 사공들은 사람의 수가 많으니 십시일반十匙一飯이다. 죽을 사람 하나 살리는 셈 치거라.”

라고 말하는 어린 원님의 슬기로운 판단에, 사공들은 다들 수긍하고 돈을 걷어서 옹기장수의 깨진 옹기의 값을 물어 주었다.

15. < 송우암과 허미수 >

옛날에 송우암과 허미수라는 사람이 살았는데, 이 둘은 조정에서 각각 좌정승과 우정승으로 일을 했다. 그런데 송우암은 젊을 때부터 속병이 있어서 어린아이 오줌을 받아먹었다. 때문에 나이가 들자 자연히 병이 깊어졌고, 이러다가 곧 죽게 될 지경이었다.

송우암은 노론에 속한 정치인이고 허미수는 소론에 속해 있어서, 서로 상의할 일이 있어도 등을 지고 앉아서 국사를 의논했다. 이런 입장이니 서로에게 원수가 아닐 수 없었다.

그러던 어느 날 결국 송우암이 병이 나서 백약이 통하질 않자, 송우암이 자신의 아들을 의술에 능한 허미수에게 보냈다.

"아들아. 내 병이 이렇게 심하니 네가 허미수선생에게 가서 약을 좀 지어 오너라."

그런데 송우암의 아들이 가만히 생각해 보니, 아버지와 허미수의 사이가 원수지간인데 약을 지어 달라고 해 봤자 허미수가 약을 제대로 지어줄 것 같지가 않았다. 아들이 가지 않으려고 하자 송우암이 아들을 달래며 말했다.

"글과 약에는 원수가 없는 법이다. 그러니 네가 간다면 허미수선생이 분명 약을 지어 주실 게다."

송우암이 이렇게까지 말하자, 아들은 어른의 말을 거스를 수가 없어서 할 수 없이 허미수를 찾아갔다.

아들은 허미수에게 아버지가 병이 났다며 증상을 말하고 약을 지어 줄 것을 청했다. 그러자 허미수가 선뜻 약을 지어 주는 것이었다. 그리고는

"그런데 이 약은 약을 처방하는 것보다, 이 단방문單方文[1]대로 따르는 것이 더 중요하다네."

---

1) 한 가지 약재만으로 구성한 처방문.

라고 하는 것이었다. 우암의 아들이 단방문의 내용을 물으니,

"우암선생에게 비상砒霜[2)]을 세 돈쭝 먹인 뒤에, 등을 세게 확 쳐라. 죽을 만큼!"

이라고 허미수가 답하는 것이었다.

그 말을 듣고 있자니, 우암의 아들이 분하기 짝이 없었다. 그러나 허미수는 어른인데다, 아버지와 같이 조정에서 벼슬을 하는 사람이니 욕을 하지는 못하고 그냥 집으로 돌아왔다.

아들이 돌아오자 우암이 물었다.

"그래. 허미수 선생이 약을 지어 주시더냐."

"약을 지어 주기는커녕 아무 말도 않으시던데요."

아들이 생각하기에 자기 아버지가 죽을 것 같아서, 비상 세 돈쭝에 대한 것을 말할지 말지 고민이었다. 송우암은 '허미수가 그럴 리가 없으니 바른대로 이야기하라'며 아들을 채근했다.

그러자 아들이 할 수 없이

"그게……. 비상을, 비상을 두 돈쭝 드시게 하고 등을 치라고 하시지 뭡니까."

하고 실토했다.

그 말을 들은 송우암이

"옳지! 그래, 그럴 것이다. 내가 젊을 때부터 어린아이 오줌을 먹었으니 내 창자에 오줌 찌꺼기가 있을 테지. 그러니 그 처방이 옳은 것이다."

그러면서 아들에게 당장 비상 두 돈쭝을 사오라고 했다.

아들은 사오지 않을 수가 없어서. 아버지의 명대로 비상 두 돈쭝을 사왔다. 허미수가 세 돈쭝 먹이라고 한 것을 두 돈쭝만 사온 것이다.

송우암이 비상을 먹고는 아들더러 자신의 등을 치도록 시켰다. 그러나 아들은 차마 아버지를 '죽도록' 세게 칠 수가 없었다. 그래서 힘을 빼고 약하게 쳤다. 그러자 송우암의 속에서 뭔가가 튀어나오더니, 송우암의 병이 좀 나았다.

하지만 그 뒤로 몇 해가 지나지 않아서 결국 송우암은 죽고 말았다. 그 때 약재

---

2) 비석砒石에 열을 가하여 승화시켜 얻은 결정체. 거담제와 학질 치료제로 쓴다. 독성 때문에 현재는 쓰지 않는다.

세 돈쭝을 먹고 등을 힘껏 쳤으면 속에 있던 나쁜 것이 다 튀어나와서 병이 다 나았을 것인데 그렇게 하지 못한 탓이었다.

그 뒤로 옛날 사람들이 서로 원수라도 글과 약은 제대로 지어 준다는 말이 생겼다고 한다.

16. < 며느리의 지혜로 치산治産한 집안 >

어느 여인이 시집을 갔는데, 시집은 논 열 마지기를 가지고 몇 안 되는 식구가 겨우 살림을 꾸려 가는 형편이었다. 그런데 이 색시가 얼마나 손이 큰지, 이웃이고 당숙이고 주변사람들에게 술이며 밥을 잔뜩 해다가 주는 것이었다. 그 모습을 본 시아버지가 가만히 생각하기를,

'우리 집은 열 마지기 논으로 우리 식구만 겨우 먹고사는 형편인데, 새아기가 저렇게 손이 커서 어쩐담.'

그러나 시아버지의 걱정과는 달리, 주변사람들은 모두 색시가 술과 먹을 것을 챙겨주자 '이 집에 새 며느리를 참 잘 들였다!'며 칭찬했다.

하루는 색시가 당숙들에게 자기 집의 열 마지기 논을 팔겠다고 하자, 당숙 중 한 명이 그 논을 모두 사들이기로 했다. 색시가 논문서를 챙겨서 논을 사기로 한 당숙에게 가보니, 당숙이 쌀 한 가마니를 주는 것이었다. 논 열 마지기 값으로는 턱없이 부족했다. 색시가 당숙에게 볍씨 몇 알만 달라고 하여 받고는, 그 길로 신랑에게 가서 이렇게 말했다.

"여보! 저 논을 팔았으니 우리, 굿을 한번 해요."

그러고는 신랑에게 동네 한 가운데에 있는 커다란 고목나무에 큰 구렁이 한 마리가 붙어 있으니 그것을 잡아오라고 시켰다. 색시는 신랑이 잡아온 구렁이의 꼬리를 묶어서 매달아 놓고는, '성주신이 왔다!'며 굿판을 벌였다.

당숙 아주머니가 와서 그 모습을 보니, 성주라고 불린 구렁이가 묶여서 매달린 채로 볍씨를 받고는 눈물을 철철 흘리는 것이었다.

당숙 아주머니가 생각하기를, '아이고! 이거 큰일이 났구나. 저 업구렁이가 우리 집 성주신인가 보다. 그런데 그것을 저렇게 다루다니! 이러다 우리 집이 망하겠구나!' 하였다. -예전에는 뱀을 성주신이라고 믿었다고 한다.- 당숙 아주머니가 집으로 돌아가서 남편에게 이 사실을 말하였다.

그러자 당숙이 찾아와서는,

"이보게! 그 업을 우리에게 팔게. 논 다섯 마지기 문서를 주겠네!"

라고 색시에게 말했다.

그러나 색시가 팔지 않겠다고 하니, 당숙이 다시

"아니, 그러면 그, 논 열 마지기를 되돌려 주겠네!"

라고 하였다.

그런데도 여전히 색시가 팔지 않겠다고 하자, 당숙은 결국 열 다섯 마지기를 주겠다고 하였다.

색시는 그렇게 논 열 마지기를 팔고 거기에 다섯 마지기를 더 붙여서 논을 되돌려 받았다. 그렇게 하여서 색시네 집안이 잘살게 되었다.

17. < 입춘서立春書로 벼슬한 이야기 >

옛날에는 임금이 잠행을 다니는 일이 많았다. 숙종대왕도 백성들이 굶주리지나 않는지 알아보러 섣달그믐쯤에 미복으로 별방 하나만 데리고서 변두리에 빈민들이 사는 곳으로 잠행을 나갔다.

왕십리를 지나 남산골로 들어가는데, 마침 입춘 때라서, 대문마다 입춘대길立春大吉이나 건양다경建陽多慶이라는 입춘서가 붙어 있었다.

그때 멀리서 글 읽는 소리가 들렸는데 유려하게 잘 읽는 것을 보니 공부를 꽤나 한 사람인 것 같았다. 이 골목으로 저 골목으로 글 읽는 소리를 따라서 가보니, 다 쓰러져 가는 집이 있었다. 그 집 대문에는 '지한당년只恨當年 무이와無二蛙'라는 입춘서가 붙어 있었는데, '다만 당년에 개구리 두 마리가 없는 것이 한'이라는 뜻이었다.

임금이 아무리 생각해 봐도 이 글귀가 어디에서 나온 것인지 알 수가 없었다. 자신도 공부를 할 만큼 했다고 자부했지만, 추운 날씨에 떨면서 한참을 서서 생각해 봐도 도무지 모르겠어서, '내 이 글귀의 유래를 꼭 좀 알아야겠다.'고 마음먹었다.

"이리 오너라! 이리 오너라!"

하고 임금이 그 집안의 사람을 불렀다.

"누구십니까?"

"지나가는 과객이오. 날이 추운데 해도 저물었으니 잠깐 어한禦寒이나 하게 해주시오."

"들어오시지요."

방에 들어가 보니 작은 방 안에 제대로 된 촛불도 못 켠 채, 쇠기름을 접시에 넣고 솜을 심지 삼아서 개똥벌레 불 같이 켜 놓고서 남자가 책을 읽고 있었다.

"모처럼 오셨는데, 이 방이 차가워서 어한이 될는지 모르겠습니다."

라고 하는데 방바닥이 볼기짝 덕을 보게 될 지경이었다.

임금이 남자에게 물었다.

"입춘이면 대개 건양다경이니 입춘대길이니 용호龍虎 같은 것을 쓰는데, 노형댁은 '자한당년 무이와'라고 써 붙였으니 그 이유가 무엇이오? 그게 어디서 나온 글귀란 말이오?"

그러자 남자가 웃으며,

"그런 게 아니라……."

하며 그 유래를 다음과 같이 말해 주는 것이었다.

> 딱 지금처럼 눈이 쌓인 어느 추운 시기의 일이었다. 눈이 쌓이자 새들이 먹을 양식을 찾을 도리가 없어서, 자기들끼리 모여 앉아서 잡담이나 했다고 한다.
>
> 하루는 새들이 배가 고파서,
>
> "노래자랑이나 하며 시간을 보내자."
>
> 하며 편을 갈라서 노래자랑을 시작했다. 참새와 뻐꾸기가 대항하며 서로 노래를 부르는데, 다음 순서로 걸린 것이 하필 딱따구리와 꾀꼬리였다. 꾀꼬리는 명창이지만 딱따구리는 참나무나 쪼아서 벌레나 파먹던 새라서 노래를 할 줄 몰랐다. 그런 두 새가 맞상대로 붙었으니 누가 봐도 꾀꼬리가 이길 승부였다.
>
> 그런데 딱따구리가 속이 상해서,
>
> "나는 안 한다."
>
> 하고 괜한 생트집을 잡는 바람에 싸움이 벌어졌다.
>
> "그러면 재판을 하자."
>
> "그래, 재판을 하자."
>
> "그러면 누구한테 가서 재판을 하느냐?"
>
> "부엉이한테 가서 재판을 받자."
>
> 하고 꾀꼬리 측에서 먼저 제안을 했다.
>
> "그럼 그러자."
>
> "그래, 그렇담 어느 날로 할 테냐?"
>
> "아무 날, 아무 시에 하자."

"그래, 좋다."

그러고는 헤어졌다.

그러나 딱따구리가 생각하기를, 자기가 노래를 해 봐야 꾀꼬리한테 질 것이 뻔해서 궁리를 했다.

재판을 받기로 약속한 날짜가 되기 전에, 딱따구리는 부엉이의 집을 찾아갔다.

"이리 오너라! 이리 오너라!"

하고 딱따구리가 부엉이를 불렀다.

"아, 누구시오?"

"딱따구리입니다."

딱따구리가 부엉이의 집에 들어가서 정중히 인사를 했다.

"그래, 자네가 이 추운 날에 어찌 날 찾아왔는가?"

"부엉이님. 하도 못 뵌 지 오래간만이라 한고寒故는 없으신가 하고, 궁금해서 문안드리러 왔습니다."

"원, 다른 이들은 하나도 찾아오는 이가 없는데. 이렇게 추운데 와 주어서 참 고맙네."

그렇게 인사를 하고, 그 날은 딱따구리가 부엉이네 집에서 그냥 놀고 왔다.

그 다음에 딱따구리가 개울이고 고목이고 다 뒤지고 다니면서 개구리 두 마리를 잡아서 또 부엉이를 찾아갔다.

"이리 오너라! 이리 오너라!"

그러자 부엉이가 들어오라고 했다. 딱따구리가 들어가서 인사를 정중히 하고는,

"아, 부엉이형님. 한고가 대단히 심하실 줄 알고, 제가 개구리 두 마리를 잡아왔으니 우선 요기나 하시지요."

"아니, 자네도 시장기를 면치 못했을 터인데……. 적설이 이리 심한데 어디서 이런 귀한 물건을 잡아 왔는가?"

목구멍이 포도청이라고, 부엉이가 개구리를 먹고 나자 딱따구리가 사실대로 얘기했다.

부엉이는 이미 먹은 개구리를 토해낼 수도 없어서 입장이 난처해졌다. 뇌물을 먹은 것과 다름없으니, 딱따구리의 말을 들어주지 않을 수가 없었다.

그래서,

"알겠네. 재판 날에 오게."

라고 하는 수밖에 없었다. 그리고 재판 날이 되자, 부엉이가 판결을 내렸다.

"꾀꼬리, 자네는 노래는 잘했네. 노래 자체는 잘했지만…"

하면서 '음정이 어디가 안 맞고, 박자의 어디가 안 맞고,' 하며 억지스럽게 패소敗訴시켰다. 딱따구리는 재판에 이겨서 기가 살았다.

남자가 이런 이야기를 들려주자, 과객이,

"아참. 오늘 대궐 앞을 지나다 보니, 과거를 본다는 방傍이 붙었던데 그 과거를 한번 보시오."

하고 이상한 말을 하더니,

"어한 잘 하고 갑니다."

라고 하며 작별인사를 하고 떠났다.

남자는 과거를 보려 해도 지필묵紙筆墨 살 돈조차 없는 형편이었다. 한번 대궐 앞을 찾아가 보니 과연,

'아무 날, 아무 시에 과거를 보겠다.'라는 방이 붙어 있었다.

그러나 집에 와서 생각해 보니 역시 돈이 없었다. 부인에게 그러한 얘기를 하자, 부인이 머리털을 깎아 팔아서 지필묵을 사다 주었다.

그것을 가지고 과거를 보러 갔는데, 시험문제로 나온 글귀가 무엇인가 보니,

"지한당년 무이와只恨當年 無二蛙"

인 것이었다. 모두들 그게 무슨 글귀인지 알 수가 없어서 붓방아만 찧고 있는데, 이 가난한 남자만이 그 글귀에 대해 술술 써서 일등으로 합격했다.

과거에 급제한 남자가 임금 앞에 가서 어사화御賜花를 받게 되었는데, 임금이 말했다.

"자네, 고개를 들어 보게."

그래서 고개를 들자,

"나를 잘 보게."

하여 임금의 얼굴을 잘 보니, 그 날 자기 집에 왔었던 과객이었다.

남자가 너무 놀라서,

"죽을죄를 졌습니다. 몰라 뵈었습니다."

하며 부복하고 사죄했다.

남자는 임금에게 어사주御賜酒를 받아 마시고 출세했다고 한다.

18. < 고정孤貞한 선비와 원님의 송사 >

지금으로부터 약 백 년 전에 가까운 이웃동네의 이야기이다. 고씨 성을 가진 고정한 선비가 있었다. 워낙에 고정한 이 선비는 큰 벼슬은 못하고 학자로서 학문을 닦거나 아이들에게 서당공부를 가르치며 살았다.

그렇게 지내다 보니 먹고사는 형편이 어려워서 나라에서 베랏니[1]를 받아서 살았다. 하지만 아이들에게 서당공부 가르치는 일로는 그 빚을 갚을 도리가 없어서 해마다 빚이 늘어만 갔다.

결국 어느 해에 그 고을 원님이 몇 해 동안 베랏니를 갚지 않고 받아가기만 한 사람들의 기록을 보니 너무 지저분한 것이었다. 원님은 그 문서를 깨끗하게 하기 위해서, 거기에 적힌 사람들을 모두 불러다가 곤장을 쳐서 빚을 감면해 주기로 했다. 곤장을 친다고 하니까, 베랏니를 받아먹은 사람들이 아무 것도 없으면서도 자신에게 어떤 수완手腕이 있다느니, 길거리에 나앉을 처지에도 불구하고 베랏니를 갚을 복안腹案[2]이 있다느니 하며 매를 맞지 않으려고 발버둥을 쳤다.

그렇게 베랏니를 갚지 않은 사람들을 원님의 명으로 모두 잡아들였는데, 그 중 고씨는 선비의 신분이라서 원님이 그냥 데려오라고 명했다.

원님이 고선비를 모셔다 놓고 말했다.

"그대는 지방의 선비로서 국록國祿을 드셨으면 마땅히 이걸 갚아야 할 것인데, 몇 해가 되도록 이것을 갚지 않고 있으니, 저기 저 사람들처럼 매를 맞고서 이걸 갚을 것인가? 아니면 순순히 갚을 것인가?"

사실 고선비에게 베랏니를 갚을 길이 없었지만, 형틀에다 사람을 잡아매고 곤장이니 형장이니 하며 때리는 것을 보고 있자니 공포심으로 떨려서,

"그냥 갚겠습니다."

---

1) 국가에서 주는, 이자 없이 주고 본전으로 갚으라고 하는 곡식
2) 복안腹案 : 뱃속으로(마음속으로)만 생각한 계책.

하고 말했다.

"그래? 그러면 며칠까지 갚겠는가?"

하고 묻자, 고선비가 어느 날까지 갚겠다며 기한期限을 정했다.

"그러면 어서 나가서 그날까지는 꼭 갚게."

그렇게 하여 고선비는 형장을 빠져 나왔다. 고선비가 남산의 산골짜기를 넘어가다가, '허어. 내가 곤장을 맞더라도 벌을 받는 것이 낫지, 집구석에 돌아가 봐야 끼니 끓일 것도 없는 놈이 무엇을 가지고 그 빚을 다 갚는다고! 매가 두렵다고 해서 이런 일을 벌이다니 이것도 큰 죄로구나!' 하고 한탄하고 있었다.

그러다 문득 고선비가 골짜기를 보니, 누런 전대[3] 하나가 보였다. 엉금엉금 기어가서 지팡이로 잡아당겨 보니 자루에 엽전이 들어 있었다. 이것을 짊어지고 보니 이 엽전자루의 무게를 겨우 감당할 수 있을까 말까한 낡은 전대였다.

엽전자루를 손에 넣은 고선비는 '얼씨구나 좋다!'하고 한참을 우쭐하게 서 있다가. '아니지. 분명히 이것을 잃어버린 사람이 있을 터인데……. 내가 이놈을 갖고 그냥 갔다가는 이 돈의 주인이 얼마나 원통히 생각할 것인가.' 하는 생각이 들어서 엽전 전대를 깔고 앉아서 전대 주인이 올 때까지 기다렸다.

시간이 얼마 지나지 않아서 어떤 사람 하나가 정신없이 오더니 고선비가 전대를 주운 그 골짜기를 뒤지더니 돌연 펄쩍 주저앉아서,

"아이고 나 죽었네!"

하는 것이었다. 그 모습을 본 고선비가 그 사람을 불렀다.

"이보시오. 당신 무슨 사연이 있어서 그러시오?"

"아, 방금 내가 황소 한 마리를 팔아서 번 돈을 가지고 오다가, 대변이 마려워서 볼 일을 보고서는 그것을 내버리고 왔소. 십리를 더 가서야 그 사실이 생각이 나서 돌아와 보니, 이 꼴이지 뭐요."

"허어. 그렇소? 사실 내가 엽전의 주인을 찾아주기 위해서 지금까지 전대를 보관하고 있었소. 자, 가져가시오."

고선비가 전대를 내밀자 주인은 거듭 고맙다며 인사를 하다가 잔디밭에다 엽

3) 무명이나 베 헝겊으로 길게 자루를 만들어 양쪽 같은 터놓고 중간은 막아 돈이나 물건을 넣어 허리에 차거나 어깨에 메기도 하는 자루.

전을 우수수 쏟아 놓고는,

"그럴 리는 없지만 엽전의 수를 좀 세어 봅시다. 원래 개수가 맞는가, 틀린가."

고선비는 그 전대를 발견하고서 깔고 앉아 지킨 것뿐이었으니 수가 틀릴 리가 없었다. 엽전 주인은 엽전을 다 세어 보고 나서는, 한 냥이 모자란다고 말했다. 그러면서,

"한 냥 모자라는 것은 기왕 당신이 주워 줬으니, 당신이 채워 주시오."

라고 하자 고선비가,

"내가 그 한 냥을 욕심냈으면 벌써 통째로 가져갔을 것이요."

엽전 주인은 본래 가진 엽전이 쉰 냥인데 지금은 마흔 아홉 냥밖에 안 된다고 하며 고선비에게 기어이 한 냥을 내놓으라고 관아에 고선비를 고발했다.

때마침 사령使令[4]들이 빚을 떼먹은 다른 사람들을 잡으러 가다가, 어떤 사람과 고선비가 우왕좌왕 실랑이 하는 것을 보게 되었다.

"이보시오. 대체 무슨 일로 그러시오?"

"이러저러하여 원통해서 그럽니다."

하고 그간의 사연을 말하니 사령들이 말했다.

"그러면, 여기서 이러지 말고 원님께 가서 송사訟事를 하시오."

그러자 엽전 주인은, 고선비의 멱살을 잡고서

"옳지! 그래, 여기서 이럴 것 없소."

하고는 고선비를 관아에 끌고 갔다.

원님은 좀 전에 돈을 갚겠다며 나갔던 고선비가 어떤 사람에게 멱살이 잡혀서 들어오는 모습을 보고 깜짝 놀랐다.

"아니! 자네 이게 무슨 일인가?"

"원님! 그것이 사실이 이러저러하여 그 엽전을 주워서 주인을 찾아 주었더니, 글쎄 이 사람이 한 냥이 모자란다고 하지 않겠습니까? 저더러 그 한 냥을 채워 놓으라며, 원님께 가서 송사를 하겠다고 저를 이리로 끌고 왔습니다."

"그래? 그렇단 말이지?"

---

4) 조선 시대에, 각 관아에서 심부름하던 사람.

원님은 오장[5])을 불러서,

"여봐라. 그 자루에 든 그 엽전을 모두 쏟아 보거라. 그리고 네가 한 번 세어 보아라."

오장이 엽전의 수를 세어 보니,

"모두, 마흔 아홉 냥입니다."

"그래? 자네가 잃어버린 자루에는 엽전이 몇 냥 들었다고 했지?"

"제가 잃어버린 자루에는 쉰 냥이 있어야 옳습니다! 한 냥 모자라는 것을 원님께서 꼭 좀 찾아주십시오!"

"옳지. 그러면 너는 쉰 냥이 든 자루를 다시 찾아 보거라. 마흔 아홉 냥짜리 자루의 주인은 따로 있는 것이니, 이 마흔 아홉 냥짜리 자루는 네 것이 아니로군. 여봐라, 이 자를 쫓아내라!"

원님이 그렇게 판결을 내자, 전대 주인은 할 수 없이 빈손으로 쫓겨났다. 원님이 이런 판결을 할 수 있었던 이유는 고선비의 고정함 덕이었다.

원님은 이방吏房을 불러서,

"고선비의 베랏니 값이 모두 얼마인가?"

하고 묻더니, 고선비가 진 빚을 제하고, 나머지 엽전은 고선비에게 주면서,

"내가 이곳 원님으로서 한번 명령을 내린 것을 거둘 수는 없지. 그러니 이 돈은 그대의 재물이오. 가져가서 생계에 보태시오."

라고 말했다. 이렇게 해서 고선비는 금방 맞아죽을 것을 면했을 뿐더러, 베랏니 값을 갚고도 절반은 더 남은 엽전 자루를 얻게 되었다.

고선비가 엽전 자루를 가지고 어둑어둑해진 길을 걸어 집으로 돌아가는데, 아까 전대를 주웠던 그 골짜기를 다시 지나게 되었다. '내가 아까 여기 이 자리에 와서 한탄을 하다가 돈을 주워서…… 그러다 여기서 그 사람과 시비가 붙어서 우왕좌왕을 하다가 눈물바람을 하고 그 사람과 실랑이를 벌였는데…….' 그렇게 방금까지 있었던 일을 돌이켜보니 어찌나 재미있는지, 고선비는 돈 자루를 거꾸로 짊어지고 지팡이를 들고 왼쪽다리를 걷어차면서 한바탕 뛰며 춤을 추었다.

---

5) 오장伍長 : 옛날 군대에서 한 오伍의 우두머리를 이르는 말.

그렇게 춤을 추던 고선비는 문득, 이러다가 남들이 이 모습을 볼까 봐서 무서워졌다.

그 때는 골짜기마다 물레방앗간이 있었기 때문에 고선비는 그 사실을 떠올리고는, '그래! 남들이 안 보는 물레방앗간 안에 들어가서 춤을 추면 되겠군!' 하고 생각했다. 고선비가 돈 전대를 걸치고 물레방앗간에 가서 한참 동안 너울거리며 춤을 추다가 보니 뭔가가 한쪽에서 "꽥!" 하였다. 고선비가 깜짝 놀라서 살펴보니 자신이 혼자 춤을 추다 아기를 밟아 죽인 것이었다. 집 없는 거지들이 물레방앗간을 집으로 삼아서 살림을 차렸는데 구걸을 나가면서 갓난아기를 그곳에 눕혀 두고 나간 것이었다.

'살인자는 사형인데, 이 일을 어찌한단 말인가!' 고선비는 베랏니값을 빚졌을 때와 엽전 한 냥을 떼먹었다는 누명을 썼을 때보다 더 큰 걱정이 들었다. 고선비가 생각하기를, '이 또한 내가 책임을 져야지, 그냥 가면 안 되겠구나.' 싶어서 죽은 아기를 끌어안고 아기의 부모가 올 때까지 기다렸다.

그렇게 조금 있으니 거지 내외가 밥을 얻어가지고 돌아왔다. 거지 내외는 물레방앗간에 들어오자마자, '아가!'하고 아기부터 찾았다. 그런데 웬 늙은이 하나가 죽은 아기를 안고서

"저어……. 이러저러하여 내가 당신네 아기를 밟아죽이고 말았습니다. 나로서는 용서를 빌 수가 없으니 당신들의 처분대로 하겠습니다."

라고 하는 것이었다. 거지내외는 그 말을 듣고 고선비를 물고 뜯고 야단을 하더니, 이런 사람을 그냥 두어서는 안 된다며 우리끼리 분풀이를 할 것이 아니라 원님께 가서 송사를 하자며 고선비의 멱살을 잡고 원님에게로 끌고 갔다.

관아에 가니 횃불을 켜놓고 밤까지 일을 하던 원님이, 또다시 끌려온 고선비를 보고 물었다.

"아니, 고선비! 자네 또 무슨 일이 있었기에, 이리 붙잡혀 오는가?"

"그것이, 실은……. 사맥事脈이 이러저러하여 제가 춤을 추다가 거지의 아기를 밟아 죽였습니다. 제 잘못이니 법대로 처리해 주십시오."

거지 부부는 고선비를 죽여 달라고 울며불며 원님한테 애원을 했다. 그러자

원님이 언성을 높이며,

"좀 가만히 있으라!"

라고 명했다. 원님은 이방과 호방을 불러서 대전통편大典通編을 가져오도록 시켰다. 원님은 대전통편을 내놓으며 이방과 호방에게,

"횡재수模財數[6]가 있어서 기분이 좋아, 물방앗간에서 춤을 추다가 거지 아이를 밟아 죽인 죄인은 법으로 어떻게 다스리라고 했는지 좀 찾아 보거라."

대전통편을 아무리 뒤져 보아도 그런 법이 있을 리가 만무했다.

"어허. 이 법전에는 모든 법이 적혀 있는데 그런 것이 없겠느냐? 대전통편을 이리 내놓거라."

원님은 직접 대전통편을 훌훌 넘겨보더니,

"보아라. 여기 있지 않느냐. 이 법전엔 모든 법이 적혀 있는데, 어떻게 그런 법을 마련하지 않았겠느냐? 자아, 거지부부는 잘 듣거라! 여기 적힌 사례를 보니, 늙은이가 노망이 들었든지 어쨌든지 간에 기분이 좋아서 춤을 추다가 아기의 배를 밟아 죽인 것도 살인이라고 한다. 별다른 방법이 없으니, 예전에는 아기 아버지가 아내를 주어서 아기를 하나 더 낳게 했다는군. 그러면 별다른 뾰족한 수가 없으니 너도 네 아내를 고선비에게 주어서 아기를 하나 더 낳게 하면 되겠구나."

그 시대의 법은 한번 판결을 내리면 그만이었다. 거지는 아기가 죽은 마당에 아내까지 빼앗기게 생기자, 어물어물 뒷걸음질 치는 줄도 모르게 도망을 갔다.

거지부부가 도망가고 나자, 원님은 고선비를 불러 말했다.

"이런 주책 같은 늙은이 같으니라고. 아무리 좋아도 그렇지, 그렇게 상스럽게 방정을 떨고 다니는가? 이제는 사건 좀 그만 일으키고 어서 나가게. 그대가 워낙 고정하기 때문에 이만한 처리를 해준 것이니."

그 고선비라는 사람이 워낙에 고정하기 때문에 이런 내력의 이야기가 있었다고 한다.

6) 뜻밖에 재물을 얻는 좋은 운수

19. < 사또가 감동한 아이의 총명 >

옛날에 서명식과 이동진이라는 두 아이가 같은 서당에 다니면서 글을 읽었다. 어느 날 두 아이가 서당에서 돌아와서 들국화를 꺾으며 놀고 있었다. 그때 사또가 집에서 나오더니 길을 비키라고 했다.

사또가 나오는 것을 보자, 동진이는 늙은 소나무 위에 올라가서 사또의 집을 향해서 오줌을 쌌다. 소나무 가지가 구부러져서 길을 덮고 있었는데, 동진이가 오줌을 누니,

"갑자기 멀건 날에 웬 비가 이렇게 오는가?"

하고 사또가 혼잣말을 하며 쳐다보았다. 그랬더니 거기에 두 아이가 있는 것이었다.

"하룻강아지가 범 무서운 줄 모르고, 이 못된 놈!"

사또가 벌을 주려고 아이들을 끌어내렸다.

사실 오줌을 눈 것은 동진이었는데, 명식이가 먼저 말했다.

"제가 오줌을 눴습니다."

동진이는 그런 친구를 보고 감동했다.

동진이가 가난한 명식이에게 항상 먹을 것을 갖다 주었기 때문에, 명식이가 동진이의 죄를 대신 뒤집어쓰려고 한 것이었다.

그러자 동진은 사또 앞에서

"군하선달아하지 추국춘화각유시 유록도홍춘이색 앵가선어만천성君何先達我何止 秋菊春花各有時 柳綠桃紅春二色 鶯歌蟬語晚千聲 : 그대는 어찌하여 먼저 통달했는가? 나는 어찌하여 더딘가? 가을 국화 봄꽃이 각기 때가 있더라. 버드나무와 복숭아는 두 가지 봄빛이더라. 꾀꼬리소리, 매미의 말이 늦게 천 개의 소리로 들리리라."

라고 말했다. 이런 말을 들은 사또는 아무런 죄도 묻지 않고 두 아이들을 보내 주고, 양식을 대주어서 밥을 먹여 주었다.

20. < 생거진천 사거용인生居鎭川 死居龍仁 >

삼백칠십 년 전쯤에 부모도 친척도 없는 노총각이 용인에서 남의 집 머슴살이를 하며 어렵게 살고 있었다. 노총각은 마음이 고지식하고 정직하여 마을사람들의 신망을 받고 있었다. 마음씨 착한 노총각이 서른 살이 넘도록 장가를 못가는 것을 안쓰럽게 여긴 마을사람들이 그와 형편이 비슷한 처녀를 골라서 두 사람의 혼례식을 치러 주었다.

당시에는 농토가 부족해서 화전을 일구어 조와 콩을 농사지어 먹고살고 있었다. 부인은 날마다 남편을 위해 점심밥을 지어서 십 리나 떨어진 산골짜기로 가져갔다. 그곳에는 큰 바위가 하나 있어서 쉼터로 사용되었는데 그곳에서 매일 남편이 식사를 했다. 자신이 아주 가난한 집으로 시집왔다고 여긴 아내는 남편의 식사대접을 마치고 나면 잠시 쉴 틈도 없이 곧장 산으로 올라가서 화전을 일궜다.

어느 청정하니 맑은 날의 일이었다. 식사를 한 후에 그 바위에 누워서 낮잠을 자던 남자가, 별안간 내린 번개를 맞아 굴러 떨어진 바위에 깔려서 죽은 것이었다. 벼락소리에 놀라서 남편에게로 달려간 아내는 그 모습을 보자 대성통곡했다.

"우리 남편 좀 살려 주세요!"

그 통곡소리를 듣고 마을사람들이 몰려 왔지만 바위가 너무 크고 무거워서 할 수 없이 그 바위와 함께 남자의 시체를 장사지내었다.

그렇게 죽은 남자의 혼령이 저승에 가게 되어 판관 앞에 서게 되었다. 판관이 물었다.

"너의 이름은 무엇이고 나이는 몇 살이냐?"

"이름은 아무개이고, 나이는 이러합니다."

명부를 본 판관이 놀라서 말했다.

"너는 아직 죽을 때가 안 된 몸이다. 그러니 다시 이승으로 돌아가서 살아라."

남자는 결국 판관의 명령대로 이승으로 돌아오게 되었다. 하지만 자기의 동네로 가 보니 자신의 몸이 큰 바윗돌에 깔려 있어서 그 안으로 들어갈 수가 없었다.

환생할 몸이 없는 남자의 영혼은 전국을 떠돌다가 결국 충청도 진천으로 넘어가서, 얼마 전에 죽은 사람의 몸으로 들어가서 환생하였다.

한편, 진천에 사는 어떤 부잣집에는 아들이 하나 있었는데 그가 아내와의 사이에 자식도 두지 못한 채 죽고 말았다. 그 집에서는 죽은 아들이 다시 살아나지 않을까 하여 일주일간 장례를 치르지 않고 있었다. 그때에 세상을 떠돌던 용인 남자의 혼이 진천 남자의 몸으로 들어가서 환생하였다.

그렇게 환생한 남자는,

"내가 사는 곳은 용인군 묘봉리이고 용인에는 내 부인이 있고……."

라는 말만 반복했다. 몇 달 동안이나 그렇게 하자 진천 남자의 어머니가 이를 이상하게 여겼다.

"사람이 죽었다 살아나서 실성을 했다고 해도 석 달, 넉 달이 가도 용인의 부인 이야기만 하지 진천의 자기 부인에 대해서는 한 번도 얘기를 안 하는군."

드디어 진천의 가족들이 석 달이나 걸려서 용인으로 찾아갔다. 용인의 동네주막에 도착하여 주모에게 물어 보니,

"사실 서너 달 전에, 여기 용인에 사는 젊은 부부의 남편이 갑자기 죽은 일이 있었습니다."

라고 하는 것이었다. 주모가 가르쳐준 그 집을 찾아가자 소복을 입은 부인이 울고 있었다.

"부인, 지나가는 행인인데 물 한 바가지 좀 주실 수 있습니까."

그러자 소복을 입은 여인이 울음을 그치고 물 한 바가지를 대접했다. 그들은 물을 마시며 자초지종을 물었다.

"제가 일찍 부모를 잃고 겨우 시집을 왔는데, 결혼한 지 일 년도 지나지 않아서 남편을 잃고 말았습니다. 이제 누굴 믿고 어찌 살아야 할지…… 매일 같이 울 수밖에 없어서요."

여인의 대답을 들은 진천의 어머니가 말했다.

"그러면 당신은 내 며느리요. 당신 남편이 저승에 갔다가 우리 아들의 몸에 들어왔으니 우리 집으로 갑시다."

그렇게 해서 소복 입은 부인을 가마에 태워 진천으로 데리고 갔다. 용인의 부인이 진천에 가서 남자를 보니 자신의 남편과 얼굴은 달랐으나,

"우리 부인이 어떻게 여기로 왔습니까?"

라며 손목을 잡으며 말하는 목소리가 죽은 남편과 똑같았다.

그리하여 하는 수 없이, 진천의 아내와 용인의 아내가 한 남편을 데리고 진천에서 함께 살게 되었다.

남자는 진천 부인과의 사이에서 아들 삼형제를, 용인 부인과의 사이에서도 아들 삼형제를 낳고 잘살았다.

그러다 남자가 칠팔십 세가 넘어서 죽은 뒤에 문제가 생겼다. 용인과 진천의 아들들이 서로 아버지 제사를 모시겠다며 싸움이 난 것이었다. 하지만 결론이 나지 않자, 명관이라고 소문이 자자한 진천 군수에게 송사를 하기로 했다.

진천 군수가 물었다.

"그래, 그 남자가 생전에는 어디서 살았느냐?"

"진천에서 살았습니다."

"그래? 그러면 생거진천生居鎭川 하고 사거용인死居龍仁 해라."[1)]

그렇게 판결이 났다고 한다.

---

1) 생거진천 사거용인生居鎭川 死居龍仁 : '망자가 생시에는 진천에서 살았으니 죽은 혼에 대한 제사는 용인에서 지내도록 해라.' 라는 뜻.

설화 감상 체크리스트

- 작성일 :
- 설화제목 :
- 이름, 학번, 학과 :

1. 이 이야기가 말하고자 하는 바(주제, 의미)는 무엇일까요?

2. 이 이야기에서 가장 인상적인 것은 무엇입니까?

3. 이 이야기에서 마음에 드는 부분은 무엇이며 그 이유는 무엇입니까?

4. 이 이야기에서 마음에 들지 않는 부분은 무엇이며 그 이유는 무엇입니까?

5. 자신이나 주변인물과 닮은 등장인물은 누구입니까?

- 작성일 :
- 설화제목 :
- 이름, 학번, 학과 :

1. 이 이야기가 말하고자 하는 바(주제, 의미)는 무엇일까요?

2. 이 이야기에서 가장 인상적인 것은 무엇입니까?

3. 이 이야기에서 마음에 드는 부분은 무엇이며 그 이유는 무엇입니까?

4. 이 이야기에서 마음에 들지 않는 부분은 무엇이며 그 이유는 무엇입니까?

5. 자신이나 주변인물과 닮은 등장인물은 누구입니까?

- 작성일 :
- 설화제목 :
- 이름, 학번, 학과 :

1. 이 이야기가 말하고자 하는 바(주제, 의미)는 무엇일까요?

2. 이 이야기에서 가장 인상적인 것은 무엇입니까?

3. 이 이야기에서 마음에 드는 부분은 무엇이며 그 이유는 무엇입니까?

4. 이 이야기에서 마음에 들지 않는 부분은 무엇이며 그 이유는 무엇입니까?

5. 자신이나 주변인물과 닮은 등장인물은 누구입니까?

- 작성일 :
- 설화제목 :
- 이름, 학번, 학과 :

1. 이 이야기가 말하고자 하는 바(주제, 의미)는 무엇일까요?

2. 이 이야기에서 가장 인상적인 것은 무엇입니까?

3. 이 이야기에서 마음에 드는 부분은 무엇이며 그 이유는 무엇입니까?

4. 이 이야기에서 마음에 들지 않는 부분은 무엇이며 그 이유는 무엇입니까?

5. 자신이나 주변인물과 닮은 등장인물은 누구입니까?

참고문헌

■ 이 책에 수록된 옛이야기의 원문 출전[1)]

제 3부. 옛이야기 속의 지혜 찾기

1장. 등장인물의 욕망 해석

	설화 제목	한국구비문학대계
1	나무꾼과 선녀	1집 7책 287면
2	호랑이 형님	2집 6책 587면, 2집 7책 538면
3	'진정한 친구' 시험	4집 2책 534면
4	진사의 아들과 백정의 딸	1집 2책 352면
5	신립장군과 원귀	3집 2책 703면, 7집 17책 518면

2장. 서사 속에 담긴 의미 해석

	설화 제목	한국구비문학대계
1	지혜 있는 두꺼비	8집 6책 104면
2	삼대 과부의 아들 병을 고친 의원	7집 3책 111면
3	지네와 구렁이의 승천 다툼	7집 11책 646면
4	떡보와 중국사신의 현문우답	3집 2책 444면
5	반쪽이 이야기	3집 2책 367면, 4집 4책 99면

1) 이 책에 수록된 옛이야기들은 모두 『한국구비문학대계』 전 82권, 한국정신문화연구원, 1980~1988.에 수록된 설화자료를 표준어화한 것이다. 각 설화의 원문이 수록된 책의 구체적 정보를 표로 제시해둔다.

	설화 제목	한국구비문학대계
1	어의의 육감	2집 4책 349면
2	도깨비감투	1집 1책 265면
3	박장군과 이무기	8집 7책, 326면
4	개가 둔갑하여 며느리를 죽이다	1집 1책 99면
5	무식한 마을의 유식한 원님	1집 4책 838면

제 4부. 옛이야기 보따리

	설화 제목	한국구비문학대계
1	이상한 효행	2집 2책 564면
2	장구혈 묘와 삼형제	5집 2책 300면
3	어느 사형제의 재주	5집 2책 559면
4	말 무덤 전설	2집 6책 660면
5	시부모를 팔려다가 개심한 며느리	5집 2책 222면
6	양자가 지내는 제사	8집 3책 499면
7	구두쇠영감의 깨달음	6집 4책 587면
8	처녀가 잉태한 궉씨의 유래	7집 17책 538면
9	강태공과 참을성 없는 부인	2집 9책 71면
10	남인 어머니	6집 3책 36면
11	도사 덕택에 부자 되고 봉사 된 이야기	7집 12책 664면
12	글 모르는 사람을 위한 지방	7집 9책 84면
13	시집살이를 이겨낸 며느리	7집 9책 295면
14	며느리의 지혜로 치가한 집안	7집 16책 616면
15	송우암과 허미수	1집 1책 66면
16	옹기장수와 회오리바람	6집 3책 597면
17	입춘서로 벼슬한 이야기	3집 2책 214면
18	고정한 선비와 원님의 송사	5집 4책 605면
19	사또가 감동한 아이의 총명	7집 5책 20면
20	생거진천 사거용인	1집 9책 162면

■ 자료

『한국구비문학대계韓國口碑文學大系』 전 82권, 한국정신문화연구원, 1980~1988.
『한국구비문학대계韓國口碑文學大系』 별책부록 「설화유형분류집」, 한국정신문화연구원, 1989.
서정오, 『우리 옛이야기 백가지』2, 현암사, 2004, 1~300면.
조재삼, 『송남잡지松南雜識』, 1855.

■ 논저

강등학 외 8인, 『한국구비문학의 이해』, 월인, 2002.
강명관, 「'문학주의'에서 벗어나 문학 외부와 소통하기」, 『고전문학연구』25, 한국고전문학회, 2004.
강진옥, 「열녀전승의 역사적 전개를 통해 본 여성적 대응양상과 그 의미」, 『여성학논집』12, 이화여자대학교 한국여성연구원, 1995.
김기호, 「성숙의 매개자인 설화 내 동물형상 -호랑이를 중심으로-」, 『한국고전연구』18, 한국고전연구학회, 2008.
김기호, 「한국 호랑이 설화의 주제별 유형 -발달론적 관점을 중심으로-」, 『인문과학연구』5, 대구 가톨릭대학교 인문과학연구소, 2004.
김대군, 「내러티브 도덕교육에 대한 해석학적 탐구」, 『윤리교육연구』21, 한국윤리교육학회, 2010.
김대숙, 「구비열녀설화의 양상과 의미」, 『고전문학연구』9집, 한국고전문학연구회, 1994.
김대숙, 『한국설화문학과 여성』, 월인, 2002.
김수현, 「호랑이담에 나타난 여성의 욕망」, 『한국어문학연구』53, 한국어문학연구학회, 2009.
김용현, 「해석학기반의 독일문학 연구와 교육에 관한 고찰 -수용미학을 중심으로-」, 『독일어문학』51, 한국독일어문학회, 2010.
김정현, 「가다머의 철학적 해석학의 관점에서 본 고전과 고전해석」, 『해석학연구』23, 한국해석학회, 2009.
______, 「왜 서사인가? -서사 윤리학 입문-」, 『해석학연구』17, 한국해석학회, 2006.
박혜숙, 「호랑이 이야기의 아이러니」, 『동화와 번역』12, 동화와번역연구소, 2006.
박희병, 「'병신'에의 시선-전근대 텍스트에서의-」, 『고전문학연구』24, 한국고전문학회, 2003.

서대석, 「호랑이이야기」, 『이야기의 의미와 해석』, 세창출판사, 2011.

______, 『이야기의 의미와 해석』, 세창출판사, 2011.

손승영, 「노부부의 가족구성 및 가족관계」, 여성한국사회연구회 편, 『한국가족의 부부관계』, 사회문화연구소, 1992.

신동흔, 「구비설화를 통해 본 민간의 삶과 효」, 『인문과학논총』 제34집, 건국대학교 인문과학연구소, 2000.

신동희 · 이지희, 「"보살핌 윤리"를 적용한 과학교육 가능성 탐색」, 『한국과학교육학회지』32권 5호, 한국과학교육학회, 2012.

양유성, 『이야기 치료』, 학지사, 2008.

엄기주, 「야담에 나타난 정절의식의 굴절양상」, 『성대문학』 27집, 성균관대학교 국문학과, 1990.

유강하 · 김호연, 「공자의 인문학 강의와 인간의 삶-공자의 문학교육과 역사교육의 인문치료적 의미에 대하여-」, 『인문학연구』41, 조선대학교 인문학연구원, 2011.

은기수, 「유교적 삶의 현대적 변용; 효를 중심으로」, 『인문과학논총』 제34집, 건국대학교 인문과학연구소, 2000.

이강옥, 「신라 설화에서의 존재 간 소통양상과 의미-삼국유사 자료를 중심으로-」, 『어문론총』57, 한국문학언어학회, 2012.

이경하, 「<바리공주>에 나타난 여성의식의 특징에 관한 비교고찰」, 서울대학교 석사논문, 1997.

이광규, 『한국가족의 구조분석』, 일지사, 1975.

______, 『한국가족의 심리문제』, 일지사, 1981.

______, 『한국의 가족과 종족』, 민음사, 1990.

이민용, 「이야기와 스토리텔링의 치유적 기능」, 『독일언어문학』43, 한국독일언어문학회, 2009.

이범직, 「한국사의 전개 속에서 유교이념과 가족윤리」, 『인문과학논총』34집, 건국대학교 인문과학연구소, 2000.

이수자, 「만리장성 설화의 문화사적 의의」, 『한국구비문학회』 춘계 연구발표회(24차) 발표요지문, 1999.

이승환, 「'몸'의 기호학적 고찰-유가전통을 중심으로-」, 『기호학연구』3, 한국기호학회, 1997.

이여봉, 「가족내 의사결정과 역할분담」, 『가족의 사회학적 이해』, 학지사, 2002.

이옥경, 「조선시대 정절 이데올로기의 형성기반과 정착방식에 관한 연구」, 이화여자대학교 석사논문, 1985.

이인경, 「'제사설화'에 대한 신세대의 해석과 구비전승의 향방」, 『국문학연구』20, 국문학회, 2010.
______, 「<구복여행> 설화의 문학치료학적 해석과 교육적 활용」, 『고전문학연구』32, 한국고전문학회, 2007.
______, 「口碑 '烈說話' 硏究」, 서울대학교 박사학위논문, 2000.
______, 「구비설화에 나타난 가계계승과 혈연의식」, 『고전문학연구』 제21집, 한국고전문학회, 2002.
______, 「수용자의 해석과 설화의 다층적 의미 -<박장군과 이무기> 설화의 해석을 중심으로-」, 『국문학연구』25, 국문학회, 2012.
______, 「구비설화에 나타난 여성의 '성적 주체성' 문제」, 『구비문학연구』12집, 2001.
이지영, 「女·男 山神과 호랑이 신격의 상관성 연구−호랑이의 양성적 兩性的 측면에 주목하여-」, 『한국고전여성문학연구』15, 한국고전여성문학회, 2007.
이혜순, 「열녀상의 전통과 변모-<삼강행실도>에서 조선후기 <열녀전>까지-」, 『진단학보』85, 1998.
이효재, 「한국가부장제의 확립과 변형」, 『한국가족론』, 까치, 1990.
임돈희, 「여성과 가족관계」, 『여성학의 이론과 실제』, 동국대학교 출판부, 1986.
장경섭, 「가족이념의 우발적 다원성 : 압축적 근대성과 한국가족」, 『정신문화연구』2001 여름호(통권 83호), 한국정신문화연구원, 2001.
장덕순 외 3인, 『구비문학개설』, 일조각, 2006.
정미라, 「문화다원주의와 인정윤리학」, 『범한철학』36, 범한철학회, 2005.
정상봉, 「유학에서의 효와 그 현대적 의의」, 『인문과학논총』제 34집, 건국대학교 인문과학연구소, 2000.
정운채, 「효자전에 나타난 사대부의 효와 그 심리적 특성」, 『인문과학논총』 제34집, 건국대학교 인문과학연구소, 2000.
정재찬, 「문학교육과 도덕적 상상력」, 『문학교육학』14, 문학교육학회, 2004.
______, 「문학교육을 통한 개인의 치유와 발달」, 『문학교육학』29, 한국문학교육학회, 2009.
조동일, 「열녀설화」, 『한국민족문화대백과사전』, 한국정신문화연구원, 1991.
______, 『문학연구방법』, 지식산업사, 1980.
조혜정, 『한국의 여성과 남성』, 문학과지성사, 1988.
최운식, 「효행설화에 나타난 전승집단의 의식」, 『한국인의 생활의식과 민중예술』, 성균관대학교 대동문화연구원, 1984.
최인자, 「허구적 서사물의 플롯이해에 기반한 서사추론 교육」, 『국어교육』122, 한국어교육학회, 2007.

폴 리쾨르, 윤철호 역, 『해석학과 인문사회과학』, 도서출판 서광사, 2003.
한국해석학회, 『심리학과 해석학』, 철학과현실사, 2002.
__________, 『해석학의 역사와 전망』, 철학과현실사, 1999.
한스 인아이헨, 문성화 역, 『철학적 해석학』, 문예출판사, 1998.
홍숙자, 「노년기 가족의 발달」, 『가족발달학』, 교문사, 1990.
황수영, 「소통의 이론과 그 철학적 기반-리쾨르의 해석학을 중심으로-」, 『개념과 소통』3, 한림과학원, 2009.
황인덕, 「'열녀시험'형 설화의 유형적 성격과 열인식의 의미」, 『조종업 박사 화갑기념논총』, 1990.
Booth, W.C., 최상규 역, 『소설의 수사학』, 새문사, 1985.

옛이야기의 의미와 해석

초판1쇄 발행 2020년 2월 28일
초판2쇄 발행 2021년 8월 13일

지은이 이 인 경
발행인 전 민 현
발행처 인제대학교 출판부

주 소 경상남도 김해시 인제로 197
전 화 055-320-3783
팩 스 055-320-3766
출판등록 제95-6호
http://homepage.inje.ac.kr/~press

정가 10,000원

ISBN 978-89-6620-114-3 93810